往事尚堪回首

宋志明 著

河北大学出版社

图书在版编目（CIP）数据

往事尚堪回首 / 宋志明著. -- 保定 : 河北大学出版社, 2015.9

ISBN 978-7-5666-0962-5

Ⅰ. ①往… Ⅱ. ①宋… Ⅲ. ①宋志明一自传 Ⅳ. ①K825.4

中国版本图书馆CIP数据核字(2015)第190543号

WANGSHI SHANGKAN HUISHOU

责任编辑：王殊宁
装帧设计：赵 谦
责任印制：靳云飞

出版：河北大学出版社（保定市五四东路180号）
经销：全国新华书店
印制：保定市正大印刷有限公司
开本：1/16（710mm×1000mm）
字数：285千字
印张：18.75
版次：2015年9月第1版
印次：2015年9月第1次印刷
书号：ISBN 978-7-5666-0962-5
定价：38.00元

目　录

一、我的故乡

在中国，只有一个城市的名称，同省的名称一样，那就是吉林市。吉林市是我人生的起点，我回首往事，自然要从故乡说起。1947 年 4 月 4 日（农历），我出生在吉林市松花江畔盐商街，出生地附近就是在全国颇有名气的吉林文庙。关于这座文庙，在吉林文庙网站上，有这样的介绍：

> 吉林文庙位于吉林市美丽的松花江畔，是清乾隆皇帝御批始建于乾隆元年（1736 年），现为国家级重点文物保护单位，全国四大孔庙之一，同时也是东北地区建筑年代最早、建筑等级最高、保存最完整的一座清代建筑群，在全国享有盛誉。
>
> 吉林文庙是一组具有东方建筑特色的古典建筑群，其建筑仿皇宫之制，占地 16 354 平方米，东西宽 74 米，南北长 221 米，有殿堂配庑 64 间，大成门、大成殿、崇圣殿三大主体建筑坐落在一条中轴线上，两侧辅助性建筑呈对称状排列，四周由 3 米高红墙环绕，正门前为长 40 米，高 5 米的照壁。进入正门建筑次序依次是状元桥、棂星门、大成门、大成殿、崇圣殿。大成门、大成殿、崇圣殿三大主体建筑构成三进院落，整个文庙红墙黄瓦，殿宇轩昂，富丽堂皇，宛如帝王宫殿，整体建筑布局合理，结构严谨，配饰雕琢无不精工。2006 年评为国家级重点文物保护单位。

我一出生，就同儒学结缘，就同中国哲学结缘，应该说是一种幸运。不过，在我的记忆中，对如此著名的文庙，竟没有网站所描述的那种情形。因为我出生在一间租来的房子里，在我还没有记事的时候，就搬家了。等我记事以后，文庙已经移做他用。听说近年来文庙已经恢复原貌，可是我至今仍没有机会光顾。我离开家乡有几十年了，每次回家探望双亲，都是匆匆而来，匆匆而去。

在吉林省，吉林市是仅次于省会长春市的第二大城市，也是全国甲级开放城市之一。在我的印象里，就城市规模而言，吉林市算不上特别大。我离开家乡的时候，人口 80 余万。近些年来发展很快，人口已达 400 多万，故而有资格跨入全国 30 个特大城市的行列。她是名副其实的千年古城，有诗为证。唐朝诗人刘禹锡，留下“口传天语到鸡林”的诗句。他在《送源中丞充新罗册立使》写道：

相门才子称华簪，持节东行捧德音。
身带霜威辞凤阙，口传天语到鸡林。
烟开鳌背千寻碧，日浴鲸波万顷金。
想见扶桑受恩处，一时西拜尽倾心。

诗中提到的“鸡林”，指的就是吉林市。“吉林”是满语“吉林乌拉”的略语。满语“吉林乌拉”意思是“沿江”，指在松花江畔建立起来的城市。在吉林省，有两处相距不远的“吉林乌拉”。一处在松花江下游，叫作“大乌拉”，取“吉林乌拉”的后两个字，现已改称乌拉街；位于永吉县辖区内，在吉林市以北，与吉林市相距 30 公里。乌拉街原为明朝属地，称为布拉特乌拉，设立乌拉卫，后来成为满族人发祥地之一。满族人的前身是女真人。海西女真有四个部落，其中乌拉部所在地，就是乌拉街。在明中叶，海西女真乌拉部逐渐强大起来，吞并相邻的女真诸部，以乌拉街为都城，建立了乌拉王国。1613 年，建州女真首领努尔哈赤灭乌拉国，取而代之。他在此地建立军事基地，养精蓄锐，拓展势力。他以女真人为核心，吸收鄂温克人、鄂伦春人、锡伯人、赫哲人、达斡尔人等其他民族，形成了一个民族共同体，叫作满族。大清王朝的基业，奠立于乌拉街。清兵由乌拉街出发，攻入中原，建立了中国历史上最后一个封建王朝——清朝。清顺治皇帝定都北京不久，就把乌拉街方圆五百里封禁，尊为“本朝发祥之圣地”。清顺治十四年，清政府在此地设立“打牲衙门”，奉旨专为皇室采捕东珠、鲟鱼、鳇鱼、貂皮、人参、松子等佳珍，岁贡不断。由于乌拉街为“本朝发祥之地”的缘故，康熙每次东巡，都必到此地。

另一处“吉林乌拉”，在松花江上游，叫作“小乌拉”，取满语“吉林乌拉”的前两个字，称为吉林市。“小乌拉”后来居上，城市规模超过了“大乌拉”。在历史上，吉林市长期是吉林省的政治经济中心，是省会的所在地。直到1954年，省会才迁到长春市。省会迁走后，吉林市改为吉林省直辖市。

根据考古发现，早在远古时代，吉林市团山子一带就有原始人活动的遗迹。在先秦时期，吉林市是古肃慎国所在地，也叫作“息慎”，其实是一个部落的集聚地。西汉元封三年（公元前108年），汉武帝在东北地区先建立扶余国，后设置四郡。扶余国原属玄菟郡管辖，后属辽东郡管辖。扶余国王城设在吉林市东团山麓“南城子”，当时称为“秽城”。东晋永和二年（346年），该城被鲜卑慕容皝派军攻占，扶余王室才“西徙近燕”。在这454年间，吉林市一直是扶余国的首都。

东晋义熙六年（410年），高句丽王国第十九代王谈德，又称广开土王、好太王，把势力扩展到今吉林市一带。为防止勿吉王国南下侵扰，他在今吉林市龙潭山、东团山和三道岭子等地，修建了规模大小不等的军事城堡。

668年，高句丽灭亡。在勿吉王国七部之中，有一个粟末靺鞨部。其首领大祚荣，于唐武则天圣历元年（698年）在敦化、宁安建立震国，后改称渤海王国。渤海王国设置三个独奏州，也就是中央政府直辖州。其中涑州治所，设在原扶余国首都吉林市东团山麓的“南城子”。大湮撰时（926年），渤海国被契丹国所灭，共历229年。

916年，耶律阿保机建立契丹国。他灭掉渤海国之后，统一东北全境，于947年改国号为辽。吉林市一带，处在辽东京道的辖区。公元1115年，靺鞨族的后裔女真人建立金国。1125年，金国灭掉辽国。吉林市最初属金国咸平路管辖，后来改属上京路会宁府管辖。在吉林市地区，有辽代修建、金代沿用的江北土城子、江南官地等古城堡30余座。在元朝，吉林地区为辽阳行省开元路海西辽东道管辖。

从明朝开始，吉林地区隶属海西女真乌拉部统辖，称为“乌拉国”。明永乐七年（1409 年），为了加强辽东都司与奴尔干都司之间的联系，明政府在吉林市设置造船基地，负责建造运载官兵、粮草、赏赐品、贡品的船只。明政府把吉林市当作为运输官兵、粮草的转运站，战略地位极其重要。于是，吉林市有了第二个名称，叫作“船厂”。这个别称，有很浓的军事色彩。在明清两代，吉林市都是水军造船基地。清代所造之船，规模更大，数量更多。为了防御沙俄入侵，保障边疆安定，自顺治十八年（1661 年）起，清政府在今吉林市松花江畔临江门至温德河口一带，设厂造船并组建水师营，担负修造战舰和训练水军等任务。所造木船顺松花江驶入黑龙江，直抵出海口。造船的主要材料是木材，所以吉林市集聚的木材特别多。为了造船，大量木材从松花江上游水运到吉林市，使吉林市几乎成为一座用木材建造起来的城市，就连排水沟上，都盖着木板。由于木材多，带来的隐患就是容易失火。据记载，吉林市曾多次发生大火灾，有时甚至烧毁城市的三分之一。地方官对火灾甚感畏惧，曾在吉林市北部玄武岭修“避火图”，祈求上苍保佑。在东北，流传着“火烧船厂，狗咬沈阳”的民谣，意思是说，在沈阳，狗特别多；在吉林市，火灾特别多。

到明万历四十一年（1613 年），努尔哈赤建都于盛京（今沈阳），国号为“后金”。吉林市遂成为后金的领地。清兵入关灭掉明朝后，皇太极改国号“后金”为“清”，建立清王朝。清政府把盛京和吉林市都视为清朝的发祥地，施行严格的封禁政策，以免满族人被汉化，并且保护当地土特产品资源。在顺治、康熙年间，清政府先后修建两条柳条边墙（壕），圈定保护区。第一条边墙在盛京一带，叫作“老边”；第二道边墙在吉林市一带，叫作“新边”或者“边外”。至今在吉林地区舒兰等地，还能见到边墙（壕）的残迹。

清政府在全国确立统治地位后，派两位将军在东北驻守要冲地区。一位驻扎在今沈阳市一带，叫作盛京将军，以现在的辽宁省为防区；另一位驻扎在宁古塔（今黑龙江省宁安市），叫作宁古塔将军，以今吉林省、黑龙江省乃至整个黑龙江流域为防区。那时黑龙江是“大清国”的内河。顺治十年（1653 年），清政府设昂邦章京（意为总管）镇守宁古塔。每年六月，清政府派官员到黑龙江下游普禄乡，收受库页岛（今萨哈林岛）居民进贡的貂皮。17 世纪中叶，俄国哥萨克经常侵扰黑龙江流域，清政府多次由此地派兵征讨。康熙元年，更昂邦章京为镇守宁古塔等处将军，称为宁古塔将军。康熙十二年（1673年）宁古塔副都统安珠瑚奉旨在吉林市修建木城，后来又改修土城和砖城并且修建将军府。康熙十五年（1676年），宁古塔将军巴海移驻吉林市，住进将军府。从此，吉林市成为清政府统辖松花江、乌苏里江、黑龙江等流域的重镇，成为清朝在东北地区仅次于盛京的政治、军事、经济和交通中心，城市人口骤增，城市规模扩大。

由于吉林市在军事上地位十分重要，康熙皇帝曾于1682年和1698年先后两次东巡吉林，视察水师，校阅乌拉海军舰队。康熙皇帝曾在松花江中放船捕鱼，即兴写下了《松花江放船歌》：

> 松花江，江水清，夜来雨过春涛生，浪水叠锦绣縠明。
> 采帆画鹢随风轻，箫韶小奏中流鸣，苍岩翠壁两岸横。
> 浮云耀日何晶晶？乘流直下蛟龙惊，连樯接舰屯江城。
> 貔貅舰甲毕精锐，旌旄映水翻朱缨，我来问俗非观兵。
> 松花江，江水清，浩浩瀚瀚冲波行，云霞万里开澄泓。

由于康熙写了这首诗，吉林市有了第三个名称，叫作“江城”。这可是钦定的称谓，不是随便叫的。第三个名称，颇有些文学色彩。

雍正五年（1727年），清政府在吉林市设立“永吉州”，州长官叫作知州，负责管辖州内一切民政事务，但必须上报于奉天府尹。乾隆十二年（1747年），州治改为“吉林厅”，厅长官“理事同知”处理一切民政事务，直接上报宁古塔将军即可，不必再报送奉天府尹。乾隆二十二年（1757年），清政府改宁古塔将军为吉林将军，将军府仍在吉林市。

关于我的家乡吉林市，“360百科”做了这样的介绍：

> 吉林市，是吉林省管辖的一个地级市，全省第二大城市。吉林省因吉林城而得名，吉林市是中国唯一一个与省同名的城市。吉林市位于吉林省

中部偏东，幅员27 120平方千米，辖4个市辖区、4个县级市、1个县。64个街道、23个乡和54个镇，311个社区和1397个行政村。

吉林原名"吉林乌拉"，古代满人居住地。满语的意思是"沿江的城池"。环绕的群山和回转的松花江水，使吉林形成"四面青山三面水，一城山色半城江"的天然美景。因康熙皇帝东巡所作《松花江放船歌》有"连樯接舰屯江城"之句，故吉林市又有"江城"之称。吉林市是吉林省第二大城市，也是中国唯一一个与省重名的城市，是国务院认定的较大的市，是中国50个具有地方立法权的城市之一，中国32个特大城市之一。境内居住汉、满、蒙古、回、朝鲜等35个民族。吉林是一个依山傍水的美丽城市，位于吉林省中部。

吉林市资源丰富，物产丰饶。土地、水利、矿产、森林、野生动植物资源均高于全国平均水平，特别是水利资源蕴藏量较大，是全国平均水平的1.8倍，是全国少有的不缺水城市之一。吉林是中国北方著名山水城市。城东有"左青龙"——城市森林公园龙潭山如青龙逶迤而卧；城西有"右白虎"——清朝皇帝望祭长白山的小白山似猛虎熠熠盘踞；城南有"前朱雀"——风景如画的朱雀山钟灵毓秀；城北有"后玄武"——遐迩驰名的北山、玄天岭、桃源山古庙掩映。松花江似玉带，松花湖若明珠，正如清朝皇帝所咏"城临镜水沧烟上，地接屏山绿树头"。得天独厚的自然条件，使吉林市具备了独特的自然景观和人文景观，丰满、白山、红石三个水电站的建成，形成了"一江三湖"的美景，松花湖被定为国家级旅游区，吉林雾凇被誉为中国四大自然奇观之一，龙潭山鹿场被列为国家级旅游景点。

"360百科"的介绍比较准确，比较全面。但也有需要补充说明的地方。在吉林市的四个市辖区中，船营区和昌邑区是老城区，船营区在西部，昌邑区在东部。城市规模扩大后，在松花江北岸增设龙潭区，位于老城区北部；在松花江南岸增设丰满区，位于老城区南部。吉林市是沿松花江两岸建起来的狭长形城市：最南端是丰满水电站所在的丰满，距市中心大约40公里；最北端是九站，距市中心大约30公里。南北两端相距大约70公里，东西相距大约20公里。

由于松花江蜿蜒曲折环绕流经市区，实际上丰满区与龙潭区在同一岸，只是从方位的角度称丰满区为江南，称龙潭区为江北。船营区和昌邑区大体上处在松花江的另一岸。

吉林市四周之山，其实按照五行即水、木、金、火、土来命名。南部山取名朱雀山，从火，以红色的大鸟为象征物；北部山取名玄武岭，从水，以黑色的大龟为象征物；东部山取名龙潭山，从木，以青色的龙为象征物；西部山取名小白山，从金，以白色的虎为象征物。四面山环抱的小平原，也就是城区的所在地，自然从土：五行之中，土居中央。清朝皇帝认为满族人的祖先来自长白山，故而有拜祭长白山之神的礼数。可是，到长白山祭祀，路途遥远，难以成行，于是便发明一种讨巧的法子，叫作“望祭”。清政府在吉林市朝向长白山的小山上，修了一座望祭殿，派官员代表皇帝在此殿遥祭长白山之神。于是，这座小山便得名“小白山”，同时寓有“白虎”之意。

在吉林市冬季出现的雾凇，很有名，吸引了不少慕名而来的观光客。不过，观光客中未必有人知道，吉林市出现的雾凇，并不是自然景观，而是人造景观。在丰满水电站修建之前，松花江冬季封冻，吉林市一般不会出现雾凇；丰满电站启用后，冬季才会在吉林市经常出现雾凇现象。电厂发电时，江水推动水轮发电机，从大坝底下流出，不会马上结冰。江水流经吉林市区，尚未封冻，大量水汽弥漫江面。遇到冷天，水汽化为冰霜，凝结在树枝上、电线上、建筑物上，于是吉林市变成一片银白世界。那时人走在街头上，仿佛置身于水晶宫一般。形成雾凇少不了两个要素：一是天气足够冷，气温低到一定程度；二是水汽足够充分，可以凝结成冰霜。人无法控制气温，但可以选择气温低的天气。至于水汽量，则可以通过控制电站出水量得到控制。每逢吉林市在严寒天气举办雾凇节的时候，电厂必须加大出水量，保证雾凇现象出现。“雾凇”是个学名，我们当地人习惯于叫作“树挂”。看雾凇需选择寒冷天气，在太阳尚未升起的早上出行。等太阳升起来，气温升高，雾凇便慢慢地消失了。

在我少年时代，家住在吉林市江南小市场，现在已经改称宜山路。这里原属于城乡接合部，现在已完全变为市区。我未离开家乡的时候，以松花江为界，江北岸属于老城区；而我家所在的江南岸，则属于郊区。当时江南住户不多，到处是菜地。大多数住户是菜农，属于“农业户口”；像我家这样的“非农业户口”的住户很少。我家处在江南人民公社辖区，具体地说，处在兴隆生产大队第三生产小队辖区。我家的南面是前锋生产大队，东面是建华生产大队，西面烽火生产大队，东南角是日升生产大队。

1979 年，我到吉林大学读研究生，便离开了家乡，至今已经 35 年了。期间虽曾多次回去探亲，住几日而已。退休以后，我有了闲暇的时间，回顾一下自己走过的人生路，未尝不是一件快事。我虽不能经常重返家乡，但时常心游故里。那里是我魂牵梦绕的地方。

二、我的父亲

先父杜庭林1925年生于山东省东阿县，是祖父杜兴久和祖母秦佩茹唯一的孩子。祖父只身闯关东，把他和祖母留在山东老家。父亲到8岁时，才离开家乡，随祖母到吉林市定居，直至辞世。1994年，他在辉南县朝阳镇兄长杜立明家中暂住时，突患脑出血，因病去世，享年70岁。长眠于辉南县朝阳镇郊区杜氏家族墓地。

1933年父亲到吉林市后，在火车站附近的大马路小学（后改称昌邑区中心小学）入学就读。他天资聪慧，学习成绩很好。14岁小学毕业，1939年考入吉林市四民中学。17岁初中毕业后，考入警察学校。他之所以选择警察学校，是因为警察可以不用服兵役。在战乱年代，做出这样的选择，不失为明智之举。不过，父亲并没有因此而摆脱厄运，后来还是被抓了壮丁，送到军队中充当炮灰。1941年，父亲与先母宋维英结婚。母亲为家中独生女，父亲是家中独生子，四位老人势必都得由他们照顾。1945年，父亲在警察学校尚未毕业，日本帝国主义被迫投降，吉林市宣布光复，结束了被日军占领长达14年的苦难历史。1945年8月，国民党在“国军”尚未进驻的情况下，抢先在吉林市宣布成立“吉林地方治安维持会”，但有名无实，没有真正建立起地方政府。吉林市实际上暂时处在行政真空状态。10月，共产党的军队进驻吉林市。在中共吉林市委领导下，吉林市政府宣布成立。1945年11月，以吉林市为省会，进而又建立吉林省政府。这时，以中共为领导的地方政府方才真正运转起来。父亲有在警察学校学习的资历，故而被吉林省公安部门录用，参与维持地方治安。父亲时年刚满20岁，便担任吉林市北山派出所所长。他穿着警服，佩戴手枪，照了一张很英俊的单人照片。我曾见到过这张照片，印象很深。据父亲讲，他在任所长期间，有些不良之徒曾打他的主意，试图抢夺他的手枪。有一天晚上，几个歹徒偷偷摸到我家附近，企图伺机下手。父亲发现他们的意图，没有直接回家。他绕到住所对面，向歹徒放了两枪，吓得他们赶紧逃窜，再也没敢上门来骚扰。

1946 年夏，国民党军队向山东解放区大举进攻，内战全面爆发了。由于地理位置特殊，中共领导下的吉林省政府无法在吉林市立足，只得转移到延吉市。吉林市四面环山，松花江曲折蜿蜒流经市区，在热兵器时代成了一个易攻难守的地方。在冷兵器时代，问题还不大，因为弓箭射不了多远，吉林市尚可成为军事要塞；而到热兵器时代，大炮可以打几十公里，问题就突显出来了：守方无法控制全部制高点。倘若攻方占据一个制高点，守方完全处在暴露状态。攻方居高临下发动进攻，守方只有被动挨打的份。在《孙子兵法》中，这种地形，大概可以叫作“死地”吧。由于这个缘故，双方交战时，谁也不敢据守吉林市。日军打到吉林市之前，国民党军队便主动撤出。吉林市原本是省会所在地，日军似乎应该以此为政治中心才对。大概日军也发现此地不宜据守，遂选择小镇宽城子另建政治中心长春市，号称“新京”。国民党军队打过来，共产党军队同样不便据守，也必须放弃吉林市。共产党军队撤退之前，还把江城大桥炸毁，以图切断国民党军队追兵路线。由于吉林市地形特殊，谁也无法在此据守，故而在战乱频仍的年代，竟然没有发生过大的战事。这大概算是吉林市人的一种福气吧。

1946 年 5 月，共产党军队从吉林市撤出，国民党军队进驻。国民党在此建立吉林省政府和吉林市政府。父亲身为公安部门的雇员，虽不是共产党员，本来可以随共产党的队伍撤走。可惜，由于受到几位老人联合起来阻挠，他无法成行。他作为独生子，不能放弃照顾自己家、祖父家、外祖父家三个家庭的责任，只好选择辞职。万万没有想到，从此竟是他一连串噩梦的开始。国民党军队入驻吉林市以后，因被人告发，父亲锒铛入狱。父亲入狱后，外祖父家倾家荡产，花了许多钱，上下打点，方才将他从监牢中赎救出来。为报答赎救之恩，以后父亲便一直与外祖父家在一起生活。父亲出狱后，在生产葡萄酒的松江酿造厂当采购员，暂时生活还算安定。在当事人不知情的情况下，厂方将全厂员工的花名册报给国民党党部，算是集体加入国民党。父亲的名字虽然被列入国民党党员的名单，可是本人完全不知情。他未参加过国民党的任何活动，充其量仅算名义上的“党员”，这有什么过错可言？不意此种荒唐事，后来竟给他带来莫大的麻烦，落下个“历史问题不清楚”的罪名。

1947 年下半年，他外出到丰满采购原材料。在途中，他不幸被曾泽生手下的国民党第 60 军抓了壮丁，被迫到国民党部队里当兵。1948 年初，国民党第 60 军撤出吉林市，转到省城长春市。父亲亦随军队前往。1948 年 5 月 23 日，解放军完成了以长春为中心方圆 45 公里，纵深 25 公里封锁，禁止粮食和蔬菜、燃料、牛马等运入封锁圈。在解放军封锁圈和国民党军哨卡间，形成一道中间地带。围困时间长达 150 天之久，有些人被饿死。10 月 14 日，解放军攻克锦州，东北战局发生急剧变化，困守长春的国民党第 60 军军长曾泽生将军于 10 月 17 日率部起义。解放军控制长春东城。19 日，西城防区内的新编第 7 军官兵也纷纷投诚。随后，东北“剿总”副总司令兼第一兵团司令郑洞国率部放下武器。至此，长春和平解放，围困才算彻底解除。

在长春被围困期间，国民党政府给被围困的部队空投粮食，刚好被父亲赶上。他用军装上衣口袋，装满两口袋粮食。他偷偷地把粮食卖掉，买来老百姓的旧衣服，抓住机会开了小差，终于脱离国民党部队。他混在难民队伍里，历经千辛万苦，越过中间地带，终于逃回吉林市家中。据母亲讲，当时父亲已经被折磨得不成样子，几乎都认不出来了。1948 年 3 月 9 日，中国人民解放军进驻吉林市，江城人民终于盼到了解放那一天。3 月 10 日，吉林省政府从延吉市迁至吉林市。3 月 23 日，又重新成立吉林市人民政府。从此，父亲投身新中国的建设事业，他“参加革命的时间”，自然从这一年算起。由于他在中华人民共和国成立以前“参加革命”，故而退休后可以享受领取全额工资的待遇。

父亲是个心灵手巧的人，自学能力极强。他有许多谋生本事，干过许多行当，但未曾拜人为师，皆属无师自通，全靠自己在干中摸索练就一身本领。在新中国建设事业初期，他曾在麻袋厂当过操作工和保全工。1953 年 5 月，由波兰人民共和国援建新中国制糖厂，可年产砂糖 2.14 万吨。糖厂建在吉林市九站。“新中国制糖厂”这个厂名，乃是朱德委员长命名的。新中国制糖厂是新中国成立后第一个五年计划中国家 156 个大型项目之一，1955 年 12 月 19 日建成投产。工厂人数曾达到过 3000 多人，兴旺和繁荣程度不亚于长春第一汽车厂。苏联、波兰、捷克等许多国家的专家，都来此地工作；国内很多省市的技术人员，也到此参加建设和培训。在中国制糖行业中，新中国制糖厂曾是一家规模最大、技术最先进的现代化工厂，也是吉林省地方工业的摇篮和财政收入的支柱之一。1953 年新中国制糖厂筹建初期，父亲就调入工作，在销售科担任采购员，纳入干部编制。后来他自己提出申请，从干部编制自愿转为工人编制。以后几十年皆在糖厂工作，干过铸工、管工、焊工等多个工种。直到 50 多岁，才调出糖厂，来到吉林市日用化工厂工作，60 岁退休。他能看图纸，懂设计，会制图，擅长用脑子干活。无论干什么活，他总能琢磨出门道来。无论干什么工种，他都是一把好手，曾多次被工厂评为先进生产者。

父亲是个家庭责任感极强的人。我家户口本上 9 口人，父亲下有 5 个子女，上有两位老人，固定收入只有 63 元工资，并且几十年没有涨过一分钱。我家每人平均生活费只有 7 元，困难程度可想而知。父亲工作地点离家很远，约 30 公里。由于当时不通公交汽车，平时不能在家居住，只能住在工厂里。每逢周六可以回家一次，但周日晚必须返回工厂。父亲每月工资几乎全部交给母亲，自己只留很少一点伙食费。用母亲的话说，真是“一个错钱也不敢花”。父亲原本是干部，在销售科当采购员。因采购员需要经常出差，花销大，有些承担不起。为了节省开支，父亲只得放弃干部编制，转行当工人。还是为了节省开支，他并不住在工人宿舍，就在工作地点随便搭个床铺将就着住。我曾到他住所看望过，看到他住的地方如此不堪，忍不住偷偷地落泪。

父亲是个勤快人，回家总是主动找活干。我家住的房子老旧，经常出现问题，不是墙裂了，就是房顶漏雨了，或者门窗变形了，需要经常维修。由于受到家庭经济条件的限制，雇不起人，只好父亲自己动手干。我家似乎有干不完的活，修墙、掏炕、修房顶、盖仓库、砌院墙、做家具、搞装修、挖菜窖、脱煤坯……一个活计接着一个活计。不论是瓦工活，还是木工活，抑或铁工活、漆工活，全都自己动手干。父亲每次回家，总是忙个不停。在我的记忆中，父亲永远是一副忙碌的身影。在父亲干活时，我很小就给他打下手，干些力所能及的事情，如帮着和泥、舀勺、递砖、收拾工具等。这无形中培养出我爱劳动的好习惯和尊重劳动者的情感。由于父亲不经常在家住，工资基本上交，故而他理财能力自然比较差。平时家中的大事小情，全由母亲一人操持打理，父亲亦不过问。父亲不吸烟，不打牌，没有任何不良嗜好。他在年轻时曾在酒厂工作过，酒量相当大。据他自己讲，啤酒喝过12瓶，葡萄酒可以喝两瓶；白酒喝上一斤也是常有的事。可是，平时他自己很少喝酒，显然是因为家庭条件不容许。他唯一的爱好就是下象棋，可能是个高手。在我家里，没有人是他的对手。至于在外面是否有对手，战绩如何，他从不炫耀，我自然也就不得而知了。

父亲是个勤奋好学的人。他在家中布置一个读书角，经常看书到很晚才入睡。他订阅的杂志有《机械工人》、《科学画报》、《知识就是力量》等。我喜欢看后两种杂志，这对于扩大我的知识面、培养我的求知欲帮助极大。在父亲的藏书中，大都属于科技类图书，文科书籍较少。我只发现一套《广注古文观止》，上下两册，安东诚文信书局发行。此套书封皮已经不全了：上册的封面还在，封底没有了；下册封面和封底皆失。纸变得又黄又脆，有缺页，还有被老鼠啃过的痕迹。上面有父亲的签名，看来是他经常读的书。这套书是我接触到的第一部古典文献。我的古文阅读能力，就是从读此书开始训练出来的。此书我保存至今，还放在我的书架上，算对父亲的一种感念吧！父亲书法不算十分出色，但有一定水准。每逢春节，他都写许多春联贴在自家门上。在我家居住的一带，不识字的人居多。在他们眼里，父亲算是大书法家了。每逢春节，邻居常常找上门来求写春联，他都热心帮助，来者不拒，有求必应。他大概有一定的写作能力，不过这非但没给他带来什么荣誉，反而带来了一场灾祸。“文化大革命”期间，他模仿赵朴初写元曲《某公三哭》的文笔，写了一篇《续某公三哭》，讽刺工厂中某个造反派头头。这下子可捅了马蜂窝。他被坏头头派人捉了去，挂上“国民党残渣余孽”的黑牌子，拉出去游街批斗。父亲终生保持着好学的习惯，直到晚年仍是手不释卷。在空闲时，家中人常常凑到一起，或打麻将，或打扑克牌。他老人家从不参加，常常自己捧一本日文书，在一旁读得津津有味。如果说父母是孩子的第一任老师的话，好学的父亲的确做得很出色。他的不言之教，对我影响极大。我后来之所以走上治学的道路，老人家可以说居功至伟。在我取得的研究成果中，包含着他给予的基因。

父亲是个慈祥随和的人，从未见他发脾气。他不经常在家住，一般不过问我的学习情况。他从未检查过我的作业本，亦不跟我探讨毕业后报考哪所学校合适之类的问题。有时我在考试中拿到好成绩，给他看成绩单，他往往只是淡淡地说出“不错”两个字，没有更多表扬的话，更谈不上什么物质鼓励了。他那表情仿佛在向我暗示：搞好学习是你自己分内应该做的事情，不必用家长来督促。父亲的“不过问”，无形中提升了我的学习自觉性。我的各门成绩在班上皆名列前茅。小学升初中，我的考试成绩在江南考区是第一名；初中考高中，我考进吉林市最好的重点中学——吉林市第一中学。用现在的网络语言来说，当时我可以称得上“学霸”。我只有在参与家务工程时，同父亲待在一起的时间才比较长，可是都忙着干活，交流却很少。他几乎没有时间带孩子出去消遣。在我的记忆中，只有一次他带我到松花江里打鱼。那一天，捕到的鱼不少，他还惬意地游了一会泳。在父亲脸上，露出满意的笑容，给我留下的印象很深。

父亲是个不走运的人，得不到施展才华的机会。他有中专学历，在新中国成立初期也算得上知识分子了，可是他却始终没有得到进一步发展的机会。除了 1945 年他短暂地风光了一阵子外，就再也没有得到过出头之日。吉林市刚解放时，东北大学（东北师范大学的前身）校址选在吉林市西郊（现在东北电力大学所在的位置）。东北大学在火车站摆上一张桌子，招收有一定基础的青年，不需要经过考试，便可以直接入学。以父亲的资质和学历，只要报个名，就可以被录取。父亲在报考点转了好几圈，始终下不了决心：因为一大家子人需要他来供养。父亲的日语水平相当高，读、说、听、写皆不成问题，无奈“英雄无用武之地”，没给他带来任何益处，只能读点日文书自娱消遣。父亲本来属于干部编制，为了养家糊口，不得不放弃“劳心者”，改做“劳力者”，转制当个工人。其实，他即便保留干部编制，也得不到升迁的机会。原因在于他的档案上，不知被什么人糊里糊涂地写上了一笔“历史问题不清楚”。组织部门怎么可能提拔一个“历史问题不清楚”的人呢？所以，他无论怎样努力上进，都无济于事。按理说，“历史问题不清楚”原本是档案建立者失职造成的，他们有责任把不清楚之处弄清楚，怎么可以归咎于当事人呢？“历史问题不清楚”这句话，像魔咒一样，不仅断送了父亲的前程，就连我们这一代人也大受其害。我和哥哥都没有加入团组织，原因都是外调人员在父亲档案上读到这句话以后，回去一汇报，立马遭到封杀，毫不留情地把我们挡在了团组织的大门之外。直到“文革”结束以后，排除了“左”的干扰，哥哥和我才有机会先后加入中国共产党，并且提了干部。哥哥曾任辉南五金厂副厂长、锅炉厂厂长，我曾任中国人民大学科研处副处长、书报资料中心总编。这也算是对父亲的一点告慰吧！

三、我的母亲

先母宋维英1923年9月28日（农历）生于吉林省永吉县白家店村，祖籍山东省登州府蓬莱县。她是外祖父宋邦贤和外祖母王连芳唯一的孩子。2011年4月23日晚，母亲在辉南县朝阳镇哥哥杜立明家中因患胰腺癌去世，享年89岁。长眠于辉南县朝阳镇郊区杜氏家族墓地。

外祖父家祖上来到东北的时间比较早，几代人积累下来，有些田产，家境还算殷实。可惜，外祖父家人丁不够兴旺。外祖母生了8个孩子，大都夭折，只有母亲一个女孩活了下来。在20世纪初，东北农村一般人家的女孩子并不入学读书识字，母亲大概属于例外。她到了上学的年龄，便在家附近的小学入学读书。总的来说，她的学习成绩还算不错，唯有一门功课成绩很差，那就是日语。1931年日本帝国主义侵占东北，在学校强制推行日语课程，甚至设立“日语日”，规定这一天谁也不许在学校中说中国话。母亲对这种殖民化教育十分反感，有极大的抵触情绪，以至于伤害了她学习的积极性。由于不愿受学日语的折磨，母亲小学毕业后，便没有报考初中，辍学在家。1941年与先父杜庭林结婚。生育6个子女，长子杜立明，1942年生，2014年去世，终年73岁；女儿杜立华夭折；次子宋志明，1947年生；三子杜勇明，1949年生，2012年去世，年仅63岁；长女杜秋媛，1953年生；次女杜秋燕，1957年生。由于父母家皆为独生子女的缘故，我作为第二个男孩，没有从父亲姓杜，而从母亲姓宋，大概有接续宋氏香火的意思吧。

母亲是一个教子有方的人。她的教育哲学不复杂，但很实用。她对子女的要求，概括起来有三条，可以叫作“三不主义”。一是“不说谎”，养成诚实品格。她希望自己的孩子老老实实地做人，做一个诚实的人。我们无论做了什么事情，一定要对家长说清楚，不容许欺骗家长。即便做了不应当做的事情，只要对家长说清楚，有了过错也可以得到谅解；如果对家长撒谎，那将受到严厉的责骂乃至惩罚。我们从小就形成这样的观念：诚实是人最重要的美德之一，是做人的根本。二是“不偷懒”，养成勤奋品格。她要求孩子从小就参加力所能及的家务劳动，树立对于家庭的责任感。我们男孩子有项重要任务，用母亲的话说，叫作“供锅底”，也就是设法减少家庭在燃料方面的开支。我们“供锅底”的做法有：拣煤核，把别人炉灰中没有完全烧透的残渣捡回来再烧；拾柴火，把别人丢弃废木头或秸秆捡回家做柴火烧；把树上死掉的干树枝打下了，拿回家做烧柴；把砍伐后的树根挖出来，晾干后也可以做烧柴。劈烧柴也是我们要做的事情。春天里，要挖野菜，供家里人食用。秋天里，生产队的土豆地和地瓜地起获后，总会有些遗漏。我们便拿着镢头，到地里翻腾寻找，会有一些收获。这叫作“遛土豆”或“遛地瓜”。家里经常启动修建工程，我们必须参加。大一点的孩子还要照看比自己小的弟弟、妹妹。我排行第二，弟弟只比我小两岁，不用我照看；照看两个年幼妹妹，那是我义不容辞的事情。我从小身体比较结实，力气比较大。我还有一件特殊的任务，就是帮助外祖父拉手推车给客户送煤。我在劳动中培养起劳动最光荣的意识，培养了吃苦耐劳精神和勤奋节俭的品格。三是“不惹事”，掌握与人相处之道。母亲要求我们待人和气，不许惹是生非；要求我们多看人家的长处，别挑人家的毛病。如果我们在外面同谁打了架，即便吃了亏，回家也不敢说。如果对母亲说了，非但得不到安慰，反而会遭到责骂。母亲对子女要求很严格，管教起来毫不留情，使孩子不能不敬畏。一般人家都是严父慈母，我家正好相反，是严母慈父。父亲不经常在家，母亲必须一个人承担教育子女的责任。对于母亲的“三不主义”，我遵守得比较好，所以很少受责骂。另外还有一个特殊的原因。据母亲讲，我小的时候气性比较大，一生气就昏过去。所以，母亲有点不敢惹我生气。由于孩子太多，对于孩子的学习情况，母亲实在无暇过问。母亲一般不过问我们的学习情况，也不给施加任何压力。孩子学习成绩不好，她表示宽容，不严厉责备；学习成绩好，也不予以特殊的鼓励。我的学习成绩一贯优秀，从来没有得到任何特殊的奖励；哥哥从小身体不好，因缺课多，曾经留级，中学也没有考取，母亲没有责备他，还设法帮助他到民办中学继续读书。弟弟学习不认真，也留过级。他虽受到母亲的批评，但没有受到责罚。

母亲是一个精明能干的人。由于父亲不经常在家住，母亲既要主内，又要主外，大事小情都得她出面打理。她上有双亲需要赡养，下有五个孩子需要抚养，兼女儿、妻子、家长于一身，是我家名副其实的主心骨和顶门杠。俗话说“穷家难当”，可在母亲那里，似乎并不那么难。母亲用父亲63元工资维持一个九口之家，人均生活费只有几元钱，生活水平自然不会高，但还过得去，温饱不至于出问题。母亲不能保证我们吃好，但可以保证我们吃饱。即便在1959年至1961年国家处于三年困难时期，我们也可以填饱肚子，不过吃的不全是粮食。父亲在糖厂工作，厂里分给每个职工一份“干粕”，也就是甜菜榨完糖后剩下的糟粕，用来代替粮食。母亲把“干粕”与玉米面和在一起，蒸窝头给我们吃。“干粕”没有营养价值，难以下咽，连猪都不愿意吃。可就是这种玩意，竟帮助我家度过困难时期，不至于饿死。在我小的时候，粮店供应的细粮很少，几乎全都是粗粮。细粮要给老年人吃，我们平时吃不上，只有在节日才能尝尝细粮的味道。母亲为了使我们吃得顺口一些，便粗粮细做，摊煎饼给我们吃。摊煎饼的第一道工序是把原料磨成糊状，推磨自然是我们男孩子的事情。不过最辛苦的，还是母亲。推磨是个把小时的活，而母亲则要在煎饼鏊子前，烟熏火燎，弯腰干一整天活。

母亲不能保证我们穿好，但可以保证我们穿暖，并且穿得整洁干净。我们很少有新衣服穿。小一点的孩子穿的衣服，基本是用大孩子穿过的旧衣服改成的。我的个子长得比较快，后来超过了哥哥，不能再拣哥哥剩下的衣服穿了。所以，我穿新衣服的概率，比弟弟妹妹们要高一些。我们的衣服几乎都是母亲借别人家缝纫机缝制的，棉衣往往补了又补。那时流行的说法是：“新三年，旧三年，缝缝补补又三年。”看见我们的衣服破了，母亲总是叫我们脱下了补上；看见我们的衣服脏了，母亲总是叫我们脱下洗干净。母亲信奉的格言是“笑破不笑补”。在她看来，让孩子穿破衣服，那是做母亲的耻辱；而穿有补丁的衣服，几乎家家如此，十分正常，没有人会笑话。

母亲赡养老人的负担也相当重。在最困难时候，四位老人皆到了垂暮之年，生活都不能自理，需要她来照顾。在我家专门有一个房间，四位老人整整躺满一炕，仿佛开办小型敬老院。最辛苦的“院长”，自然是母亲。她照顾每位老人看病、吃药、吃饭、翻身、擦洗、穿衣，乃至端屎端尿。人老了，免不了犯糊涂，经常会出些难题折磨母亲。她都得耐心化解，设法使老人高兴起来。她为每位老人都准备了寿衣、寿材，最后一位一位地送走，让他们入土为安。

母亲持家有道，既注意节流，也注意开源，想方设法增加点收入，改善家庭的经济状况。她自己动手织毛袜子，摆地摊出售。她从火柴厂揽来活计，搞来料加工。她发动全家人糊火柴盒，卖给火柴厂，换点钱补贴家用。她还成功地办起家庭养鸡场，养母鸡数量近千只，其中百分之八十都进入产蛋期。她加入吉林市养鸡业工会，担任该会的委员。在工会帮助下，饲养户有购买饲料渠道；至于鸡蛋，则自行销售。在我的记忆中，办养鸡场期间，我家的经济状况大有改观，伙食也好一些，可以经常有鸡蛋吃。可惜好景不长。1957 年底，国家政策不再支持个体经济。养鸡工会停办，国家不再供应饲料。由于饲料来源断了，我家的养鸡场无法维系，只好停办，忍痛把产蛋鸡当作肉鸡全部抛售出去。养鸡场停办以后，母亲跟助产士朱凤仙学习接生术，希望能当个在家助产士（俗称接生婆）。如果掌握了这项技术，既可以照顾家，也可以有些收入，可惜没有成功。由于生活水平逐渐提高，产妇大都到医院或保健站生产，“接生婆”这种传统行当，势必被淘汰出局。她当过街道居委会主任。虽没有多少收入，不意竟给她带来就业机会。1958 年，江南供销社同居委会联系，想招收一批年轻人到供销社做营业员。母亲本来是联系人，已经 35 岁，不在招工年龄范围之内。她同供销社负责人商量，自己是否可以报名？得到的答复是：作为特例，可以同意，但需经过考试。在考试时，母亲在口算、珠算、记账、接待顾客技巧等方面，都表现最好，几乎达到不经过培训就可以上岗的程度。供销社破格录用了她。供销社的业务主要有两摊：一摊是百货门市部，工作环境好，轻松体面；一摊是副食门市部，工作环境差，又脏又累。母亲自愿到副食门市部工作，很快就成为业务骨干。由于工作需要，又从副食门市部调到煤炭销售门市部做收款员。煤炭销售门市部后来划归吉林市煤炭公司管理，母亲的身份遂由供销社集体所有制员工，转为煤炭公司全民所有制员工。1978 年，母亲年满 55 岁，在煤炭公司退休。刚退休时，退休金只有几百元，后来慢慢调到千元以上。

母亲是一个能办事的人，也是能抗事、能压事的人。我家有三个孩子赶上“上山下乡”，一齐变成了“知识青年”。1968 年 12 月，我随吉林一中集体户来到桦甸县二道河子公社保安大队大黄泥一队务农。1970 年 7 月顺利招工，到吉林碳素厂 304 车间高炉段当碳铣工。我在农村只待了 20 个月。弟弟和大妹可没有我幸运。他俩没跟集体户走，同祖父祖母一同落户永吉县五里河子公社安家落户。由于他俩没有集体户可以依托，故而在招工时遇到了麻烦，好几年都回不了城，甚至还存在着永远回不了城的危险。母亲想尽办法，通过“五七战士”（当时对下放农村劳动的干部的称谓）马驰的路子，把他俩调到吉林市郊区，挂靠上一个集体户。后来，他俩总算通过招工途径，回到城里工作。无论遇到多大的难事，我们从母亲脸上看到的，不是忧伤而是刚毅。我下乡时，母亲到学校为我送行。许多家长泣不成声，母亲却没有掉泪，而向我投来注视的目光，相信我会度过时艰，相信会有否极泰来那一天。我在北京定居后，每次回家探亲，看望老人家，临别时她自然恋恋不舍，但总是装出若无其事的样子。每次她都站在阳台上，目送我远远离去的身影。哪个子女家里遇到难处，第一个出手相助的人，肯定是母亲；那个子女家闹矛盾，最终都得母亲出面化解。小妹夫妻分居多年，母亲辞世前把两人叫到病榻前，向他们提出临终嘱咐：捐弃前嫌，不要离婚。正是由于母亲的执着，才挽救了一个将要解体的家庭。他们没有任何理由拒绝老人家的临终嘱咐。

母亲是一个性格开朗、刚毅达观的人。她似乎没有什么事情想不开，无论遇到多大困难，总是坦然面对。在高兴时，她还会唱上一段小曲：“苏州的姑娘白又胖，没有哪个不漂亮。”在生活资料匮乏的年代，人们以胖为美，可以用一个“胖”字赞美苏州姑娘；而在今天，“胖”字早由褒义变成贬义了。“苏州姑娘”现在讲究白富美，讲究以瘦为美，倘若夸奖她“胖”，她显然会不高兴；必须把那个“胖”字换成“瘦”字。母亲很爱自己的家人，喜欢同家人在一起照全家福，尤其是同自己的孩子在一起照相。我们很了解母亲的心情，尽量满足她的愿望。父亲去世以后，我出资请母亲同五个子女在照相馆合影，照片放大为一平方米左右的大幅照片，精心装帧。母亲很喜欢这张大幅照片，挂着客厅里。每逢来客人，她总会介绍说："这就是我的五个孩子。"母亲退休之后，喜欢与家人在一起集会、郊游、野餐。2003年，由我出资，搞了一场规模比较大的家庭聚会，祝贺老人家八十大寿。集会地点选在松江宾馆，儿孙辈来了几十人。集会时请来摄像师录像，请来一个小剧团演出老人家喜欢听的二人转。在聚会上，我唱一曲《流浪歌》，听了"流浪的人在外想念你，亲爱的妈妈"的歌词，母亲颇为动容。我在讲话时，送母亲三句话："经常走路、基本吃素、遇事不怒。"2005年，我的孙子宋天成出生。母亲见到第四代人，实现了四世同堂的梦想。母亲退休后喜欢与家里人在一起打扑克牌、下跳棋、打麻将消磨时光。有时也同几个老朋友在一起玩旧式小牌，至于怎么玩，我也搞不懂。母亲曾教我如何打麻将，可是我并不精于此道，始终没有参加她老人家的"麻将俱乐部"。母亲喜欢锻炼身体，会打太极拳，但对各种所谓"功法"不感兴趣，绝不相信"大师"的忽悠。就在去世的半个月前，她还在公园里压腿、做操。在吉林市的宋氏家族，时常在一起聚会，商量如何编修宋氏家谱之事。母亲得到通知，总是乐于参加活动。母亲的辈分高，并且大家都知道她有个儿子在中国人民大学做教授，聚会时对她十分敬重，请她上坐。我的名字也被写入宋氏家谱。母亲以有我这样的儿子感到荣耀，我也似乎从中找到一点光宗耀祖的感觉。

2011年3月初，母亲在吉林市解放军465医院确诊为晚期胰腺癌，已经无法医治了。鉴于这种情况，哥哥将母亲接到朝阳镇自己家中。大妹陪同，专门护理母亲。3月23日，我专程到朝阳镇探望母亲，25日返回北京继续给学生上课。这是我最后一次与母亲见面。我交给母亲一万元钱，支付她在哥哥家中养病的费用。我与母亲会面时，老人家抱着我放声痛哭，从未见她这样伤心过。大概她也意识到：这是最后的诀别。胰腺炎发作起来疼痛难耐，幸亏她的孙女婿张青在药厂做厂长，能够买到市场上不允许公开出售的杜冷丁，可以帮助缓解疼痛。4月23日晚，母亲安详地驾鹤西去。哥哥在电话中告诉我，母亲嘱咐：丧事从简，尽快入土为安即可。遵照母亲遗嘱，哥哥没有通知我参加母亲的葬礼。

四、开蒙求学

我家原来分在三个地方居住。祖父祖母单独立户，住在吉林市江南小市场，有自家盖的三间简易房。祖父土改时成分划为贫农，还分得两片菜地。一片比较小，在住宅附近，大约几分地；另一片比较大，离家远一些，大约几亩地。家里养着几匹马，还有马车。我儿时还曾在祖父家放过马。父母领着孩子在岔路乡一带租房住，父亲在工厂做工。外祖父一家住在龙潭区江密峰镇，离吉林市中心 14 公里左右。外祖父土改时成分划为贫农。有自家盖的三间土房，养有几匹马，耕种土改分得的几垧地。我小时经常住在外祖父家里。1954 年实行合作化以后，外祖父把土地交给合作社。他卖掉老房，出资在吉林市江南小市场买了三间旧房子，位置就在祖父的住房后面，也搬到江南。父母退掉租来的房子，同外祖父、外祖母在一起生活。祖父当时有劳动能力，依旧与祖母单独生活。他们晚年丧失劳动能力之后，也同父母在一起共同生活。两家比邻而居，显然是为了以后照顾老人方便一些。我家与外祖父家组成一个大家庭，三代八口人在一起生活。第一代是外祖父和外祖母，第二代是父亲和母亲，第三代是哥哥、我、弟弟、大妹四个孩子。1957 年小妹出生后，便成为九口之家了。

哥哥转到烽火小学读书，我陪同哥哥到学校报到，也想申请入学读书。校方答复说："按照规定，儿童 8 周岁才能入学。你年龄不到，等明年再说吧。"我虽然没有如愿入学读书，也有一个小小的收获。在小学操场上，哥哥领我平生第一次看儿童片电影《祖国的花朵》。"让我们荡起双桨，小船儿推开波浪。"那美妙的旋律，激起我对美好校园生活的憧憬。据说这部影片，也是新中国第一部儿童片。

（一）烽火小学

1955 年秋季，我在烽火小学入学，编在一年一班。学校规模不大，每个年级都是两个班，共计 12 个班，大约有 600 多学生。我班的班主任是静佩如老师。她大约 20 几岁的样子，清秀端庄，体态微胖。她的先生姓沈，在吉林市体委工作，身体强壮，是吉林市冰球队的运动员。当时烽火小学是江南学区的中心校，校舍由一座龙王庙改建而成。不知哪个小孩子淘气，编了这样几句顺口溜：

中心校，是破庙。

老师是和尚，学生是老道。

老师一念经，学生直哼哼。

烽火小学东面与江南公园隔道相邻，北面离松花江只有几百米远。俗话说“大水冲了龙王庙，一家人不认识一家人”，有一定的道理，因为龙王庙通常建在水边，当然容易被冲；但也不尽然。我们学校所在的龙王庙，由于地势比较高，松花江多次发大水，并没有淹到它。现在，烽火小学早已经没了踪影。校舍不知何时被拆除，已经建成了一片住宅楼。江南公园和松花江都是我儿时的乐园，经常到这两个地方玩耍。

关于江南公园的来历，有两种说法。一种说法是，这里原本为清朝御用的柳条编造场，用柳条编织器物供清朝皇宫使用，后改建为公园。另一种说法是，1908 年吉林首任巡抚朱家宝在江南办了一个农事实验场，后来在此基础上改建成公园。他曾撰联记事：

忧乐与民同，安得广厦万千，共游仁宇；

江山如此好，愿藉名园十亩，畅叙幽情。

我觉得，这两种说法，可以统一起来。可能这里曾经是皇家御用的柳条编造场，后来废弃不用了。在公园里，树龄很长的粗大柳树特别多，可能就是编造场留下来的遗迹。朱家宝则在属于官地的编造场故址，办起农事实验场。清末民初有位诗人，名叫沈兆禔。他写了一本书，叫《吉林纪事诗》，里面用这样一首诗描写江南公园，其中“农场”“工场”并提，可以印证我的看法。诗中写道：

> 摇曳江南万柳条，农场工场望迢遥；
> 居人共道江南好，愿法长虹架铁桥。

诗人的愿景后来变成了现实，现在果真在松花江上修了几座桥。最先建成的大桥，完工于 20 世纪 40 年代，叫作“江城大桥”，把松花江两岸贯通起来。中国实行改革开放以后，又在江城大桥的上游两公里处修建“临江大桥”，在江城大桥的下游两公里处修建“彩虹大桥”。现在已经有相邻的三座桥，把两岸连在一起了。除了这三座大桥外，上游还有“丰满桥”，下游还有铁路桥、江北大桥和哈达湾大桥。

我在读小学之初，江南公园院墙尚未修建，进园不收门票。公园实现售票以后，我们这些小学生上学来回过，也不用买票，公园对我们特殊关照。由于进公园很方便，所以我们经常到里面玩耍。公园栽了许多花，对此男孩子兴趣不大；若是杏树结了果，我们会爬上树弄几颗尝尝。尚未成熟的杏子很酸，并不好吃，淘气而已。

那时的小学课本很简单。记得第一课，只有三个字：“开学了”；第二课，也不过七个字：“学校里同学很多”。由于校舍不足，两个班共同使用一间教室。我们每天只能上半天学，半天自由玩耍，作业也很少。静老师给我们上课，有一个习惯动作，把右手食指竖在嘴唇上，示意同学们安静下来。我们觉得她这个动作挺好玩，背地里也偷偷模仿她的样子，相互逗乐。据母亲说，我刚出生时，外祖母便在我枕头下垫一本书，据说这样孩子长大后会“吃书”。我长大以后，果然“吃书”，天生是个读书的材料。我并不比别的孩子用功，只是有三点做得比较好。第一，有学习自觉性。我不用家长和老师督促，上课认真听讲，按时完成作业。第二，有荣誉感。我总觉得自己应该是班里学习最棒的学生，发现别人在学习上比自己强，不是嫉妒，而是不服气，总想努力超过他。第三，注意力集中。我能有效利用课堂时间学习，遇到不懂之处，下课就向老师请教，不留尾巴。各门功课我学得都不错，不过汉字写得不算好，总是歪歪扭扭的。刚上学时，学的是繁体字和旧式拼音，三年级时改学简体字和新式拼音。一、二年级时还有书法课和珠算课，后来也都取消了。

由于我学习成绩好，不惹事，静老师比较喜欢我。静老师曾指导我们班同学排练独幕小话剧《大生的早晨》。剧情很简单，批评一个小男孩东西乱丢乱放，第二天早晨上学找不到该带的东西，竟然迟到了。静老师要我扮演主角，也就是那个迟到的、名叫大生的小男孩。有一次，我们班有个同学丢了一把小刀，不知谁向老师举报，说是被我拿去了。老师找我查证，我哭得特别委屈，表示绝无此事。老师显然相信我说的话，并没有使我蒙冤。后来丢小刀的同学，在自己家里找到了小刀，竟然是他自己忘记放在哪里了，差点制造出一场冤案。在小学读书期间，给我留下深刻印象的老师，还有赵天真老师和吕老师。赵天真老师个子高高的，瘦瘦的，国字脸形，是我校为数不多的男老师，年纪与我的父母相仿，与我家是邻居，比较熟悉。他曾做过我班的班主任。他说话风趣，讲课很好。我们对他不满意的是，他常找些学生，到他家帮助干活。我们即便不愿意，也无法拒绝。吕老师是我班毕业那一年的班主任，我始终不知道她的名字。她对我们要求很严格，对升学备考很重视，抓得很紧。我校有两个毕业班，由于我们一班吕老师认真负责，升学率比较高，大部分报考的学生都被录取了；而二班老师刚生完孩子，不认真抓，结果只有 8 名学生被录取，大部分学生落榜。那时实行 6 年义务教育，小学多，中学少，不能保证每个孩子都升入中学，跟现在实行 9 年义务教育不同。在小学期间，我曾被评过三好学生，具体哪一年，已经记不得了。

在读小学期间，我最喜欢的课程，莫过于体育课了。上体育课可以玩球，兴致特别高。我们经常玩的球是足球和篮球。踢足球我跑得不是很快，当不成前锋，踢后卫还可以。打篮球我个子不高，当不成前锋和中锋，当个后卫还勉强。那时排球不普及，还不晓得排球为何物。我曾经对乒乓球很感兴趣，但买个球拍需要五元多，相当于一个人半个多月的生活费。家长拿不出这笔钱，我也只好作罢。跳箱我跳得不错。虽然个子不高，五节高的跳箱可以轻松越过，一般男孩子做不到。

在课外，我喜欢的体育项目也很多。翻云梯是我的长项。小学操场里并没有云梯，但在小学附近军队操场上有。翻云梯需要反转360度，有一定危险性，是军队训练的科目，一般孩子没有胆量玩。我有冒险的胆量，常去玩云梯，一口气可以翻几十个。在夏天，我和小伙伴经常到松花江游泳。我也不知道自己什么时候、怎么样学会了游泳。最初只是在水中瞎玩，不知不觉竟飘起来了，慢慢地掌握了游泳要领。吉林市距离丰满水电站只有40多公里，发电时江水从几百米高的大坝底部流出，到吉林市水温依然很低。在夏天，水温最高也就17度左右。我们一帮男孩子5月初就下水游泳，水温更低，估计也就10度上下，刺骨的凉。大家都脱了衣服后，谁也不愿意第一个下水。这时，大家会把一位小伙伴先扔下水，然后再纷纷下水。一旦游起来，也就不觉得水凉了。起初，我们不懂得什么标准泳姿，采用的都民间游法。有狗刨（近似于蛙泳）、漂扬（近似于仰泳）、抗水（近似于侧泳）、甩水（近似于爬泳）、踩水（立泳）等。这些游法，我无一不会。后来吉林市政府在松花江畔建起一个露天游泳场，我们一群小伙伴便成了那里的常客。游泳场有位救护员，名字叫纪才。我们跟他混得很熟，拜他为师傅。在他的指导下，我掌握了比较标准的蛙泳姿势。我的蛙泳技术不错，百米成绩达到过1分37秒，合乎少年三级运动员的标准。

我们去游泳，都得背着老师和家长，偷偷地去。老师和家长不支持我们到松花江游泳，怕有危险，因为时常有人在江中溺水。我们游泳属于"非法活动"，游泳裤自然也得自己设法解决。那时买布制品需要用布票，我们不可能从家长手中要来紧缺的布票，只好自己想办法，用两条红领巾缝制成泳裤。买红领巾不需要使用布票，缝制成泳裤也很简单。剪掉三个角，用针线缝制起来，就成功了。老师还经常抽查我们这些男孩子是否偷着到江里游泳，办法就是让孩子在腿上挠一下。如果挠出白痕，那就是曾游泳的铁证。我们找到一种应付老师检查的办法，那就是出水后，一阵猛跑，跑得大汗淋漓。出过汗之后，再挠腿，就不会再出现白痕了。

除了到松花江游泳外，我还到江中用丝挂子网捕鱼。那时松花江中鱼很多，几个小时就可以收获一小筐“白票子”鱼。如果几个人合伙，可以用抬网捞泥鳅鱼。几个小时，捞到的泥鳅鱼就可以装满水桶。如果是一个人，什么工具也没有，还可以在浅水中翻石头，捕捉藏在底下的“喇咕”（一种体形比较小的螯虾）。把“喇咕”拿回家用盐水一煮，颜色红红的，很好吃。也可以捉到青蛙。青蛙腿上的肉比较多，吃起来味道也不错。后来学习“农业常识”课，知道青蛙是益虫，捕食害虫，就不再捉青蛙了。吉林化工厂在松花江畔建成投产后，江水受到污染，这些水生动物就越来越少。听说近年来吉林市政府重视环境保护，实施“青岸绿水”工程，江中的水生物又多了起来。

在冬季，我从事运动项目大都与冰雪有关。第一项运动是非正规的民间项目，就是在雪地里蹬冰鞋。冰鞋有两种类型。一种类型是用一根钢筋弯成的，类似挂钩。钩头套在一只鞋前面，与脚结合为一体；两条平行的滑道贴着雪地，用另一只脚蹬地驱动，就可以快速地在雪地上滑动起来。另一种类型是用木板和铁丝做成的。在一块大小同脚差不多的小木板上，用粗铁丝做滑道，固定在上面上。木板两边钉上能穿绳子的挂件，冰鞋就算做成了。把冰鞋用绳子固定在一只脚上，另一只脚蹬地，就可以在雪地上滑行了。第一种类型的冰鞋，比较高级，小孩子自己做不了；第二种类型冰鞋，小孩子可以自己动手做。我常用的冰鞋是第二种。划冰鞋需选择没有车马的雪路，才安全；在公路上有危险，警察发现后，会予以没收。

我从事的第二项民间体育项目，是从高坡上往下滑小爬犁。小爬犁是自己动手做成的。两根木方做爬犁的滑道，在上面钉上木板，锯掉多余的部分，爬犁就算做成功了。如果在滑道上配装铁丝，滑起来更快，更刺激。

我从事的第三项体育项目，属于正规的冰上项目，就是滑冰或打冰球。我们无力置办标准的体育器材，只能采用民间的土设备。我们用不起价格昂贵的标准冰刀，使用的是简易冰刀。这种冰刀要用绳子紧紧地捆住双脚上使用。冰上运动的名堂很多。大家围着冰场的跑道前行，比拼滑行速度，叫作速滑。在冰场中部练习复杂的姿势，有如在冰上跳舞，叫作花样。在冰上开展的球类活动，叫作打冰球。在这三项冰上运动中，我最喜欢打冰球。打冰球需要球拍，我们自然买不起。那时吉林市经常有冰球比赛，我们常去场边观看。运动员把打断的球拍丢出来，我们如获至宝，拣回家用胶粘起来，就可以派上用场了。我们也没有护具，硬邦邦的冰球打到身上很疼。我们并不在乎，玩起来依旧兴致很高。

在学校里，我们常做的集体游戏，主要有两种。一种叫作“跑马城”。人数相等的两队孩子，拉开十几米的距离，面对面地站成横排，手拉着手，结成“营垒”。一方进攻，一方防守。

游戏开始，双方共同齐喊：“唧唧铃，跑马城。马城开，打发小姐送信来。”

攻方问：“要哪位？”

守方答：“×××。”

这时，对方被点名的同学迅速冲过来，如果冲破守方相牵的手臂，就算赢得一局；否则，此名同学则被淘汰出局，站在一边当看客。然后攻方与守方交换，直到分出胜负为止。

另一种游戏是跳集体舞。课间休息时，老师组织大家在一起跳集体舞，动作不复杂，曲调也比较简单：

31 11|43 2|21 71|2 55|
|1 3|2 4|32 17|11 10||

舞曲本来没有词，竟有淘气孩子给配上了这样的词：

咪多多法咪咪，老头背着老太太。
上街买菜，摔个跟头起不来！

在课外，男同学经常在公园里自发组织起来，玩一种叫作“打仗”的游戏。这种游戏，有点近似于军事演习。参加者分成两伙，互相进攻或防守。如果攻入对方“阵地”，把对方一人摔倒，就算胜利；若被对方摔倒，那就是失败。每方都有司令来指挥“战斗”。为了效果逼真，司令把头上的帽子，用铁丝围成的圆圈撑起来，好像戴着军官的大盖帽，威风凛凛的样子。有人担任司号员，做出吹冲锋号的模样。每个“士兵”拿根小木棍当马刀，或者拿着自制木枪，用嘴模仿枪声，冲向“敌人”据守的“阵地”。

至于个人游戏，有跳绳、踢毽子等项目；双人游戏有扇画片、拉筋、弹玻璃球等项目。我们把从小贩那里买来的大幅画片，回家剪成小画片，在扇画片时使用。每张小画片上面，通常印有《水浒传》、《三国演义》等古典小说中人物的单身像。也可以用花花绿绿的烟盒纸叠成三角形，做成不需要花钱的画片。扇画片时，一方把画片置于地上，另一方用手拿着自己的画片，扇起风来。如果把对方的画片扇翻个，就算赢了，把对方的画片归于自己；如果失败了，自己手中的画片归对方。然后互换角色，自己放上一张画片，让对方扇。

拉筋是双方各用树叶茎相互拉拽，谁的断，就算输。为了使树叶茎不易拉断，得把它弄得柔韧一些。所采用的方法，就是把树叶茎放到鞋里沤几天。用这种沤出来的树叶茎拉筋，胜算比较大。

弹玻璃球的玩法是，双方在地上画一起跑线，在玻璃球经过的路线，再挖若干小坑，每个坑为一垒。甲方先从起跑线上，用手指把球弹出。弹入一坑，算攻下一垒；可以继续出发，攻下第二垒。如果没有攻下一垒，球就停在那里，不能再动了。这时，乙方从起跑线出发，攻下与对方相同的垒数后，就有资格攻击甲方的球。如果击中，甲方便输掉此球，归乙方所有。弹玻璃球要求有很高的技巧，力道和准头都得把握好。我的水平比较差，总是输；弟弟的水平比我高，赢时居多。

我的“文艺细胞”比较丰富，喜欢参加学校组织的各种文艺活动。我是学校少先队鼓乐队的成员，角色是打小鼓。每逢学校集会，我们鼓乐队都走在前面，特别神气。我也是少年合唱团的成员，但水平一般，没有担任过领唱。我识谱能力比较强。一般的歌，听一两遍，照着歌谱就可以唱出来。我掌握多种乐器的玩法，会吹笛子、吹箫、吹口琴，还会弹奏一种叫作“大正琴”的乐器。这是一种小型的玩具性质的乐器，长度40多厘米，宽度10厘米左右。有3根细弦，一根粗弦，20多个圆形小按键。右手用拨子拨动琴弦，左手按琴键，就可以演奏出简单的曲调。这种琴音量很低，可以自娱，但不能演出。我吹笛子达到相当高的水平，曾在学校演出时，上台独奏。

我喜欢看电影或各种演出。经常光顾的地方有两处。一处是吉林省第二建筑公司（后更名为吉林市第一建筑公司）俱乐部，另一处是江南公园露天剧场。我有钱时，买票入场；没钱买票时，就得想办法混入场。“混”的办法有两种。一种办法是装可怜，求成年观众把自己当家属带进去。另一种办法是造假。把过期的不同颜色的废票收集起来，如果发现这样场票的颜色一样，就拿废票蒙混过关，一时找不到同一颜色的废票，就用彩纸裁成票的样子往里混，也常常得手。使用假票蒙混时，要做随时逃跑的准备。一旦被发现，赶紧跑掉。其实，即便被抓住，顶多遭到检票人一顿申斥，也不能把小孩子怎么样。混入场内，自然没有座位，即便站着，也看得津津有味。

儿时还有两种玩法，同小动物有关。在夏季，我经常养蝈蝈。蝈蝈笼子是自己动手做的，有多种做法。第一种做法是用高粱秸穰做出四棱锥形框架，用细蔑做成笼子；第二种用细篾编织椭圆体笼子；第三种做法是长蒿草秆编成笼子。有钱人家的孩子，可以买蝈蝈养；我们穷人家孩子买不起，只好自己上山去捉野生的蝈蝈。离我家几公里处，有座小山，叫作东山。我在夏季常到那里捉蝈蝈。捉蝈蝈必须选择晴朗的热天。只有在这种天气里，蝈蝈叫得欢，容易发现它。当发现目标时，要小心翼翼地靠近，出其不意，一下子扑过去，便可以把它捉到。用力也不能太大，太大了会把蝈蝈弄死。蝈蝈有公有母。公蝈蝈尾巴上长着刀，不会叫；母蝈蝈会用翅膀颤抖摩擦，发出悦耳的响声。把蝈蝈带回家，用倭瓜花或黄瓜尾巴喂养，可以活好多天。

在冬季，我经常捕苏雀拿回家里养，听它那悦耳的叫声。这是一种与麻雀体型差不多的雀类，属于候鸟类型，只有冬季才出现在我的家乡；天气变暖后，不知飞到哪里去了，没了踪影。苏雀与麻雀最明显的区别，在于头顶上有紫红色圆形斑块。这种雀喜欢吃苏籽，所以我们称它为苏雀。这种雀可以饲养，叫起来特别动听。麻雀是不能饲养的，因为它的脾气特别大，喂什么东西都不吃，最后活活饿死。养苏雀或捕苏雀都需要鸟笼子，笼子都是自己动手扎成的。养雀的笼子是方形的，用高粱秸秆和竹篾扎成，比较简单；捕雀的笼子也用高粱秸秆和竹篾扎成，但比较复杂。捕苏雀的笼子有两种样式：一种叫作翻笼，一种叫作滚笼。翻笼有两个笼室，小笼室放置诱雀；大笼室上面设置两个翻拍，作为捉雀的机关。滚笼比较大，用圆式滚轮做捕雀机关。捕捉苏雀必须选择雪后刚刚放晴的天气，在旷野中放置捕雀笼。在这种天气，食物被大雪覆盖，不容易找到，苏雀容易上当。勾引苏雀上当的办法，无非两条。一条是靠诱雀的勾引。捕雀笼装有诱雀，它会用叫声把自己的同类吸引过来。另一条是在翻拍上或滚轮上系上谷穗，引诱饥饿的苏雀来啄食，用机关捉住它。苏雀可以自己养着玩，欣赏它那悦耳的叫声；也可以卖掉，换几个零钱花。

在读小学期间，我赶上“大炼钢铁”“深翻地”“除四害”“大跃进”等运动。那时我们虽然还小，也都卷入其中了。这大概都是发生在小学三四年级时的事情。那两年没怎么认真地上课，正常的教学秩序被打乱了，经常停课，参加劳动。大人们支起一座小土高炉“炼钢铁”，其实就是把收集来的废铁混在矿石里，炼成毫无用处的铁疙瘩，美其名曰“钢锭”。我们小孩子也得配合。我们的任务是，拿个小锤子帮助大人把大煤块砸碎，用来烧成炼钢用的“焦炭”。1958年，全国人民“大炼钢铁”，恭请“钢铁元帅”升帐。据报道，那年全国“钢产量”达到1070万吨。

开展“深翻地”运动，我也是参加者。我拿着自家的铁锹，到生产队义务劳动，帮助翻地。那时流行的口号是：“深翻一尺土变银，深翻三尺土变金。”这种说法，其实是反科学的。倘若真的把耕地翻上三尺，把生土翻到上面来，熟土翻到下面去，地力非但不会提升，反而会下降，怎么可能增产？可是那时长官意志支配一切，农民无可奈何，不得不装装样子，糊弄一下而已。为了糊弄上面来检查，通常采用的办法是：把地边翻得深一些，以应付检查；至于里面，看上去像翻过也就行了。我们小学生参加“深翻地”积极性很高，因为每次劳动后，农民都会煮土豆招待我们吃。为了增产，我们还要做的事情，就是积肥。每天上学得带着粪筐和粪铲，把马粪拾起来送到学校，每班一个粪堆，开展竞赛。高年级本事大，用淘厕所的方式积肥，我们低年级自然比不过他们。

“除四害”是一项全民运动，我自然也得参加。所谓“四害”，指的是麻雀、老鼠、苍蝇、蚊子。消灭麻雀需要全市动员、政府统一指挥。政府一声令下，一切可以动员起来的人，都得走出户外，或吹号，或敲鼓，或打锣，用各种手段发出声响，连续几个小时不许停止。据说，麻雀收到惊吓后，无处可落，以至于在空中活活累死，最后掉到地上。可是，我们折腾了一整天，连一个掉到地上的麻雀都没有发现。最令男孩子高兴的事情是，玩弹弓有了正当的理由。在宣布“除四害”以前，我们玩弹弓是受限制的。老师担心我们用弹弓打人或打坏玻璃，发现会予以没收。现在以打麻雀为理由，老师就不能没收了，可以公开地带着弹弓上学校。弹弓都是自己做的。用粗铁丝做成弹弓把，拴上两根皮筋，就算有了发射装置。用小皮块把两根皮筋结合在，就有了装弹器。至于子弹，可以用捡来的小圆石头，也可以用黄泥搓成小球，晒干了用。我也用自制的弹弓打过麻雀，不过技术不高，一个麻雀也没有打着。后来有人写文章论证说，麻雀偷吃粮食，但也捕食害虫，功过相抵，不能算是“害”。毛泽东采纳了这种意见，宣布麻雀从“四害”中除名，代之以臭虫。

消灭老鼠有很多办法，可以用捕鼠夹或捕鼠笼捉住老鼠，可以用鼠药药死老鼠。据说发现鼠洞后，向里面灌水，也可以把老鼠淹死。还可以到耕地里找到田鼠洞，把里面田鼠挖出来消灭。我们要把死老鼠的尾巴剪下来，交给老师作为灭鼠的凭证。学校展开灭鼠比赛，谁交上去的老鼠尾巴多，谁获胜。消灭苍蝇也有比赛。每个学生自己用蝇拍拍死苍蝇后，装到火柴盒中上交，谁打死的数量多，谁获胜。小孩子不懂事，就用手把死苍蝇拣到火柴盒中。这样除苍蝇的结果，虽减少了苍蝇的数量，却扩大了苍蝇的危害。至于消灭蚊子，由于无法量化，那就不能用比赛的方法来推动了。学校经常组织我们拿着铁锹，找一些水坑填平。据说这样可以消灭蚊子的滋生地，收到灭蚊的效果。可是，我们晚上睡觉时，还是被蚊子咬出许多包，没有感觉到蚊子数量有所减少。

我所在小学，也开展“大跃进”运动。具体做法，就是创办一个小型糖果厂。在校园里垒起灶台，买口大锅用来熬糖，这就是最主要的设备；买些砂糖和香精，这就是最主要的原料；从吉林市糖果厂借来--些闲置不用的老式模具，把糖胚压制成糖块，糖果就算制造成功了。至于工人，则由学生中挑选。老师可能知道我的父亲在糖厂工作，于是委我以重任，要我担任技术员。学校从糖果厂请来技师，现场指导制糖。熬糖可是个技术活，得掌握好火候。火大了，会熬焦，那就报废了；火小了，做不成糖块。开始做时，火候总是掌握不好，不是大了，就是小了。过了一段时间后，居然也掌握住了要领，真的做出像样的糖果。糖果的销路不成问题，可以发动全校同学买。糖果厂没有办多久，“大跃进”风头一过，也就停办了。

（二）师专附中

1961年，我以江南考区第一名的成绩，考入吉林市第十七中学。该中学1958年建于吉林市郊区江南，离我家不远，是一个新办的初级中学。我是这所学校的第四届学生。我入学不久，校名改为吉林师专附中，隶属于吉林师范专科学校。这是一所大专，1958年建立，校址选在江南，与十七中相邻。吉林市原来只有中等师范专科学校，没有高等师范专科学校。创办吉林师专，算是填补了空白。吉林师专也是“大跃进”的产物。吉林市原来没有大专院校，1958年一下子就创办了四所，一所是吉林电力学院，现已改称东北电力大学；二是吉林医专，现已并入北华大学；三是吉林化工学院；四是吉林师专，后来并入四平师范学院，现在改称为吉林师范大学。1964年，我初中毕业。我的毕业证书上盖的公章，就是“吉林师范专科学校附属中学”。我毕业不久，全国实行“调整巩固，充实提高”政策，吉林师专并入四平师院。吉林师专不复存在，我所在中学的校名，又改回吉林市第十七中学。该校于2010年撤销。原校舍被拆除，现已建成一片一片居民小区。我在小学和初中时代的母校，都永远地消失了。

我入学那年，十七中录取100人左右，分为两个班。我被编入一班。班主任是满素英，很年轻，大概刚大学毕业不久。她教我们代数课。除了满素英老师外，万国政、武东善、刘善柱等老师，给我留下的印象也很深。满老师告诉我，我考初中的入学成绩全校最高，在江南考区是第一名。她问我：“你的成绩这么好，为什么没有报考重点中学八中呢？如果报考，肯定能录取。”我回答：“八中在市内，离家太远，上学不方便。”其实，在我的脑海里，当时根本就没有什么“重点中学”的观念，以为在哪个学校念书都一样，何必舍近求远？从满老师的表情中看得出，她对我没有报考八中感到遗憾，而我倒觉得无所谓。

我们入学时，学校的教学楼还没有建完，只得在吉林市第二高级中学借用教室上课。二中只有高中部，没有初中部。到二年级时，教学楼建成，算是解决了校舍问题。十七中是“大跃进”时代新建的学校，师资力量不强。幸运的是，改为师专附中后，师资力量得到加强，补充进一些有经验的老教师，还新分配来一批从吉林师范大学（现已改称东北师范大学）毕业的大学生。吉林师专投入力量比较大，想把附中办成师专的教学基地。由于这个原因，这所中学虽建立不久，教学质量并不低。

由于我入学成绩最高，学校自然对我另眼相看，竟指派我担任学校少先队大队学习委员，戴上了“三道杠”。少先队干部分为三级：小队长戴的臂章一道杠；以班为单位的中队长或中队委员，戴的臂章是两道杠；以校为单位的大队长或大队委员，戴的臂章是三道杠。这是少先队中最高级别的干部。我在小学时代，未担任过任何干部，现在一下子成了“三道杠”，还真有点不适应。其实，“大队学习委员”不过是个虚衔，不需要负任何责任，也没有什么具体工作可做。我虽当上了干部，依旧我行我素，既不管人，也不管事。尤为不能令老师满意的是，我除了学习好之外，别的方面似乎不能起到表率作用。我喜欢与董绍忠、岳忠礼等一些学习成绩不好的同学在一起玩，理由很简单，因为他们都是我在小学时的同学，我不能因为他们学习不好，就中断多年的友情。有一次，我们一起还犯过一次比较严重的错误。在一次间休时间，我们没有做课间操，偷偷跑到松花江游泳，回来晚了，上课迟到。我们得到的惩罚，就是在全校大会上挨批评。由于我没有干部的样子，加上已经超龄，只当了一届大队学习委员，便没有连任。班里选干部，也没有我的份。我们班的班主任换为物理老师武东善，在选小组长时，他提名我做候选人，把我的名字写在黑板上，征求同学们的意见。还没等别人发言，我第一个举手站起来表态：拒绝担任小组长。老师只好把我的名字从黑板上擦去。

中学建立团组织以后，我也有加入组织的念头。我写过多次申请书和思想汇报，也被列为积极分子，列为培养对象。那些不如自己的同学，一个个都戴上了团徽，而我却被拒之门外。后来我才知道，原因在于我父亲的档案上有

“历史问题不清楚”这样一条。那个时代讲究“又红又专”，我只有一半做得比较到位：只专不红。不过，还算不上“白专”。“白专”之“白”，通常指家庭成分不好，或者有不当言论。这两条我都不具备，因为我的家庭成分是贫农，勉强可以算是“粉专”吧！我也不是不想“红”，可总是“红”不起来。

在学习方面，我依然保持“学霸”本色，各门成绩都颇优秀。我先后当过语文、数学、物理、俄语等科的课代表。我偏重于理科，代数、几何、物理、化学成绩一般都在90分以上，最好的是代数。有一个学期，我代数成绩，无论大考，还是小考，全都是满分100分。连满老师都觉得好奇怪。我比较喜欢上物理实验课，动手能力比较强。武老师指导我们做矿石收音机，当我从耳机中听到播音员的声音时，特别高兴，特别有成就感。文科学得也不错，历史、地理成绩优秀，语文差一点。写作文的能力比较强，就是写字不好的老毛病，始终没有改掉。因为字写得不好，尽管我的作文写得不错，还是得不了高分。后来，竟把我的语文课代表的名头也拿掉了。在老师眼里，我学习成绩虽好，但其他表现一般，也有缺点需要改正。在我的鉴定中，经常有一条缺点，那就是骄傲。有一年，满老师在我鉴定上，写的缺点是“不求甚解。”我不明白这句话的意思，也不好问老师。后来我在陶渊明著《五柳先生传》上读到：五柳先生“好读书，不求甚解。”这分明是表扬五柳先生不钻牛角尖的话，并没有贬义。满老师可能没有按照陶渊明的原意使用“不求甚解”一词，大概是批评我用心不专，不求深刻理解，只满足了解个大概而已。

二年级时，我们搬回新建的教学楼上课。新教学楼建得不合理，不符合规定。按照规定，教学楼必须主体朝南，东西走向，以便于采光。可是，新建教学楼竟然是沿马路建成的南北走向楼，采光自然不好。我班所在的教室朝向东，上午光线还可以，到下午就光线不足了。东北天亮得早，黑得也早。下午四点以后，教室里内已是一片昏暗，而这正是我们做作业的时候。后来虽按了几个白炽灯泡，也不解决问题。那时日光灯还是贵重设施，学校安装不起，只能安装白炽灯泡，增加一点光亮。由于这个原因，我和许多同学都患上了近视。解放军航校到我们学校招收飞行员或滑翔员学员，我的身体其他指标都合格，唯独视力不合格，因而被淘汰。

在初中时代，我可以说胸无大志，并没有什么远大抱负。在一次班级座谈会上，大家畅谈自己的理想。有的同学说自己将来想当解放军，有的同学说自己将来想当医生，有的同学说自己将来想当工程师。我发言说，我将来就想当个工人。在我看来，当工人没有什么不好，因为我父亲就是工人。后来我真的实现了自己的理想，当了十年工人。在初中毕业前夕，我面临两种选择：一是报考技校或中专，毕业后当个工人或技术人员；二是报考高中，将来考大学进一步深造。如果按照我个人的意愿，我会选择前者。班主任武老师觉得，我的学习成绩那么优秀，不走考大学的路，实在可惜。他专门到我家，同母亲商量我走哪条路合适。武老师建议我报考高中，并且报考吉林市最好的高中，也就是重点中学吉林市第一高级中学。我和母亲接受了武老师的建议。我果然考取了。遗憾的是，我毕业后并没有得到考大学的机会，竟变成了“知识青年”。我们三年一班有四名同学考上一中，赵树才编到三班，李沁编在四班，我和黄丽莎编在五班。三年二班只有张大为一名同学考上一中。他的母亲刘莪华是一中的物理老师，可能有照顾的因素在里面。我初中毕业时，成绩册上只有语文成绩为 88 分，没有达到优秀；其余各科皆在 90 分以上。由于语文拖了后腿，我没有评上优秀毕业生。这份荣誉被黄丽莎同学摘得。

（三）吉林一中

1964 年，我 17 岁那年，考入吉林市第一高级中学，编在 5 班。班主任是王国成老师。他教授生物课，精明清瘦，讲课水平很高，学生都喜欢听。吉林一中是吉林省最古老的高级中学，始建于 1907 年，也就是清光绪三十三年。初名为吉林中学堂，由候补直隶知州王文珊（字少石）创办。1912 年辛亥革命后，改称“吉林省立第一中学校”，当时在吉林省是最好的学校，有“学堂之模范”“教育之中坚”之类的美誉。1948 年吉林市解放，学校与二高中、省立一师合并，成立“吉林省立吉林联合高级中学”。1959 年定名“吉林市第一中学”，简称吉林一中。吉林一中是吉林省重点高中，办学条件、师资水平在全省都是一流的，高考升学率与东北师大附中不相上下。能进入一中读书，相当于考上多半个大学。升入大学的概率，至少在80%以上。在我入学时，吉林一中只设高中部，不设初中部。每年招收6个班，250人左右。全校18个班，学生不到800人。新生来自吉林市及其管辖的5个县，都是各个学校的学习尖子。

在吉林一中校友中，涌现出一批出彩的人物。其中有科学院院士，有省部级官员，有知名作家。名气最大的当属马骏（1895—1928），又名马天安。他1913年入学，1915年转入天津南开中学。在南开，他与周恩来、邓颖超、郭隆真等人共同发起成立“觉悟社”，投身革命事业。他是五四运动的领袖之一，是中国共产党早期党员之一。1987年，吉林一中迎来校庆80年。是年5月，时任全国政协主席的邓颖超专门为吉林一中题词：

> 承前启后，继往开来。

我的名字已经被写入吉林一中的校史。2011年，吉林一中原副校长张正宇给我发来邮件，要求我提供几张照片，把我编入吉林一中《世纪校友录》。关于我，在他主编的《世纪校友录》里，做了这样的介绍：

> 宋志明　哲学家。1964年入校。1986年毕业于中国人民大学，为该校首批博士。现任中国人民大学哲学院教授、博士生导师。研究领域为中国哲学，研究方向为中国近现代哲学、传统文化与现代化。主要著作有《现代中国哲学思潮》、《中华儒家源流》、《中国古代哲学研究》等，获“五个一工程”奖。完成教育部211项目《哲学理论创新与社会发展》子项目：中华民族精神和民族凝聚力研究。中国大陆现代新儒家研究的开拓者之一，美国、日本以及港台地区都有学者撰文介绍或评述其关于现代新儒学的研究成果。中国哲学史学会副会长、中国现代哲学史学会副会长、国际儒学联合会理事、中国社会科学情报学会副理事长。

他从网上找来我在岭南大讲堂讲的《中国哲学精神》，压缩成下面这则短文，概括我的学术思想。

中国哲学的精神

宋志明

哲学是有民族性的。马克思有一个说法，哲学是时代精神的精华，我可以再加上一个，哲学是民族精神的精华。准确地表述，哲学是时代精神和民族精神的统一。

中国哲学的精神是什么呢？

中国哲学的精神，不是一个知识的传授，而是一个体悟性的话题，一种心理的交契。中国哲学的精神，每个人、每个学习者、每个爱好者，甚至每个中国人都应该给出一个自己的答案。

中国哲学精神的具体内涵：

一、自强不息

自强不息是中国哲学的第一原理，它支撑起我们这个民族乐观向上的精神境界，鼓励每一个中国人自强、自立、好学、上进。所以天行健自强不息，是我们民族经历了无数的艰难险阻，又一再崛起的一种精神支撑。

二、实事求是

实事求是这四个字，核心的词就是那个“是”，包含着智慧、知识、真理。实事求是作为一种知论，跟自强不息的世界观、人生观是紧密相连的，表现出我们中国哲学重视实践、关怀现实问题，这样一种品格。

三、辩证逻辑

这是中国哲学一个基本的思想方法。中国哲学的思维方式，是辩证逻辑为主的。

四、以人为本

中国哲学是一种人生哲学，这样的一种哲学理论形态。

孔子有一个学生问他，死后是怎么样的，孔子很不高兴，用一个软钉子把学生碰回去，他说“未知生焉知死”。学生问他什么是鬼，孔子的回答也是“未知人焉知鬼”，就是说我只能告诉你怎么做人、怎么样做一个活着的人。中国哲学不以人生的彼岸为目标，不关心人死后的情形，中国哲学是非常重视人在现实人生中的意义、价值、地位。中国哲学这样一种独特的、重视人生的特征，也是它的一个突出的地方。

五、内在超越

超越就是一种把现实提升到理想的层面，理想对于现实来说是超越。

中国哲学的超越跟别的民族有一个明显的不同，那就是它的超越是内在超越，是人对人自己的一种超越。用中国哲学的术语来说，就是超凡入圣，要把一个普通的人、凡夫俗子提升到圣人的层面，圣人对于凡人来说就是超越，所以我们定位的目标就是在圣人，但是圣人还是人啊。这还是有内在的联系。

圣人只是他的思想境界比别人高而已，圣人不需要做与众不同的事，所以你成为圣人，该读书还得读书，还得担水砍柴，但是对于圣人来说担水砍柴他们有一种心安理得，心灵的安宁。这是中国的价值取向，与西方、印度不同的这样一种内在。

六、有容乃大

海纳百川，有容乃大。也就是说中国哲学作为一种人生哲学，它的总体显示出一个宽容的包容性，它的包容性跟宗教哲学相比较就可以看得很清楚，宗教哲学是排他性的，你不能想象一个人接受了基督教哲学，同时又接受伊斯兰教，那是不可能的，因为宗教哲学是具有排他性的。中国哲学没有关系，你说我相信中国哲学，同时接受伊斯兰教，那随你去吧，我们不干涉。中国哲学作为一种人生的哲学，它有极强的包容性、开放性。

我们应该把这些哲学资源，包括西方的哲学资源，进行创新，打造一个当代中国人应有的精神世界，这种精神世界依然要体现这六点中国人的精神，那就是：自强不息、实事求是、以人为本、辩证思维、内在超越、有容乃大。

张老师把我写成“哲学家”，实在不敢当。我充其量勉强算是一个中国哲学史家。我毕竟在中国哲学史领域浸淫几十年，形成一些自己的学术见解，权且有一家之言吧。

在入学之前，我并不知道一中校舍在什么地方，以为离家会很远。入学后才发现，学校与我家原来只有松花江相隔，距离其实并不远，顶多三公里。如果走路，半个多小时就可以达到；如果骑自行车，只需十几分钟。在我入学时，一中校舍坐落在北京路与重庆街相交的路口，与吉林市电业局隔路毗邻。校舍原来是伪满时期日本人所建立的阳明小学，以此为基础，进一步扩建而成。阳明小学专为日本人的子女读书使用，故而硬件条件很好。学校有专门的小花园，有室内体育馆。在我入学时，拥有室内体育馆的学校，在吉林市仅此一家。冬季，吉林市许多篮球赛事，常常借用在此举办，我们可以免费观看。教室配有日式拉门，铺设高档实木地板。对于地板，我并不喜欢，因为走在上面会发出咚咚的响声。像我这样在郊野中玩惯了的男生，走在上面感到很不适应。有时一不留神，跑上几步，被老师逮着，免不了挨一顿训斥。在木地板上搞卫生，也很麻烦。学校经常会买些锯末子回来，摊在地板上，洒上一点水，让我们蹲在地上，用双手把木地板搓干净。

我毕业离校后，旧校舍拆除，在原址新建高层教学楼。这座教学楼现已交给吉林市第九中学使用，一中迁至北山附近，新建校舍。后来，又迁至温德河子一带，再次新建校舍，新建校舍占地几百亩，楼群错落有致，设施一流。2007 年夏，我返校参加校庆一百周年活动，亲眼所见，的确气派得很。

我入学时，党支部书记兼校长是王文信。他年纪 40 岁左右，个子高高的，说话不多，不怎么出头露面。他家住在江南公社建华大队一带，离我家不远。他的儿子王立邦，原来也在十七中读书，比我低一年级，后来也考入一中。王立邦同我虽是初中同学，但在学校期间彼此并不熟悉。副校长郭洪年，是一位 40 岁左右的女老师，说话干练，主抓教学。后来又调来一位副校长，叫韩勇，主管行政工作。据说此人曾任某县的副县长，但对教育不是内行。教导主任叫张占春，个子瘦瘦的，高高的，戴个眼镜。他曾在志愿军中做过随军记者。他是游泳爱好者，经常和我在一起游泳，混得比较熟。有一次，他和我们一群男生到江边室外泳场游泳，一不小心，把自己的近视眼镜掉到水里。我潜入池底，费了好大劲，才帮他把眼镜从水底捞出。游泳池底用鹅卵石铺成，不好找。我摸了好长时间，才摸到眼镜。政治部主任叫周贤绍，中等身材，走路腿有点瘸，湖南口音。他大概也是军人出身，政治色彩比较浓。他的演讲能力极强，铿锵有力，颇具鼓动性，这同他担任的政工人员角色，倒是很相称。在“文革”初期，他很活跃，鼓动大家积极参加运动，后来也被迫靠边站了。“文革”后期，他再次成为活跃人物，担任第一任校革委会主任，主掌全校事务。后来还当过校长。在教过我班语文课的老师当中，我对左其沛、李汉章印象比较深。左老师在十七中教过学，还给我班上过一次课，我认识他；至于他认识不认识我，不得而知。李老师是个文艺爱好者，京胡拉得很好，有时还指导学生排练小节目。他每次上课，不戴手表，提着个小马蹄表。有时上课，他还带着歌本。学生在写作文时，他就低头看歌本。教数学的老师有夏光亭、张书翰、王洪升，三位年纪都比较大，大概在50岁左右。夏老师南方口音，教代数。王老师教立体几何，在黑板上画图不用尺子，可以一下子画出笔直的直线。张老师虽被错划为右派，教课依然非常认真。他满头白发，可能有留学的经历，以前经常穿西服。在上课时，他会下意识地做出整理领带的动作，尽管他的脖子上并没系领带。教化学的老师，有慕永香、程渤清。慕老师是一位年轻女教师，对学生要求严格，说话语速快，批评人不讲情面。她比较欣赏我，指名要我担任化学课代表。程老师年纪比较大，50岁左右，说话速度不快，讲课清楚明白。教历史的老师是王育孚。他口才极佳，讲课就像说评书，绘声绘色，令我十分佩服。他的教学艺术，对我颇有影响。当我成为教师时，常常回想他讲课时的情形，把他作为效法的榜样。教物理的老师是常维国，教俄语的老师是徐华，教体育的老师是李文明、王养琦、战德才。

在一中，还有一位老师，虽没有给我班上过课，却不能不提及，他就是张连石。那时他很年轻，好像刚从大学毕业不久。他单身一个人，没有成家，就住在学校教工宿舍里。无论文艺，还是体育，他无所不好，无所不精。他乒乓球打得很出色，能拉出漂亮的弧旋球，很少有人是他的对手。可惜，我不会打乒乓球，只有当观众的份。对于各种乐器，他无所不会，指挥技巧很高。学校的民乐队和管乐队都由他负责。我会吹笛子，报名参加他指导的民乐队。我们排练的节目有《喜洋洋》、《花儿与少年》、《草原青年舞曲》、《英雄战胜了大渡河》、《伟大领袖毛主席》等，参加过全市文艺汇演，还拿过奖。就是这样一位有才华的教师，却有悖于师德，背地里同一些他喜欢的男同学搞同性关系。在“文革”初，劣迹败露。他锒铛入狱，以坏分子的罪名，被判处十年徒刑。

我们1964级五班，共40名同学。张双生、孙彦吉系休学复读，其余大部分来自市区各中学，少部分来自外县中学。来自八中和五中的人数最多，都是5位；来自其他学校的学生，大都一二名。八中考进的学生之所以较多，是因为它是吉林市初中重点学校。在吉林市，最好的小学是实验小学，最好的初中是八中，最好的高中是一中。这三个学校曾联合办学，号称“一条龙”。我班团支部书记是刘建垣，来自十二中；班长是邹才和张志远，皆来自外县。按入学后五班著录的名单，依次是：王哲（已故）、王丽亚、王正莲、王成业、王红、王桂芳、王庆玲、石成林、白凤兰、白薇、傅国贤、刘长林（已故）、刘建垣、邹才（已故）、吕银环、汤志、李玉琴、李忠义（回族，已故）、李文祥、李景亨、宋志明、杨洪淳、赵青山（已故）、赵惠珍、赵明华、张玉清、张志远（已故）、金宜子（朝鲜族）、姜洪运、苗淑文（已故）、周文柱、袁子斌、黄丽莎、孙逊、谢智敏、朱国范、魏洪栋、张双生、方志刚、孙彦吉。已有7名同学，永远地离开了人世。

面对来自各个学校的尖子学生，该怎样施教？学校采取的办法是：通过严格考试，打掉学生的傲气，使他们有紧迫感、有上进心，别以为在一中学习是件轻松的事情。第一次期中考试各科命题普遍很难，考试结束后判分也特别严，谁也别想得高分。我班大部分同学都有些科目考试不及格。全部及格的人，不超过三分之一。我大概属于擅长考试的人，各门功课居然都及格了，尽管分数不高。期中考试过后，我在班上的威望提升，被划入第一集团，也就是“尖子中的尖子”。出现这种结果，使我的自信心大增：我虽来自非重点校，原来并不比别人差，甚至比有些人还强。我的初中同学黄丽莎，学习成绩原来在我之上。她的父亲是空军十七航校的训练部部长，上校军衔。她作为高干子女，在初中时自然不会把我放在眼里。由于这次考试她也有科目不及格，便不能不对我另眼相看了。她主动到我家，向我讨教学习经验。她知道我喜欢摆弄乐器，主动把她的扬琴借给我玩。

这种严格考试的办法，也会形成负效应，特别对来自外县学生震动很大，有人甚至产生后悔情绪。他们在原来的学校中，都是数一数二的学生，养成很强的优越感，现在竟沦入不及格者的行列，心理落差极大。他们甚至会想：如果我还在县级高中，何至于此？针对这种不良情绪，郭洪年副校长自有化解之道。在全校大会上，她对大家讲："同学们在原来的学校，都是'鸡头'，到一中后，有些人竟成了'牛尾'，这并不奇怪。要知道，你即便在外校做'鸡头'，还不如在一中做"牛尾"。外校的'鸡头'未必能考上大学。况且'鸡头'与'牛尾'并不是一成不变的。你现在是'牛尾'，经过努力，可以变为'鸡头'；你现在是'鸡头'，不努力也会变成'牛尾'。"郭副校长的"鸡头牛尾"理论，极具哲理性和鼓动性，把一中"下马威"策略的正面效应，发挥到极致；把负面效应，限制到极致。不意在"文革"期间，竟有人用大字报把此事揭露出来，说出她的"罪状"。

在高中阶段，先进群众组织不再是少先队，代之以共青团。儿时的教育，使我形成这样一种观念：人的一生，有三大光荣：第一是少先队员，第二是共青团员，第三是共产党员。出于这种观念，我积极靠近团组织，很想成为其中一员。可是，由于过不了外调关，我的愿望终究没有实现。在班上，我连个团员都不是，那就注定"红"不起来，选干部从来没有我的份。我依旧保持着"粉专"色调。我的学习成绩，没有跌出过前五名，还有过几次出彩的瞬间。第一学期化学课期终考试，我得了全班的最高分 96 分。考试过后，任课老师慕永香一定要我做化学课代表。二年级时，我参加数学竞赛和物理竞赛，都拿到全校第三名的好成绩。我有篇作文的成绩，曾获得当时在全校最高的 95 分。这篇作文的题目是《评〈你为母亲做了什么〉》，是一篇批判性的议论文。大意是批评作者在文章中流露出来的"小资产阶级情调"过浓，没有把祖国和人民的利益摆在首位。也许并不是我的文章写得多么好，而是迎合了当时的政治气候，故而老师给我打了高分。没过多久，"文革"就来了。老师把我的作文当作范文，让我在全部同学面前朗读；还推荐编入吉林一中优秀论文集，因"文革"未能出版。对作文的要求，高中与初中有明显的不同。初中作文以叙述文为主，讲究叙事生动、文笔细腻，这不是我的长处；高中作文以议论文为主，为考大学做准备，讲究逻辑结构和思想深度，这正是我所擅长的。由于这次作文成绩出彩，极大提升我对语文课的积极性，甚至扭转了我一向重理轻文的倾向。我一度对诗歌兴趣很高，特别喜欢读唐代诗人白居易的诗作，读现代诗人李瑛的诗作。我自己也尝试写诗。我把自己的习作，交给语文老师，请求指点。没有料到，老师并不鼓励我写诗，一瓢凉水浇灭了我的创作热情。他的理由很简单，也很实在：考大学绝不会考写诗。

由于我的学习成绩好，二年级时学校特批我提前一年考大学。这种做法是从北京学来的。北京有的学校为了提高升学率，容许未毕业的在校学生提前报考大学；如果考不中，不影响毕业时再次报考。一中借鉴这种做法，显然用意也在提高升学率。我接到学校的通知后，还没有来得及备考，“文化大革命”狂潮来临，无情地击碎了我的大学梦。

五、从学生到知青

按照常规，高中学制是三年，可我在一中却度过了四个年头。因赶上“文革”，延期毕业一年。我虽在校四年，实际只读书两年，求学生涯就被迫中断。从1966年6月起，我稀里糊涂地卷入“无产阶级文化大革命”的浪潮中。我起初是“从众派”，一度是“造反派”，转身为“逍遥派”，结局则是“上山下乡，到农村接受贫下中农再教育”，成为“知识青年”，其实也就是一介农夫。

（一）卷入

“文化大革命”的起点为1966年，以中共中央发布“五一六通知”为标志性事件；到1976年10月结束，以粉碎“四人帮”为标志性事件。前后历时十年，史称“十年动乱”或“十年浩劫”。1978年底，中共中央召开十一届三中全会，宣布彻底否定“文化大革命”。1981年6月，中共十一届六中全会通过《关于建国以来党的若干历史问题的决议》。《决议》指出：

> 1966年5月至1976年10月的“文化大革命”，使党、国家和人民遭到建国以来最严重的挫折和损失。……
>
> “文化大革命”的历史，证明毛泽东同志发动“文化大革命”的主要论点既不符合马克思列宁主义，也不符合中国实际。……
>
> 实践证明，“文化大革命”不是也不可能是任何意义上的革命或社会进步。……是一场由领导者错误发动，被反革命集团利用，给党、国家和各

族人民带来严重灾难的内乱。

1966年5月16日，《中国共产党中央委员会通知》在中共中央政治局扩大会议上通过。这个《通知》被称为《五一六通知》，乃是指导“文化大革命”的纲领性文件。《通知》出台，标志“文化大革命”正式开始。

1966年5月25日，北京大学聂元梓等七人贴出反对北大党委的大字报，该大字报于1966年6月1日在全国广播，6月2日《人民日报》全文刊登，并加了评论员的评论《欢呼北大的一张大字报》。1966年6月1日，《人民日报》发表社论《横扫一切牛鬼蛇神》，后连续发表社论，把《五一六通知》精神推向全国，一场全国性的灾难迅速蔓延开来。

“造反”是为红卫兵团队和其他“革命群众组织”必不可少的元素。人们把“造反”的矛头，首先指向高考制度。1966年6月13日，中共中央、国务院发出通知，要求改变以往的招生考试办法。通知指出，这种办法“基本上没有跳出资产阶级的框框”，必须“彻底改革”。在通知精神的引导下，北京女一中高三（4）班、北京四中高三（5）班写信给党中央、毛主席，强烈要求废除升学制度。6月18日，《人民日报》刊登来信，表示支持，并采用更激烈的言辞抨击高考制度，宣布要将它“扔进垃圾堆里去”。看到《人民日报》后，吉林一中师生迅速做出回应，连夜写出大字报，表态支持废除高考制度。从这一天开始，正常的教学秩序完全被打乱了，无论老师，还是学生，都卷入“停课闹革命”的狂潮，仿佛集体患上精神分裂症。显然，老师并没有意识到，自己并不是“革命的动力”，而恰恰是“革命对象”。有些学生倒是比老师更敏感一些，意识到“文化大革命”就是革老师的命，革校领导的命。这些“先知先觉”者，率先给老师贴出大字报，给校领导贴出大字报。贴给老师的大字报比贴校领导的多，因为学生平时与老师接触比较多，容易抓住老师的小辫子；而同校领导接触得比较少，抓不住领导的小辫子。我不在“先知先觉”者之列，不是大字报的作者，只是大字报的读者。有的时候，也被人拉去在大字报上签名，算是做出参加运动的姿态。

“文化大革命”风潮兴起之后，学校领导成了批判对象，无法正常工作。但

“文革”还是在有组织、有领导的状态下开展的，由工作组掌控。中共吉林市委把一中当作“文革”重点单位，6月下旬派工作组进驻。工作组在学生中间扶植“左派”，支持他们造老师和校领导的反。他们的指导思想是：“一切从零开始看待每一个人”。选择“左派”的标准，有三条：第一，参加运动态度积极；第二，以往就是班干部或骨干；第三，家庭出身好，属于“红五类”。所谓“红五类”，是指在学生履历表上“出身”一栏，填写着革命军人、革命干部、工人、贫农、下中农的学生。按照这三条标准，即便原来是班干部，也并不能全都划入“左派”行列。例如，我班的团支书刘建垣，他的父亲是吉林热电厂总工程师，不算“红五类”，故而当不成“左派”。我家出身虽是贫农，在“红五类”之列，但不符合头两条，故而我也入不了“左派”行列。

北京的红卫兵是自发组建的，而我们一中的红卫兵组织则是官办的，是以工作组所认可的“左派”为基础建立起来的。这些红卫兵其实是一群听领导话的“乖孩子”。8月初，一中成立红卫兵筹备委员会，简称“筹委会”。

在筹委会的组织下，以官办红卫兵为先锋，一中学生冲出校门，走上街头，投入“破四旧”狂潮。我虽不是红卫兵，作为一般学生，也随大流跟着团队去“破四旧”。一中官办红卫兵团队“破四旧”的首选目标，就是北山庙宇群。据档案记载，吉林市曾有各种庙宇100多处。大部分庙宇都不复存在，完整保存下来、仍有僧侣的庙宇，大概只有两处。一处是北山庙宇群，另一处是观音堂。吉林市的北山庙宇群，规模比较大，名气也比较大。北山曾名九龙山，坐落在吉林市区西北角，有东西两峰，相对高度在百米左右，有拱形桥连接。此桥叫作揽辔桥。因形状酷似罗锅，故而俗称“罗锅桥”。在东山峰上，错落有致地分布着关帝庙、药王庙、坎离宫、玉皇阁等四座寺庙。关帝庙坐落在山顶临崖处，有正殿3间，建于康熙四十年（1701年）。雍正、嘉庆、同治年间连续扩建，增添山门1间，东配庑5间，戏楼、钟楼、鼓楼各1座，澄仙阁、翥鹤轩各3间。正殿主祀关羽塑像，故而称作关帝庙。努尔哈赤是关公的崇拜者，清朝历代保持了这个传统。关帝庙建在北山最高处，乾隆皇帝到过此地，留下御笔匾额。药王庙又称三皇庙，坐落在关帝庙后，始建于乾隆三年（1738年）。有正殿3间，东西配庑各3间。正殿主奉天皇伏羲氏、地皇神农氏、人皇轩辕氏。坎离宫在药王庙后，建于光绪二十三年（1897）。有正殿3间，东配房3间。正殿正中主祀日、月神，两侧配祀土地、山神、龙王、雷公和火德神等。玉皇阁又名大雄阁，位于坎离宫后，是北山寺庙群中地势最高，建筑最宏伟的庙宇，建于乾隆三十九年（1774年）。有两进院落。正门内两侧有四大天王塑像，门外两侧有钟鼓二楼。前院牌楼门东侧有祖师庙数间，供道、释、儒三教始祖，即太上老君、如来佛和孔子。二门牌楼悬“天下第一江山”匾额，是吉林将军松筠（字湘浦）留下的墨宝。玉皇阁主体是二层楼阁式砖木结构，楼上正中主奉玉皇大帝坐像。在朵云殿及两侧东西配庑（禅堂、万缘轩和吟秋阁），悬挂着许多匾额，装饰着许多楹联。

北山庙宇群建成200多年来，每到农历四月，庙会一个接一个，延续时间长达一个多月。第一次庙会在四月初八，这一天是佛祖的生日，叫佛诞庙会；第二次庙会在四月十八，叫娘娘庙会；第三次庙会在四月二十八，叫药王庙会；第四次庙会在五月十三，叫关帝庙会。其中以四月二十八的药王庙会，最为热闹。庙里有一尊小型泥像，塑得十分丑陋，老百姓管叫他“十不全”。据说“十不全”包治百病，灵验得很。你哪里有病，摸摸他身上的相应部位，就可以把病治好。在儿时，我曾多次随奶奶去逛过庙会，真是人山人海，热闹非凡。在东北，流行着“千山寺庙甲东北，吉林庙会胜千山”的说法。意思是说，在鞍山的千山上，寺庙的规模和数量，可以说在整个东北数第一；不过庙会的盛况，比不上吉林市北山。

红卫兵队伍来到北山庙宇，大肆从事破坏活动。有人爬到泥像的顶部，把绳索套在泥像的脖子上。大家用力一拉，泥像轰然倒地。据传说，泥像的心是黄金做的，可是，我们找了半天，只发现一团棉花，并没发现什么黄金。我们到庙宇不久，吉林市公安局立即派人过来。原来公安局早就怀疑庙宇中有名堂，只是碍于宗教政策，不便于彻底清查。这回借着红卫兵“破四旧”的机会，前去查一查，乃是他们求之不得的事情。他们带来扫雷器，好像调查重大案件一样。为了配合公安局调查，我们不容许离开现场，当天晚上就住在庙里。市委领导以“慰问红卫兵小将”的名义，派人给我们送来晚饭，其中有麻花，也有面包。我们几个人在关帝庙发现了一个好去处，那里是吉林市委在寺庙中设置的一间会议室。会议室布置得很漂亮，有藤椅，有会议桌。我们在这里用餐，远观吉林市夜景，惬意得很。晚间，不知哪位同学敌情观念过高，竟然听到有人拉枪栓的声音。大家顿时紧张起来，到处搜索。终于发现，原来是庙里的和尚，养一只乌龟，它在缸中爬，拨动里面的小鹅卵石发出的响声，酷似拉动枪栓。大家虚惊一场，相视而笑。事后听说，那天公安局真有收获，据说是在香灰槽里找到一支手枪。此事是否属实，不得而知，传说而已。我们还审问了庙中的一个和尚。他交代说，自己是半路出家的，原来在日伪军队里当过理发师。现在有双重身份，既是和尚，又是护林员，每月可以从政府领到工资。

一中官办红卫兵“破四旧”选择的第二个目标，是位于吉林市船营区向阳街的观音古刹。观音古刹又称观音堂，是全国仅有的坐南朝北的观音寺庙，距今已有二百多年的历史。该寺始建于清乾隆三十五年（1770 年），中经道光三年（1823 年）和同治八年两次修补。1925 年，在释加莲方丈主持和居士们的资助下，扩建了藏经殿、法堂、十大金刚殿和十丈堂。古刹庭院约有 500 平方米，南建有正殿三间，殿前有 12 根楹柱支撑的卷棚，映衬正殿。殿的正中供奉南无观世音菩萨坐像，正殿东供有祖师牌位，西奉有伽蓝菩萨。东配殿 5 间为藏经殿，收藏经、律、论等佛教典籍；西配殿 3 间为法堂，供奉地藏王菩萨。这里是吉林市佛教活动中心，在东北及香港等地佛教界中，也有一定影响。我随同红卫兵队伍去那里“破四旧”时，寺中只有少数僧人，管理寺庙事务。还有一大批人，原来为其他庙宇的和尚或尼姑，由于庙宇已经拆除，不得不还俗。他们无处可去，便在观音古刹里办起一家宗教服装厂，自食其力。观音堂的住持名字叫法海，50 岁左右，身份是吉林市政协委员。我们向他说明来意，他不表示反对，但有个要求：只许毁掉塑像，不能毁坏佛经。他拿出一份文件，证明这批佛经是国务院明令保护的文物。我们答应了他的要求，只破坏了几尊泥像，在藏经殿贴上封条，便离开了。

一中官办红卫兵“破四旧”选择的第三个目标，是位于松花江畔的天主教堂，正式的称呼叫耶稣圣心堂。在我离开吉林市之前，由于没有高层楼房，教堂的钟楼是吉林市的最高建筑。于是，这座教堂便成为吉林市的地标建筑。人们到吉林市旅游，总喜欢在此摄影留念。清光绪二十四年（1898 年），法国巴黎天主教外方传教会神父兰禄叶和古若瑟来吉林市传教。光绪二十八年（1902 年）他们筹资买地，开始筹建天主教堂。1917 年动工，历时 10 年，1926 年落成。原吉林教区主教公署，设在这所教堂里。天主教吉林教区圣家修女会、天主教吉林教区圣心蓓蕾编辑室、天主教吉林教区天慈安老院，皆设置在堂区。教堂是一座哥特式建筑，中间钟楼塔尖高 42 米，每逢礼拜日或天主教节日，教堂钟声传数里之外。我至今清楚地记得，钟楼曾遭雷击，将塔尖毁坏。这真是“大水冲了龙王庙，一家人不认识一家人”。万能的“天主”，竟然毁了自家的道场！因为钟楼是吉林市地标建筑的缘故，市政府后来出资将其修复。现在教堂周围高楼林立，已经不那么显眼了。

一中官办红卫兵“破四旧”选择的第四个目标，是位于吉林市船营区北京路 188 号的基督教堂。该教堂的正式名称叫作吉林基督教福音堂，1927 年由英国爱尔兰长老会传教士高积善筹资建成。教堂占地 1000 多平方米，楼高两层，楼角上镌刻着由十个字组成的铭文：“立根基在人格的磐石上。”楼下设有地下室，用作资料库。吉林市的基督教信徒，经常来教堂做礼拜，听牧师布道，唱赞美诗。1931 年，吉林基督教青年会也设在这里。

负责到这两所教堂“破四旧”的都是高三的学生，我不在现场。我只是事后曾到天主教堂里面去看过一次，还在钟楼上胡乱敲了一会儿钟。天主教堂内部一切宗教设施皆荡然无存，据说地下室中盛装教堂创建人法国神甫兰禄叶遗体的棺材，也被撬开了。

一中红卫兵“破四旧”选择的第五个目标，不是单数，而是复数，那就是抄地主、富农或资本家的家。我也随波逐流地参加过。被抄家者躲在角落里，瑟瑟发抖，任凭红卫兵在家里瞎折腾。被红卫兵拿走的东西，连个收条都不敢要。抄来的东西都堆在校武装部长的办公室里，有皮箱，有木柜，还有许多不知装着什么东西的纸箱。这些东西，后来也不知如何发落了。参与抄家的学生都比较单纯，没有谁会把抄到的东西据为己有。

“破四旧”对文物造成破坏，无法挽回，令人十分痛心。在北山被我们推倒的泥像，虽算不上文物，毕竟也是造孽。尽管“文革”后又重塑起来，神韵和造型远远比不上原件。有些文物则永远地消失了，不可能再复制。例如乾隆皇帝东巡吉林时，在北山关帝庙题写的“灵著豳岐”匾额，翁同龢题写的“泛雪堂”匾额，成多禄题写在玉皇阁的楹联、关帝庙戏台的楹联，皆被毁掉，均成为不可弥补的历史缺憾。每念及此，我都有负罪感。我虽不是“主谋”，毕竟是“从犯”。

继“破四旧”之后，接下来的运动，就是全国红卫兵大串联。从 8 月 18 日开始，大串联就开始了。北京红卫兵到外地，叫作“煽风点火”；外地红卫兵到北京，叫作“接受检阅”。当上红卫兵，就能上北京去见毛主席，这真是连做梦都想不到的事情。可是，我们这些非红卫兵怎能办？难道只眼巴巴地看着别人去北京不成？实在有些心不甘。我从前来“煽风点火”的红卫兵处得知，北京的红卫兵组织原来是自发建立起来的，并不需要经过什么人批准。于是，我突发奇想：我何尝不可以自己发起建立一个民办红卫兵组织？如果有这个组织作为依托，我不就可以以红卫兵的身份，到北京去见毛主席吗？我的倡议一提出，立即得到一些同学的响应，一个民办红卫兵组织在我班很快就成立了。这个组织叫作“红旗战斗小组”，名称是从清华附中红卫兵那里克隆来的。参加“红旗”的人，都是一些边缘人物，都不是工作组认可的“左派”。我们成立红卫兵组织的初衷，并不想造什么人的反，目的很单纯，就是为了去北京见毛主席。“红旗”的成员，没有要求必须是“红五类”。团支部书记刘建垣不是“红五类”，也加入了“红旗”。“红旗”大概有十几个人，我现在还能记起名字的队友有刘建垣、谢智敏、白薇、王丽亚等同学。在一中，还出现另一支民办的红卫兵组织，名称叫作“红色造反团”，团长是王福兴，骨干有徐柱石、宋生文、张学斌等人，都是三年级六班的同学。民办红卫兵同官办红卫兵唱起了对台戏，不接受“筹委会”约束。

我是“红旗”的发起人，又是“红五类”，大家一致推选我做组长。我组织的第一项活动，就是率队进北京串联。我带领十几个人，不理睬学校“筹委会”，自作主张登上去北京的火车。那时红卫兵乘火车不要钱，也没有人检查证件。在火车上，大家极其兴奋，一路上不停地唱歌。到北京走出车站以后，迎接我们的竟是一条极不友好的标语：“革命的欢迎，不革命的滚蛋！”有些出身不好的同学看后很紧张，我安慰大家说：“北京是全国人民的首都，又不是他们家的，有什么好怕的!”车站有红卫兵接待处，我拿着以“红旗战斗小组”名义在学校开具的介绍信，顺利过关，被安排位于西郊二里沟外贸部的一个下属单位住宿。我们住的地方很简陋，就是在大房间里，临时搭起的地铺。在北京落下脚以后，我们的主要活动，就是到各个大学去看大字报。我们这次进京的最大收获，就是赶上毛泽东在9月15日第三次接见红卫兵。那天一大早，我们就被组织到天安门广场，等待毛主席接见。我们只能席地而坐，等待毛泽东出现在眼前，不许随便跑动。大概9时许，毛泽东乘敞篷车驶过，离我坐的位置很远，看不清楚面孔，只能看到他那高大的身形。据说那天毛主席接见的红卫兵，人数有50余万人，规模比前两次大得多。

到北京串联，我耳闻目睹，见识广了，对《五一六通知》中说的“这次运动的重点是整党内走资本主义的当权派”。有所领悟。“走资派”无疑存在于各级党政官员系统中，他们怎么可能自己整自己呢？道理很简单：自己的刀，永远不可能削自己的把！指望他们自己整自己，无异于与虎谋皮。固然，派工作组可以抓几个小“走资派”，那不过是大“走资派”舍车马保将帅的小伎俩而已，离“横扫”的目标，相去甚远。因此，必须在现有党政官员系统之外，扶植起一支社会力量，以“群众造反”的方式来整治“走资派”。这支社会力量，就是红卫兵。红卫兵不是习惯于听领导话的“乖孩子”，而是有主见的“野孩子”。

有了这种领悟之后，我立即中止串联，率队返回学校，准备投入“造党政官员反”的洪流。回到学校后，发现形势大变。市委派来的工作组，已经被界定为“刘邓资产阶级反动路线”的产物，在学校里自然无法立足，不得不灰溜溜地撤走了。官办红卫兵组织“筹委会”，也随着工作组的撤出而垮台，并且弄得声名狼藉，被讥为“保皇派”或“保守派”，甚至被蔑称为“老保”。此时，“文化大革命”发展到没有上级直接领导、没有官方组织协调的新阶段。官办红卫兵组织垮台，为民办红卫兵组织出场腾出空间。形形色色的红卫兵团队，有如雨后春笋一样，突然冒出来，在一中竟然有几十个之多。三五个人凑到一起，就敢成立一个“某某兵团”，刻个公章，做几个袖标，就算有了合法身份。不过，大多数红卫兵团队，徒有其名而已，还没干什么事情就解体了。真正敢于造党政官员反的团队，只有“红色造反团”。这个红卫兵团队迅速发展到几十人，勇敢地炮轰吉林市委，要从中揪出一批“走资本主义道路当权派”。市委第一书记刘慈凯、市长崔次丰、副市长或副书记李守善、魏承学、巩维明等，都被列入“走资派”的名单。红色造反团在市委大楼里占领一间办公室，作为“红卫兵驻市委联络站”。我当时觉得，他们才是名副其实的“造反派”，由衷地感到钦佩。同他们的造反举动相比，什么“废除高考制度”，什么“揭批老师”，什么“破四旧”，简直太“小儿科”了，根本不切主题。他们干的这些事情，正是我想干的事情。这些事情，在北京或省会城市里，通常都是大学生红卫兵团队才能办到的。可是，吉林市只有几所理科大专，没有一所有文科的大学。单就文科而论，一中就是最高学府，也只有一中可以勉为其难，扮演起造市委、市政府反的角色了。

我被他们的勇气所折服，提出率“红旗”加入红色造反团的要求。他们表示欢迎，可是“红旗”中却有人不同意。我也没有勉强他们，大主意自己拿吧。不过，“红旗”作为红卫兵团队，已经不复存在了。

在红色造反团，我自然成为骨干，因为我带来一批人，也算得上“一方诸侯”。我以极大的热情投身于“造反”洪流，经常不回家，就住在学校里。我善于写批判文章的才干，这回派上了用场。我是红色造反团的主要笔杆子。许多大字报的稿本，传单的稿本，大标语的拟定，大批判文章的撰写，走资派的揭发材料的整理，皆少不了我的手笔。我主编过一本油印的杂志，名称叫《飞雪迎春》，取自毛泽东诗词《蝶恋花·咏梅》。杂志上面的文章，大部分都是我写的。油印杂志使用的蜡纸，由三年级五班的余康学刻制，版面由他安排。他的字非常漂亮，再配上图画，真可以说制作精良、文图并茂。每期印几千份，很快就卖光了。红色造反团是全市性组织“吉林市红卫兵造反大军总部”的成员，《总部》主办了一份红卫兵小报，上面也经常发表我的文章。我的诗才也找到展现的机会。我写过一篇讥讽对立面的散文诗，题目是《致“左派”》，至今只记得有下面这样几句：

左派，

我的理想，

我的心爱。

为你朝思暮想，

为你颠倒衣裳，

再把风流卖！

为你学会十八般武艺，

打、砸、抢、抄、抓、踹！

……

这首诗发表在我主编的《飞雪迎春》上，还制成传单散发，写成大字报到处张贴，流传得比较广。我在红色造反团写的东西很多，有时用真名字，有时用笔名。我的笔头较快，有时一天可以写几篇文章。按照团长王福兴的说法，我是造反团里“写文章最多的人”。至于多到什么程度，没有统计，也没有存档，我自己也搞不清楚。白薇告诉我，王丽亚对我写的东西感兴趣，搜集过一些。随着时过境迁，恐怕也早已荡然无存了。

“文革”期间，许多同学都找到展现才华的机会。有的同学抄写大字报，竟然练出一手漂亮的毛笔字。写出的大字报，就像书法作品一般。有的同学刻钢板刻得特别出色，印出来效果与铅印不相上下。这两样活，我都干不了。我写的文章，要请那些高手们抄写或刻印。为了安装宣传车，红色造反团把吉林市教育局仅有的一部吉普车抢来，居然有同学能将其开回学校。三年级四班的张兰朋同学就在操场上练了三天车，便熟练掌握驾驶技术。我们把吉普车装上高音大喇叭，改装为宣传车，由张兰朋开上街头。听团友讲，他甚至敢开车在崎岖的山路上行驶，技术相当熟练。我也曾在操场上开过几回吉普车，却始终没有开上街的勇气。

在参与“造反”的过程中，我的口才得到了锻炼机会。为了提升红色造反团的知名度和群众的支持率，我曾在街头发表过演说。各个不同派系之间，观点不同，打派仗、公开辩论是常有的事情。双方各推出一位主辩人，精辟地申诉自己的观点，驳斥对方观点。周围挤满人群。谁辩得精彩，会赢来掌声；谁辩得不好，会遭到嘘声。辩论有技巧问题，必须善于抓住对方的漏洞，穷追不舍，迫使对方无言以对；必须善于强词夺理，避开自己的短板，把话题引导到对自己有利的方向。我在辩论中常常胜出，但还算不上高手。红色造反团辩论的高手，当属三年级二班的崔远志同学，人送绰号“崔铁嘴”。两派公开辩论，最初还讲道理；后来升级为对骂；再后来升级为武斗，完全靠拳头说话，甚至靠枪杆子说话了。这时候，纵有辩才，也是“英雄无用武之地”了。

在参与“造反”的过程中，也锻炼了我独立思考能力和决策能力，养成不轻易相信别人的习惯。遇事我喜欢动动脑子，喜欢自己拿个主意，不想被什么人牵着鼻子走。那时的红卫兵团队，没有直接的上级领导。全市性的造反派组织，只是个松散的联盟，不是上下级关系。每个红卫兵团队，实际上都是“独立大队”，不必听从什么人的直接指挥。

现在回想起来，红色造反团的决策，有“成功”的时候，也有失误的时候。第一个“成功”的决策，在于领悟“炮打司令部”的用意，较早参与炮轰吉林市委，赢得“响当当造反派”的美誉。第二个“成功”的决策，在于善待“走资派”，不走极端。揪斗“走资派”是每个红卫兵团队常干的事情，红色造反团也不例外。我们造反团曾组织揪斗过吉林省最大的“走资派”赵林，吉林市最大的“走资派”刘慈恺，市级“走资派”李守善等人。我团规定纪律：对待揪斗对象，大会上可以声色俱厉，但只能动口，不能动手。在会下，任何人不许虐待揪斗对象。有时我团会把揪斗对象关在学校里过夜，我们都尽量照顾好他们的生活，尽量满足他们的要求。他们想吃什么东西，就派人去买。当然，得他们自掏腰包。我们对他们很和气，称他们为“某某老头”。他们对我们也比较友好，有时会拿出特供的香烟，分给大家抽。他们可以同我们开玩笑，可以同我们下象棋娱乐。李守善曾对我说：“在你们这里挺好，我不走了，加入你们团队吧!”我团之所以善待他们，乃是出于自己的独立思考。第一，我们不相信，他们真的就是什么“阶级敌人”，因为我们没有抓到真凭实据。关于他们的揭发材料，我们都参与过整理，深知其中水分极大。第二，我们不相信，毛泽东真的希望把各级官员都“打翻在地，再踏上一万只脚，让他们永世不得翻身”。他们受到冲击，恐怕是运动的一时需要；至于运动过后会怎样，谁也说不准。

红色造反团最失误的决策，在于选择了与解放军作对的立场。1967 年 1 月

23日，中共中央发布解放军“三支两军”（支工、支农、支左、军管、军训）决定，我们没有领悟到其中包含的深层用意，错误地估计形势，以至于没有跟上“伟大领袖部署”。

1967年，造反派之间发生武斗。我没有参加过武斗，不过，也有一段与武斗有关的历险经历。我家住在江南，在往返一中的路上，十中是必经之地。一中“井冈山兵团”就住在那里。有一天，我从十中路过，突然看到有几个我班加入“井冈山”的同学，冲我跑过来，显然是想把我捉住。如果被他们捉住，挨打恐怕是免不了的。我一看情形不对，撒腿逃跑，迅速躲进吉林市京剧团。京剧团有与红色造反团属于一派的组织。就这样，我有惊无险地逃过一劫。“文革”结束后，我班那几个追我的同学谈起此事，他们对我说：“当时我们没想真的抓住你，就想吓唬吓唬你。”

武斗后来升级，开始使用热兵器，动用枪炮，有的地方甚至出动了装甲车。在这个阶段，我已经离开吉林市，没有亲眼见过，只有耳闻。据说这一阶段的伤亡率反倒没有前一阶段高。不过，并没有减少到零。我的团友崔远志，不幸就在其中。

1967年8月29日夜，驻扎在西郊尖山子滑雪场的“造大派”武斗队，扣留了长春二总部一名宣传人员。崔远志本来前去调停此事，力求化解双方的冲突。想不到长春二总部的突击队竟然连夜发动袭击，攻打尖山子滑雪场。武斗发生时，如果崔远志趴在地上不动，顶多当俘虏，也不至于丧命。可是他毫无战斗经验，竟然站起来想跑，不幸被子弹击中，当场毙命。那次武斗造成3人死亡，11人受伤，被称为“尖山子事件”。崔远志父亲早已去世，家中只有老母亲，老母也只有他一个儿子。白发人痛失黑发人，真是悲惨至极！得知崔远志死于非难的噩耗，我悲痛万分。我回到一中后，曾同王福兴一起，到崔家慰问过崔远志的老母亲。

红色造反团被对立面“井冈山兵团”从一中赶出来以后，我们十几个骨干结伴而行，乘火车来到哈尔滨，住在一年级四班满××同学的亲戚家。那天晚上，我们一行来到松花江畔，望着滔滔江水，心事茫茫。我们就像搞地下工作一样，在一起商量对策。在这次江边会议上，做出的决议是：兵分两路。一路回吉林市，另外建立据点，积蓄力量；一路进北京上访，向中央汇报情况，争取得到上面的支持。我被分配到进京上访一路。我到北京才发现，进京上访的全国造反派大有人在，原来各地的情况都差不多。我意识到：上访不会有任何结果。于是，渐渐地变得消沉起来，不再有“造反豪情”。

（二）逍遥

到北京上访，同往日到北京串联，不可同日而语。串联的参加者，都是学生，比较单纯，大家还守规矩；至于上访的参加者，什么人都有，可谓“泥沙俱下，鱼龙混杂”。有的地方两派同时到北京上访，都自称是受害者。两派经常在接待站大打出手，以至于北京市政府不得不调动警察前来制止。在北京期间，我的行李包不知被什么人偷走了。我只好穿着背心裤衩，连夜乘车到朝阳镇哥哥家求助。哥哥给我置办衣服，把我留住在他家。我一住就是几个月，从“造反派”队伍中蒸发了。直到武斗完全平息下来以后，我才回到一中。

我离开喧嚣的现场，心态也平静下来，有闲暇时间理性地反思“文革”的利弊得失，形成一套自己的看法。首先，我对打派仗、搞武斗投了反对票，表示厌烦。以往紧跟“红司令”造“走资派”的反，可以说那是为家国天下着想，有一种使命感，甚至是豪迈感；现在打派仗、搞武斗，有什么意义可言？双方争来争去，无非是争那顶“左派”帽子而已。那情形，就像两只狗，为了一块骨头相互撕咬，这有意思吗？

我越想越不明白，越想越沮丧，越想越消极，再也提不起精神来了。我似乎已经厌烦“造反”，厌烦“文革”，宁愿当一个无所事事的逍遥派，去寻找心灵宁静之地。回到学校后，我不再写任何东西，好像“文革”与我无关一样。在一中最后两年多时间里，我当了三个月的“从众派”，九个月的“造反派”，其余时间皆为“逍遥派”。算起来，当“逍遥派”的时间最长。

当“逍遥派”自由自在，无管无束，无欲无求，想干什么就干什么，应该说挺好，其实在精神上很苦闷。我的感觉是，自己就像一片河水中的枯叶，不知将来漂到哪里去。我每天都得想办法打发时间，主要的“逍遥”方式，有以下几种。

第一方式是参加体育锻炼活动。在这段日子里，锻炼身体成了我的主业。单杠引体向上我可以做到20个左右，双杠可以憋40几个，俯卧撑可以做50个左右。我经常打篮球。不过打的大都是散篮，几个人围着篮筐抢投；或者三两个人一伙，打半场篮球。输赢无所谓，图的就是一个乐。正式比赛我上不了场，因为我的身高有限，技术一般。我班李景亨、石成林、魏洪栋、汤志、杨洪淳等人水平比较高，由他们组成的篮球队，在学校里也算得上强队。我还经常练习举重，能把60公斤的杠铃举过头顶，重量超过我当时的体重。

我最喜欢也比较擅长的项目是游泳。天气刚刚变暖，我就到水温只有十几度的松花江中游泳。一游就是几千米。我几乎天天都去游泳，风雨无阻。即便在下雨天，我照游不误。我游泳技术比较好，大家推举我当义务救护员。有一次，我带领一群男生，集体蹚水，到达松花江对岸，其中有些人还没有学会游泳。我没有救过成年人，只救过两个十来岁的孩子。两个孩子相互抱在一起，沉入水底。我游到两个孩子的身边，抓住一个孩子，用脚把另一个孩子踹开，分别救上岸。两个孩子不一会就缓过来了，没有大碍。

我游泳速度不算特别快，但耐力比较强。1968年夏，不知谁出了个主意，建议在毛泽东当年畅游长江那一天，在松花江里也搞长距离畅游，纪念毛泽东的壮举，表示我们“跟着毛主席在大风大浪中前进”。按照此项活动的计划，要是在松花江中畅游15公里，相当于毛泽东畅游长江的距离。报名参加者有几十人，我也在其中。我们的队伍从临江门毓文中学前下水，顺流向江北大桥方向游去，计划在那里上岸。我们下水后，派人骑自行车把参加者的衣服送到江北大桥边，等上岸时换上。队伍下水后，我和三年三班王大力同学游在最前头，其他同学跟在我俩后面。我俩的游泳技术比较好，游在前面担任救护员。如果谁体力不支，我俩可以及时把他护送上岸。松花江水流湍急，如果有人溺水，在后面无论如何也追赶不上。救护员必须游在前面。松花江水比长江水温低得很多，只有十几度。大部分同学显然没有思想准备。他们游了一千多米，刚到江城大桥就坚持不了，纷纷上岸，撤出活动。我与王大力两人游在前面，不知道后面发生的情况。等发现情况后，我俩几乎游了一半距离，只好咬紧牙关向终点游去。游到最后几百米，我俩已经冻得四肢麻木，几乎没有感觉，只能机械地做划水动作。大约用时两个小时左右，我俩终于游到了终点。在水流湍急的松花江中，只有我们两个人游泳，没有任何保护措施。现在看起来，当时干这种事情，实在有些冒险。那时我毕竟年轻，以冒险为乐事。第二天，我俩的事迹在学校中传开，自己也觉得脸上有光彩，颇有几分英雄气。

在“文革”期间，几乎所有群众性体育活动都停止了，唯有一项群众体育活动例外，那就是游泳。毛泽东有诗吟道：“自信人生二百年，会当水击三千里。”他酷爱游泳，多次到长江畅游。在他的带动下，“文革”期间各地都大力推广游泳运动。吉林市革委会在江南公园修建一个规模比较大的室外游泳场，建起标准的普通泳池、深水泳池和跳台。游泳场离我家很近，我是那里的常客。普通泳池 50 米长，25 米宽，水浅处 1.5 米，水深处 1.8 米，设十条比赛赛道；深水泳池 25 米长，15 米宽，水深 3 米，配有标准跳台和跳板，最高的跳台 10 米。我是一中水球队队员，曾在深水池中打过水球。我敢从十米跳台上跳水，不过没有掌握标准跳姿，只会跳“冰棍”，也就是直立跳下，两脚先入水，而不是头部先入水。后来游泳场担心出事，把跳台通道锁上了，不对公众开放。有了标准的游泳场，在吉林市破天荒举办第一次游泳运动会。我是一中代表队队员，报的项目是蛙泳 100 米。在参加训练赛时，教练员提醒我们：游泳比赛起跳规则与操场上的竞赛起跑规则不一样。竞赛起跑的口令是“各就位，预备”，然后发令员扣动发令枪扳机；游泳比赛起跳时，发令员喊出“各就位”的口令以后，马上就扣动发令枪扳机，不说“预备”两个字。比赛那一天，我在预赛中成绩还不错，取得进入决赛的资格。可是，还没等参加决赛，就接到学校的通知，要游泳队立即返校。

我们回到学校后被告知，有人在课桌上发现一条反动标语，写的是“林彪莫名其糊涂”。据有人揭发，此标语的书写者就是随游泳队做后勤服务工作的三年级三班的潘晢鹤，要我们揭发他的“罪行”。我们谁也不作声，表示不了解情况。我心里暗想：这不是小题大做吗？他胡写乱画，无意间把“林彪”与“莫名其糊涂”两个不相干的词凑到一块，怎么算得上“反动标语”呢？我只能在心里想，嘴上却不能说，以免惹来麻烦。

令我没有想到的是，由于努力锻炼身体，竟然为以后干农活储备了充沛的体能。由于有了这种储备，使我在从事繁重的体力劳动时，从来没有感到体力不支。我劳动表现好，对我尽早招工回城，大有帮助。

第二种方式是参加文艺娱乐活动。“文革”期间不许打麻将，家中有麻将牌的，必须拿出来，当作“四旧”毁掉。我们主要的娱乐活动，就是几个人围在一起打扑克牌。有时一打几个小时。我们也喜欢在一起唱歌和弹琴。三年一班刘延林同学，家中有一把从国外带回的吉他。他带到学校里弹奏，大家很是羡慕。那时吉他很少见，市场上也买不到。我有时会从他那里借来玩一会儿。那时文化禁锢，我们可唱的歌，只有颂扬毛泽东的歌和语录歌，大家都唱腻了。不知谁弄到一本《外国民歌三百首》，大家如获至宝，纷纷传抄、学唱。《莫斯科郊外的晚上》《茫茫大草原》《你是含苞欲放的花》《金刚山的姑娘》《照镜子》等，大家都喜欢唱。不过，得偷偷地唱。如果发现军宣队的人走过来，大家互相递个眼色，胡乱把原词改为毛主席语录，把他糊弄过去。他若问起，就说这是最新版本的语录歌。我校与吉林市京剧团相邻，我同京剧团的造反派组织很熟。他们演出样板戏时，会把我带进剧场观看。耳濡目染，我也学会唱几段样板戏片段，不过水平不高，还算不上票友。

在家中时，我喜欢吹口琴和笛子。我有一根在乐器厂定制的笛子，用斑竹做成，音色很正、很好。“文革”前我原本是校民乐队的成员，吹笛子有相当好的基础。现在有时间练练，吹奏水平大有提高。我掌握泛音、吐音、波音、变调等技法，指法相当灵活，可以达到登台演出的水平。我最喜欢吹奏的独奏曲目是冯子存的《百凤朝阳》和王铁锤的《我是一个兵》。遗憾的是，在校期间我没有登台演出的机会；我的演出舞台竟然在“广阔天地”。在当知识青年期间，我经常给社员吹奏，他们很喜欢听。不知是哪个孩子，觉得我吹得好听的奥秘，全在笛子上，竟然把我的笛子偷走了。

第三种方式是读书自学。20岁上下正是一个人求知欲最旺盛的时候，可是我们却不能有正常的读书生活。怎么满足对于知识的渴求？唯一的选择就是自学。我在自学的时候，没有计划，漫无目的，能逮着什么书，就读什么书。同班好友石成林的叔叔在吉林市图书馆工作，有办法借到书。这是我能读到书的主要渠道。我读到的外国名著比较多，其中有《八十天环游地球》《战争与和平》《复活》《安娜·卡列尼娜》《红与黑》《堂吉诃德》《十日谈》等。我忘记从哪位同学那里，借到一套大学教材《外国文学史》，读得比较仔细，对雪莱、裴多菲、雨果、大仲马、小仲马、莎士比亚等大文豪的作品，都有所接触。裴多菲的诗句曾使我激动不已：

小树颤抖着，
当小鸟在上面飞。
我的心颤抖着，
当我想到了你；
我想到了你，
娇小的姑娘——
你是最大的金刚石，
在全世界上！

多瑙河水涨了，
也许就要奔腾。
我的心也一样，
抑制不了热情。
你爱我吗？我的玫瑰？
我真的爱你，
你爸爸妈妈的爱，
也不能和我的相比。

我知道你爱过我，
当我们在一起，
那时是火热的夏天，
现在是冰冷的冬季。

即使你已不爱我，

愿上帝祝福你；

但如果你还爱我，

愿他一千倍祝福你！

在传统文化方面，我读得最仔细的，还是《古文观止》。这是自家中父亲收藏的书，可以慢慢地读，仔细品味。其次是《史记》。领略司马迁的史笔，使我获益匪浅。读这些古典精品，对我后来从事中国哲学史研究，帮助很大。

以上提到的这些书，只能在家里读，不能拿到学校。可以拿到学校公开读，而且不会被人举报的书，我发现了两本。一本是《红楼梦》。毛泽东说过，《红楼梦》是一本政治小说，读了它可以懂得什么是封建社会。有毛泽东的话担保，没人敢说《红楼梦》不可以读。所以，在公开场合捧读此书，无人责怪。我读《红楼梦》，至少在六遍以上，其中有些诗词都能背下来。另一本是艾思奇主编的高校哲学教科书《辩证唯物主义和历史唯物主义》。这本书是哥哥在长春读大专时发下来的教材，也属于自家所有的书。这种书不会有人来借，可以放心地读，慢慢地读。我读过此书至少在十遍以上。我最初的哲学训练，是通过读此书完成的，也为我后来从事中国哲学史研究，打下了基础。

1967 年 10 月，中国人民解放军毛泽东思想宣传队（简称军宣队）进驻一中，要求师生返校，在军宣队的领导下，成立起“吉林一中大联合委员会”，简称“大联委”。“大联委”由红色造反团、“9・15”“井冈山”三派组成，各出三名代表，共有九名委员。我作为红色造反团的代表，是“大联合委员会”九名委员之一。“大联委”成立后，红卫兵组织基本上被瓦解了。在“复课闹革命”的名义下，同学们重新返回自己所在的班级。

“大联委”名义上是校革委会的筹建机构，也是虚名而已。那时学校大权掌握在军宣队手中，革委会的人选是他们定的，其中没有给学生预留名额。“大联委”委员都是学生，注定不是“结合”的对象，谁也就不必争了。对于军宣队提出的方案，大家举手表示同意就行了。很快，一中革委会宣告成立，由原政治部主任周贤绍出任主任。革委会成立后，“大联委”的任务全部结束，便宣告寿终正寝了。在一中，我是民办红卫兵运动的发起人之一，不意还成了这一运动的终结者之一。

革委会成立后，“文革”运动由军宣队与革委会共同领导，推进到“清理阶级队伍”阶段。1968年，中共中央召开八届十二中全会，在公报中要求各地“必须继续在工厂、人民公社、机关、学校、一切企业事业单位、街道等各个方面，认真做好清理阶级队伍的工作，把躲在广大群众中的一小撮反革命分子挖出来”。按照中央的部署，一中也成立了“群众专政指挥部”，简称“群专”。这是“清理阶级队伍”的责任主体，其成员皆“红五类”出身。凡是原红卫兵团队的骨干，皆不能成为“群专”的成员，我当然不例外。在“清理阶级队伍”时，由于我曾经是红色造反团的骨干，自然很紧张，担心被他人诬陷。庆幸的是，没有人诬陷我，竟然顺利地度过了这一关。我并非杞人忧天，因为借机报复的事，在别的学校已经发生。在有些学校里，掌权的一派，竟然毫不犹豫地把对立面的负责人说成“坏头头”，一概列入“专政对象”。还好，一中同学派性观念不强，没有把派性观念带入“清理阶级队伍”。大概在“群专”眼里，我们这些曾经在“文革”中出过风头的人，虽算不上好，也算不上坏。

1968年12月中旬，在知识青年上山下乡运动中，我的身份也从“红卫兵”变为“知识青年”，乘上开往农村的汽车。说实在话，我当时的心情极差，苦闷得很。可是，还得强做出笑脸，装一副“响应号召”的样子。我们被敲锣打鼓地欢送，却丝毫没有荣耀感；相反，一种被抛弃的感觉，倒是油然而生。在我班40名同学中，“文革”后考上大学的，只有王成业、谢智敏两人；取得博士学位的，只有我一个人。有的同学在农村的时间，竟长达八九年之久；有的同学回城后，直到退休都没有找到一份正式的工作。在“广阔天地”里，我们没有得到“大有作为”的机会，只得在“修理地球”中，耗费宝贵的青春。

（三）务农

1968年12月，吉林一中大部分毕业生皆走出校门，奔赴农村。有的自找去处，有的组建集体户，学校帮助安排。一中组建的集体户，都安排在吉林省桦甸县二道河子公社和苏密沟公社两个地方。我班大部分同学自寻去处，只组建起一个集体户。集体户的成员，大部分原来都是红色造反团的团友，但也有原来“井冈山兵团”的同学，还有从外班、外校来的同学，共计13名。宋志明、朱国范、刘长林、石成林、王丽亚、白薇、林中仁（68届1班），原来都是原红色造反团的团友。尚振东与石成林是邻居，来自一中66届4班，未参加任何组织。王桂芳原来是我班“井冈山兵团”的成员。王增玉是她的弟弟，来自某初中。王正莲和张玉清都是我班同学，哪个团队也没参加。白杨是白薇的妹妹，后来从外校转户而来。

集体户插队的地点，在桦甸县二道河子公社保安大队大黄泥河子一队。保安大队离公社所在地比较近，有些生产队处在平原地带，土地平坦肥沃，分值在一元以上，比较富裕；有些生产队处于半山区，土地贫瘠，比较贫穷。大黄泥河子一队属于后者，分值只有两角钱左右。我们到达生产队那天，雪下得很大。生产队长派马车把我们接来，暂时安排在社员家住。等春季天气变暖以后，再把集体户的房子盖起来，集中到一起住。我的户口从吉林市迁出，落户生产队。意味着我的身份，已经从城里人变成了乡下人了。

起初大家推举我担任户长，我坚决不同意。我之所以推辞，出于两点考虑。第一，集体户的成员王桂芳，来自原来的对立面组织，而我曾经是红色造反团的骨干；如果关系处理不好，有“闹派性”之嫌。第二，当时“文革”尚未结束，我已经厌倦运动，不想出头露面。我提议户长由刘长林和王桂芳担任，大家表示同意。从事后效果看，我的提议有一半是妥当的，有一半不够妥当。王桂芳是个十分称职的户长。她的双亲已经去世，弟弟也在我们集体户，真能做到以户为家。她勤勤恳恳，兢兢业业，完全没有派性观念，深得大家的拥护。刘长林是个不称职的户长。他虽然出身于“红五类”，却不能起带头作用。他父亲是建筑工人，曾到蒙古国援建，家里经济状况不错。刘长林是家中唯一的男孩，从小娇生惯养，自理能力差。他常常把集体户搞得一塌糊涂，有时弄得甚至都吃不上饭，我们只好到社员家蹭饭吃。

从“红卫兵”转身为“知识青年”，通常需要过三关：一是劳动关，二是生活关，三是思想关。我过生活关，有些难度，总算熬过来了。我们遇到的第一个难题，就是没有电。晚上用煤油灯照亮，把鼻孔都熏得黑黑的。不但没有电，就连别的生产队都有的那种有线广播喇叭，我们村子也没有。报纸也看不到。我们仿佛被抛弃到孤岛上，一下子与世隔绝了。没有任何娱乐活动可以打发时间，晚上只好早早躺下睡觉。大家情绪低落，连聊天的兴致都提不起来。

吃饭也是一道难题，大部分人在家里都没有做过饭，现在必须轮流做饭，经常弄得半生不熟，能吃到嘴里很不容易。从公社领回来的口粮，都是原粮，需要自己推磨去皮加工。大家都没有生炉子的经验，好不容易把柴火点着了，弄得满屋子都是烟。饭菜谈不上味道怎样，能做熟，就算不错了。无论好歹，都得对付着吃，填饱肚子就行。烧柴也得自己上山去打。有一次，我同朱国范、石成林三人上山打柴，一不小心把拉柴火的牛车弄翻了，石成林被砸成骨折。我和朱国范轮班，好不容易把他背回集体户，赶紧套上车，送到医院救治。定量供给的油，很快就用完了，大部分时间只能吃盐水煮菜。有一天，有位社员发现自己家养的狗不正常，眼睛有些发红，担心患上狂犬病，问我们敢不敢吃。经过一番讨论，大家一致认为，吃也无妨。我用了一下午的时间，把狗皮剥下来，把狗肉煮熟。大家吃得不亦乐乎，总算解上一回馋。

第二年，我们住上了生产队专为集体户盖的三间茅草房，东侧为女生宿舍，西侧是男生宿舍，中间是厨房。新盖的房子质量极差，四面透风，冬天极冷，晚上睡觉都得戴上棉帽子。由于没有洗澡的地方，换洗衣服也不方便，无论男生还是女生，身上都生了虱子。后来大家也习惯了，戏称虱子为“革命虫”。如果谁没有生虱子，说明谁没有“被贫下中农教育好”。

由于生活条件艰苦，每个人都设法暂时逃避。逃避的办法就是回家休养几天。没有钱买车票怎么办？我们居然也找到办法，那就是“搭车”。几个人结伴在公路上拦过路的汽车，央求司机顺路带我们回城。好心的司机一般会出于对我们的同情，让我们爬上货车的车厢，把我们带回吉林市。可是，总不能老在家里待着，休整几天还得返回集体户。只是苦了王桂芳姐弟俩，他们无家可回，只能在集体户中苦熬。

1969 年，有一批待岗干部也下放到我们生产队，与我们知识青年共同组成“五七”战士连队。每个生产大队编为一个连，全公社编为一个营。营长是李向林同志，后来做过吉林市革委会副主任。我们成为“五七战士”以后，总算有了自己的组织，可以搞一些集体活动了。在这年夏天，全公社“五七”战士被组织到一起，以到王家店子公社拉练的名义，开展了一次大规模活动。据说，在解放战争时期，林彪指挥的部队曾经驻扎在那里。在拉练活动中，组织者还借用中学操场，开展篮球比赛；在一个水库开展游泳比赛。我参加了游泳比赛，还获得蛙泳第三名的成绩。得到的只有口头表扬，没有任何奖品。

我过劳动关，比较容易，很快成为劳动能手。我就出生在劳动人民家庭，从小经常参加劳动，无论干什么话，都不会发怵。当“逍遥派”时，我储备了充足的体能，年纪20刚出头，正是力气壮的时候，干农活不惜力气。尽管从没有干过的农活，只要肯干，很快就能琢磨出门道，干得不比社员差。刚到生产队不久，队长就派给我们一项重体力活。生产队一下子增加了十多个人，原来的地不够种，必须开荒，把塔头甸子改造为水田。这种活必须在冬天里干。只有在冬天，塔头草冻硬了，才能用尖镐刨掉清除；天气暖和以后，塔头草变得软软的，无法除掉。抡尖镐刨塔头可是个力气活，用的劲小，没有效果，等于白费力气；只有铆足了劲，才能连根刨起。干这种活，只有棒小伙才能胜任。我刨下来的塔头比较多，显示出我在体能上的优势。锄地、收割、搬运，无论干什么话，两三天以后，我干的都不比社员差；十几天之后，甚至可以超过社员。我拿的工分，总是最高等级。在生产队待的时间长了，我才知道，并不是我特别能干，而是我使出100%的气力；而社员顶多使出60%的气力。他们得留下点气力，拾掇自己家里的自留地。那时候生产队干活大帮哄，出工不出力的现象很普遍。造成这种现象的原因，不能归咎于社员，因为生产队的收入太低，每天平均两角钱，怎么能养家糊口？必须自己想些办法。按照社员的说法，“吃粮靠集体，花钱靠自己”。在生产队劳动一年的工分收入，扣除口粮款之外，所剩无几；平时花销只有打自留地的主意了。社员积极性不高，不是社员的过错，而是体制所造成的。当我明白了这个道理之后，不能不对社员表示同情。

在生产队里，我只想干好手中的活计，对“阶级斗争”不感兴趣。当时农村也卷入“文革”，强调“以阶级斗争为纲”，到处贴着“阶级斗争，一抓就灵”“阶级斗争年年讲月月讲天天讲”之类的大标语。生产队除了有生产队长之外，还有政治队长。政治队长的职责，就是抓“阶级斗争”，组织社员召开批斗会。大黄泥河子是一个偏僻的小山村，原有住户极少，大部分住户都是从外地逃荒而来的，谁家也没有什么积蓄。开垦出来的荒地，没有明确的产权归属，谁种谁得。在土改定成分时，全村都划为贫农，没有哪家划为地主。这个小山村没有“阶级敌人”，怎么搞“阶级斗争”呢？居然也找到了搞法，就是制造一些“阶级敌人”作为“斗争对象”。20世纪60年代三年困难时期，从山东盲目流入一批农民，当时叫作“盲流”。有些“盲流”在小山村落了户，改变了“贫农村”的住户构成。在“盲流”户中，有的家庭成分不好，不是贫农。例如，老阚家随迁户口本“成分”一栏，标注为“富农”。老阚干活是个能手，曾担任生产队副队长。这回因成分不好便倒了大霉，竟然被当成“阶级敌人”来批斗。就因为是“富农”子弟，便被当成“富农”来斗，便被当成“阶级斗争”的对象，真是比窦娥还冤！在红卫兵运动初期，曾经流行一副对联。上联是“老子英雄儿好汉”，下联是“老子反动儿混蛋”，横批“基本如此”。想不到血统论的流毒，竟渗透到偏远的小山村！第二位“阶级敌人”名叫王本松，也是“盲流”。他的家庭成分是贫农，本人曾在海军服过役，应该说“根红”，可惜“苗不正”。就因为他撕了《毛主席语录》卷烟抽，便被戴上“坏分子”的帽子，也糊里糊涂地成为“阶级敌人”。第三位“阶级敌人”倒是货真价实，此人曾经担任过伪满警察，定性为“历史反革命分子”。不过，他并不是本村人，是被街道从城里赶到农村来的。被赶出城的说法是“我们也有一双手，不在城里吃闲饭”。大家都管他叫“老反”，已经六十多岁了。每次搞“阶级斗争”，这三位都必须到场，接受批斗。对于这种“阶级斗争”，尽管我觉得滑稽可笑，但也不能缺席。我抱定主意：绝不出头，绝不发言，只当看客。

在“广阔天地”里，我虽然没有得到“大有作为”的机会，却也得到过“小有作为”的机会。由于我干活肯出气力，社员看得起我，1969年夏选我做民兵排长。当时生产队的干部有五名。主要负责人是生产队长，姓田，是共产党员，从大酱缸生产队调过来任职。政治队长由户友朱国范担任，民兵排长由我担任，妇女主任由户友王丽亚担任，会计由本村人倪耀文担任。在五名队委中，竟有三位是知识青年。民兵排长负责保卫工作，如护场、护青，防止“阶级敌人”搞破坏，只是个配角，不是主要负责人。征兵工作也是民兵排长需要配合的一件工作。我的最大政绩，就是把朱国范送进部队当兵。1970年春季征兵，我得到消息后马上想到朱国范。当时他不在生产队，出工到石砬子修水库。工棚里不通电话，只能靠自己的双腿。我走了30多里山路，给他送信，催他报名参军。他体检、政审顺利过关。我知道他同68届六班张卫革同学在红色造反团期间要好，催他在入伍之前把俩人的恋爱关系确定下来。我陪同朱国范走了40多里山路，来到苏密沟公社张卫革所在的集体户。我平生第一次充当“月老”的角色，竟促成了一段好姻缘。他俩结婚时，特请我做婚礼主持人。

1970年春，我得到的另一个“小有作为”的机会，就是担任水稻技术员。我们生产队的耕地有三分之一是水田，产量占生产队一半。社员把水稻技术员叫作“看水的”。这是一个十分重要的岗位，因为关系到全队粮食的产量。如果“看水的”不称职，势必减产。我们生产队的水稻技术员姓刘，50多岁，曾担任生产队长。这一年春，公社推广科学种田，发下来一大堆学习材料。他的文化程度不高，看不懂，必须选一位知识青年担任水稻技术员。于是，生产队选中了我。我虽在生产队劳动了一年，对水稻种植过程也有一定的了解，但能力毕竟有限，必须边干边学。我不能辜负生产队的信任，只能干好，不能干坏。我借了许多关于水稻种植技术的书，虚心向老刘请教，居然把这副重担挑起来了。

选种是种植水稻的第一道程序。为了实现良种化，稻种不能用本队产的稻谷，需要与别的生产队交换。交换来的种子必须做发芽试验，看看出芽率是多少。如果出芽率低，那就不能用了。第二道程序是修整育苗水田。这可是一件苦差事，需在三月份完成。那是大地还没有化透，我踩着冰碴，在水田里干活。第三道程序是催芽。把稻种用农药处理过后，放在塑料大棚中催芽。大棚里温度很高，大概有30度左右。每天我必须冒着高温，在大棚里翻动种子，控制温度和湿度，防止稻种腐烂。第四道程序是把已发芽的稻种撒在育苗田，盖上塑料布育苗。我必须每天观察小苗的生长情况，测量塑料布下的温度，如果温度过高，得及时通风。进行到第四道程序时，我特别紧张。如果育不出苗来，损失几千斤稻种不说，一年的收成恐怕都要泡汤。我战战兢兢，如履薄冰，总算育苗成功了，没有耽误插秧。成功地把秧苗培育出了，我的任务就算完成了大半。第五道程序就是田间管理，用社员话说，叫作“看水”。这是一件比较轻松的活。我每天扛把铁锹，在田埂上巡视，调节出水口的高度。水田里的水，不能超过苗，超过了会把苗淹死；也不能太少，太少压不住水草，也不利于水稻生长。

至于思想关，更为艰难，我压根就没有跨过去。在农村，吃苦受累我不怕，就是看不到出路在哪里，精神上苦闷得很。我实在不甘心，一辈子都待在这里。我从来没有“扎根农村”的打算，只能混一天算一天，得过且过吧。我虽然已经“就业”，可是每天收入两角钱，生活费都不够，还得靠父母养着。我内心的愧疚难以排遣，有时甚至想找谁打一架，发泄发泄情绪。第一年国家拨给知识青年安家费，吃饭不至于出问题；第二年则要自己解决，到年底能否挣出口粮钱，还说不准。庆幸的是，我在生产队只待了 20 个月，没有等到年底扣口粮款，就招工走了。在 20 个月里，我的劳动收入，扣除各项开支，只剩三十几元钱。过来好几年，生产队才把工钱发还给我。

在我的意料之外的是，招工很快就开始了，使我又看到了回城的希望。在我成为知识青年的十几个月以后，从 1970 年 5 月，吉林市有些单位便开始在知识青年中招工，给我们提供了返城的机会。在我们集体户里，最初的幸运儿不是我，而是王正莲和林中仁。王正莲的哥哥在铁路工作，她作为家属，铁路来招工，自然会受到照顾；林中仁的父亲在火电二公司工作，火电二公司来招工，他当然是不二人选。剩下的人，眼巴巴地看着朱国范当兵走了，看着王正莲、林中仁招工走了，羡慕得很，也着急得很。

幸运之神终于同我结缘。1970 年 6 月，吉林碳素厂（现称中钢集团吉林碳素有限公司）来招工，有上百个名额。生产队推荐的人选，是我和王桂芳、王增玉三人。招工要做体检，我担心自己的视力不合格，竟想出一种对付体检的办法。我在红色造反团团友三年一班王潜同学的帮助下，走了几十里山路，到县医院找到他的哥哥，搞到一份视力表。我凭记忆把它背了下来。体检时我虽看不清符号的朝向，却能说对朝向。于是，顺利蒙混过关。

7 月，我和王桂芳、王增玉都被碳素厂录用，终于摆脱“知青噩梦”。我们走时，集体户里没有出现欢送的场面。剩下的同学，有难言的苦衷。我十分理解他们的心情，因为我曾有同感。

六、笔杆子

1970年9月，我成为吉林碳素厂的一名新工人。1979年9月，我考上吉林大学研究生，将人事关系从吉林碳素厂起走，工龄年头正好十年。直到1982年9月，我才把工资关系调到长春师范学院。我受惠于吉林碳素厂整整12年，领了12年工资。在我走过的人生道路中，这12年非常重要。如果没有碳素厂的培养和支持，我不可能走到今天。我怀着一颗感恩的心，回顾这段令我难忘的人生经历。

（一）产业工人

吉林碳素厂原称“冶金工业部第201厂”。新中国在第一个五年计划期间，投巨资建设156项重点工程，该厂是其中之一 。1952年，党中央、政务院为发展我国航空工业，开始筹建这个工厂，到1955年建成投产。我入厂时，这个工厂既称为“吉林碳素厂”，也称“201厂”。在媒体报道上使用“吉林碳素厂”之名，在内部仍使用代号，叫作“201厂”，工作服上的企业标识，仍为“201”。由于使用代号，民间对此厂有神秘感，不知道生产什么产品。这个工厂现在称为“中钢集团吉林碳素股份有限公司”，简称“中钢吉碳”，已经在股票市场上市。该厂是中国碳素工业的摇篮，堪称中国最大的碳素制品综合性生产基地；在国际上享有盛誉，被视为全球碳素企业四强之一。它是中国碳素行业首家上市公司。它作为国内钢铁企业重要的辅助原料基地，支撑着中国民族工业的发展。产品有11大类，56个品种。主要产品有石墨电极、石墨阳极、碳块、特种碳制品、碳纤维制品等，广泛应用于冶金、化工、机械、电子、航天、军工、医疗及新材料等领域。产品除在国内各省、市、自治区300多家企业销售外，还远销欧美、东南亚、非洲等40个国家和地区。在碳素制品生产规模、工艺技术、研发能力、人才储备、产品品牌、出口创汇等诸多领域，该厂均处于国内领先地位，代表了我国碳素行业的最高水平。该厂出产的碳纤维产品不但是制作飞机刹车片的主要原材料，而且是神舟系列飞船、宇航方面必需的主导材料，对于中国的航天事业，做出重要贡献；高质量的石墨砖系列产品，已成为宝钢、武钢、太钢等大型钢铁企业高炉砌筑的指定产品。该厂是中国中钢集团公司所属的重点生产企业之一，在国民经济体系中占有重要地位，得到党和国家领导人的高度重视。朱德、邓小平、董必武、温家宝、胡锦涛等党和国家领导人，都曾到该厂视察过。

我对自己能到碳素厂工作，做一个名副其实的产业工人，感到相当满意。在少年时代，我的愿望就是当一名工人；如今这个愿望，算是变为现实，可谓心想事成。我入厂之前，对该厂并不了解，只觉得“201厂”的名头很大，是吉林市特大企业之一，觉得能到该厂工作，是很荣幸的事情。我入厂时，该厂有员工6000多人，在吉林市，能同该厂比肩的企业不多。

同我一块入厂的新工人，有200多名，编为四个新工人连队。新工人大部分来自吉林一中安置在苏密沟公社和二道河子公社集体户中知识青年，有一部分是桦甸县返乡知识青年。这些返乡知识青年，都是当地农村干部的子女，他们被优先推荐。可笑的是，有些返乡青年竟通过搞名堂的途径，混进厂来。碳素厂有个京剧团，一些女孩子自称有“文艺专长”，可以扮演《红灯记》中的铁梅。一下子混进来四五个“铁梅”，没有看到其中任何一个人进厂后能登台演出。工厂对新工人实现半军事化管理，先进行入厂教育，然后再分配到各个车间。那时，全国开展“备战备荒”活动，吉林市开挖大型地道工程，把任务分配给各个单位，限期完成。碳素厂把全部新工人都派到工地上挖土方。我们干了两个多月的力气活，到年底才分配到各个车间正式上班。

我被分配到304车间工作。该车间是碳素制品加工车间，负责把毛坯加工为成品，是全厂生产流程的最后一道工序，有300多人。该车间主要由两大工段组成。一个是石墨化工段，用车床加工圆柱形电极，大约有200人左右。另一个是高炉块工段，用碳铣床或刨床加工碳块的平面，有70多工人。其余的人员，承担维修或管理工作。那时工厂管理学习解放军，车间叫作连队，工段自然就叫连队下属的排。车间的领导班子由支部书记牵头，由副书记、车间主任、副主任组成。

我被分配到高炉块工段，工种是碳铣工。该工段由两个班组构成，轮流倒班。白班8时上班，16时下班；夜班16时上班，24时下班。每个班组30多人，设班长一人。在管理方面，引入解放军“点名”制度。每次上班前，班长组织工人列队集合，依次报数，然后再布置工作任务。有专职的段长一人，负责工段全面工作；副段长一人，负责具体工作。他们不用倒班。主要生产设备有三台碳铣床，一台龙门刨床。每台设备由一个小组多人合作操作，把由上道工序运来的毛坯加工为成品。有些产品还需要包装入库，包装工作也由该工段工人承担，不设专门的包装工。

我被分配到一号铣小组工作。带领这个小组的老师傅，名叫王维福，30岁左右。小师傅刘东伟，年龄与我相仿。王师傅个子不高，身体强壮，干活肯出力，肯动脑子，什么活也难不倒他。他坚持长跑，参加过从吉林市到长春市的接力赛，是吉林市队的10名队员之一。在吉长接力赛中，每人要跑12400米，加起来就是124公里，也就是从吉林市到长春的距离。受王师傅影响，我也练过一阵子长跑，参加过吉林市组织过的长跑选拔赛，距离是12400米。我跑完全程，成绩是第64名，比王师傅差得很远，自然不可能入选。王师傅工作积极，各项表现都突出。可惜，就因为家庭出身是地主，既提不了干部，也入不了党。对于这种不公平待遇，他倒是习以为常了，并不介意，该怎么干还怎么干。除了两位师傅外，三名新工人是我、刘立成、李立。刘立成是吉林一中高三二班同学，李立毕业于长春十二中学，“文革”前高中一年级，比我低一年。

在工厂里，工种大体上分为两种类型。一种是技术工种，通常有车工、钳工、铣工、刨工、铆工、锻工、焊工、铸工等，需要经过多年培训。或者毕业于技工学校，或者经过三年学徒，才能上岗工作。另一种是熟练工种，在生产流程中操作设备，技术性不强，经过简单培训，就可以上岗工作。我所从事的碳铣工，属于熟练工种，没有学徒期，很快就顶岗干活了。

我们操作的碳铣床，叫作双面铣床。左右相对，有两个铣头，每个铣头安装八把铣刀，铣刀的刀头，由高密度合金钢制成。铣头转动起来，用铣刀加工工件的平面。在左右两个铣头中间，是可以前进或倒退的床体。把待加工的工件，用天车吊装在床体上，调整好位置，用气压卡具固定。床体在轨道上前后移动，与两个铣头配合，共同完成加工过程。我们所加工的工件，有三种，加工要求不一样。第一种叫电解铝块，每块半吨多重，一次加工八块，用天车吊装。只加工两个端面，粗加工就可以了。要求不高，横断面没有毛茬，用钢卷尺测量所需要的加工长度，工差不能超过 10 厘米，就算合格。铝块端面都是 40×40 厘米，长度从 100 厘米到 200 厘米不等，有多种规格。第二种叫侧块，是铝电解炉炉体衬砖。每块 50 厘米长，40 厘米宽，10 厘米厚，需要加工两端和大面。两端属于粗加工，要求与铝块差不多，只是工差小一些。加工大面，采用专门的卡具，每次加工两块，需要用人工抱着安装在卡具上。每块砖 40 多公斤，从卡具上抱上抱下，是个力气活。加工大面要求比较高，公差不能大于 1 厘米，每块产品需经过检查员用钢板尺检查验收。第三种叫作高炉块，就是砌高炉炉体用的衬砖。高炉块需要按照图纸进行精加工，砖体的六个面都要加工，成品为梯形体，有精确的规格要求，工差不得大于 1 毫米，加工时需用卡尺精确测量。每层砖加工完，还要在圆形平台上预安装，两砖之间的缝隙不能超过 1 毫米。预安装检查员验收后，每块砖标上号码，用木箱包装起来，才算完工。

加工工件时，由组长指挥天车把待加工的毛坯吊装在床体上，找正，固定。他指挥两个铣头的操作者，调整进刀量，开始加工。加工完毕，指挥天车把工件从床体上卸下来。加工高炉块，需要多道工序，必须把半吨重的毛坯翻转 90 度，才能加工另外两个侧面。“翻个”是力气活，劲道小了，翻不过来。我们新工人接手的第一件活，就是“翻个”。干这种活，有力气就行，没有多少技术含量。

我接手的第二件活，就是换刀和磨刀。铣头上八把合金钢刀头，在加工工件时会磨损，必须停机更换新刀。先用大扳手把已经磨损的刀具卸下，把新刀具换上，调好刀具角度，用扳手拧紧。换下来的刀具，在砂轮机上磨锐，以备再次使用。过一段不长的时间，我便可以把各项活计都担当起来了。

我们的工作环境很差。刀具加工毛坯发出极大的响声，对面说话都听不清楚。究竟有多少分贝，没用测量过，肯定超标。加工碳制品必然造成大量的粉尘，虽有通风设备，还是相当严重，干活时戴着口罩，鼻孔都是黑的。常年在这样的环境中劳动，许多老工人都患上一种职业病，叫作尘肺症。由于工作环境对健康有伤害，工厂每月发给几元钱保健费，算是补偿。由于我们直接与碳制品接触，身上、脸上弄得很脏。我们上班时，必须把所有的衣服都脱掉，换上工作服；下班后脱下工作服洗澡，再换上自己的衣服回家。下班后走出厂门，每个工人都很体面的样子；可是在车间里，若不仔细看，分不清楚谁是谁。当农民不容易，整天风吹雨淋日头晒，靠汗水维持生计；当工人也不容易，虽没有风吹雨淋日头晒，可是必须忍受艰苦的劳动环境，要靠透支健康维持生计。当农民每天看着庄稼长，一天一个样，会觉得日子过得很快；当工人每天几乎干同样的活，会觉得日子过得很慢。

尽管劳动条件比较差，我对自己能得到这样一个工作岗位，还是相当知足。我的收入第一年每月 34 元，第二年定级为二级工，月工资达到 40.74 元，另有 5 元保健费，加在一起 45.74 元，已经相当不错了。我父亲干了 20 多年工人，工资也不过 63 元，我才工作两年，工资就达到他的三分之二了。不过，我在离开碳素厂之前，10 年时间从未涨过工资。我们口粮标准比较高，按轻体力劳动供应，每月 48 斤，比父亲还多。那时重体力劳动标准是 56 斤，一般职工标准是 31 斤。我同那些还在农村中吃苦的同学相比，还有什么不满意的？我终于可以自食其力了，不必再由双亲供养。工厂里的工作环境虽然不好，可是人际关系相当融洽。那时“工人阶级”声名显赫，以至于被抬到“领导一切”的高度。可是，工人之间相处，丝毫没有这样的荣誉感，大家只想做好本职工作而已。最令我满意的是，在“工人阶级”内部，不必搞什么“阶级斗争”，不存在社会上常见的那种人整人的情形。这些年来，搞“阶级斗争”使我深感厌倦，我终于来到一个可以不搞“阶级斗争”的群体，可以得到一份心灵上的安宁。工人的素质比农民高，可以说人才济济。有的人能歌善舞，是文艺骨干；有的人擅长体育，经常参加市里举办的各项赛事；有的人口才极佳，会说快板书和评词；

有的人美术字写得很好，不亚于专业水平；有的人会演奏手风琴、小号、黑管、小提琴等乐器，有的人甚至还会作曲。生活在这样的群体中，精神上相当放松，相当愉快。

在工厂里，可以不搞“阶级斗争”，但不能不参加“文化大革命”运动。我们参加的方式，主要是学习文件或者听报告，有时也搞一些活动，如唱歌、唱样板戏、出黑板报等。正常上班时间8小时，可在厂时间通常长达9—10小时。每天都有一到两小时的时间，参加各种活动。我对“文革”的态度，依然消极，不出头，不发言。不过，班组出黑板报，我躲不过去，因为我的文化程度比较高，责无旁贷。班长派给我出黑板报的“活”，我不能拒绝。我需要自己写稿子，并且抄在黑板上。对于这种“活”，我都是胡乱对付一下，并不十分认真。在新工人当中，我普通得很，没有积极上进的愿望，“政治表现”一般。我觉得，当工人就是我的安身立命之地，别无他求。有一份稳定的收入，可以养家糊口，衣食无忧，足矣。我过着普通工人的生活，每天按时上下班，业余时间同工友聚在一起打扑克消遣。有时我们甚至会在工作时间，在没有活儿的时候，偷偷打扑克消遣。为了避开领导的视线，我们把打扑克的地点，选择在天车顶上，在那里绝对不会被领导发现。工作闲暇时，我们会用不锈钢做钩针、汤匙或饭勺之类的小物件，给丢失钥匙的锁头配上钥匙，修修自行车，还学会自制木工工具。我和几位工友对木匠活有兴趣，大家经常在一起交流制作木工工具的经验，交流打制家具的经验和家具的样式。我的木工技术水平提高很快，可以自己制作木凳、茶几、折叠椅、橱柜、沙发等家具。由于当熟练工，而不是技术工，技术含量不高，不必像父亲那样去读《机械工人》之类的杂志。“文革”期间很难找到可读之书，索性也就不再读书了。我心甘情愿地当一个“劳力者”，没有当“劳心者”的奢望。

令我没有想到的是，一个偶然的机遇，竟改变我的人生轨迹。当工人没有成为我的人生终点，仅仅是我的人生驿站。1973年，车间领导选调我加入写作班子，使我成为一名经常脱离本职工作岗位的特殊工人。

（二）写作工段

在“文革”期间，工厂似乎不是一个生产单位，而是一个“革命团体”。那时办厂的指导方针，叫作“抓革命，促生产”。这里的“革命”，指的是“文化大革命”，被摆在首要位置；而生产竟被放在了次要的位置，从属于“革命”。称实而论，这种“革命”与生产之间，并不构成因果关系，非但不能促进生产，反而会妨碍生产。对此，厂领导心知肚明，但谁也不想点破，以免惹上是非。“革命”与生产，原本是了不相干的两码事，在口头上讲，可以统一起来；而在实践中做，绝非有统一起来的可能。那么，厂领导怎么“抓革命，促生产”呢？只好把两件事分开来做：让一部分人“抓革命”，从事非生产活动；让另一部分“促生产”，从事生产活动。在“抓革命”的命义下，工厂开展大量的非生产活动，千方百计提高工厂在社会上的知名度。吉林碳素厂拥有半专业的京剧团，可以演出整部革命样板戏，而且水平很高；拥有文艺演出团，在市里举办的文艺汇演中，经常获奖。有高水平的冰球队、篮球队、足球队，许多队员都是从专业队调过来的，故而有能力在各项赛事中夺冠。

我所在的304车间，找到一种“抓革命”的独特办法，那就是大力开展民办活动，并且搞出了名堂。304车间民兵连被吉林省军区树立为全省先进民兵连，可以说赫赫有名。车间抽出一部分复员军人和青年工人，组成基干民办队伍，经常进行军事训练，我也在其中。我参加过队列训练、射击训练。有一年，吉林市为了庆祝八一建军节，准备在市政府前松花江段举办民兵武装泅渡表演，其中也有我。我们脱产训练了近一个月，曾横渡过松花湖。松花湖湖水很深，有几百米；从南岸到北岸，大约1800米，跟长江的宽度差不多。武装泅渡表演时，要求穿衣服，带步枪，打着旗帜，保持队形，有相当的难度。我们刻苦训练，圆满完成任务。当中苏边境紧张时，上级武装部给吉林碳素厂配置六门五七式反坦克炮，组建炮兵连。我也在其中，并且担任班长。每班5个人，除了班长之外，还有瞄准手、装填手、一炮手、二炮手各1人。5个人相互配合，共同操纵一门火炮。每门火炮配有拉炮的汽车，我们出队到专门训练场地，都坐汽车去。部队派来的教官给我们上课，讲解操作火炮的知识，还要考试。经过一段时间学习和训练以后，我们进入实弹射击考核阶段。在我的指挥下，居然首发命中目标，成绩优秀。炮弹发射时声音很大，震得头晕了好长时间，半个多小时才缓过神来。

为了撑起“全省先进民兵连”这面旗帜，仅搞民兵活动还是不够的，宣传工作必须跟得上。吉林军分区和昌邑区武装部干部经常到车间蹲点，督促宣传工作，帮助总结经验，帮助树立典型人物。为了配合他们的工作，车间需要找些笔杆子，共同组成宣传组。车间选中的笔杆子，就是刘立成和我。刘立成是吉林一中66届二班的高才生，还是党员，被选上并不奇怪。“文革”结束后，他被送入吉林工学院进修，后来在吉林碳素厂做过多年的党委书记，直到退休。至于我，非党非团，为什么被选中，我猜想大概有两种可能。或许是因为我在吉林一中期间有些文名，不知什么人，向车间领导推荐；或许是车间领导在黑板报上，读到我的“作品”，觉得此人堪用。

我成为304车间的笔杆子以后，经常脱离劳动岗位。工友戏称我被调到“写作工段”上班。“写作工段”的人员构成，有来自上级武装部门宣传干事，有工厂宣传科的干事，有本车间人员。我经常与上面派来的人在一起共事，一起领会领导的意图，一起树立典型人物，一起总结先进经验，一起给报纸、广播电台和《吉林民兵》杂志供稿。在“写作工段”，我和刘立成处在最下层，初稿通常由我俩分头写。我俩动笔，其余人皆动嘴。他们提出意见，我们来修改。一篇稿子翻来覆去，不知折腾多少个来回，最后由主管领导拍板定稿。上面交代一篇稿子，往往把提前量打得很宽，留出折腾的时间。我俩慢慢摸出门道：不能急着交稿。你交稿越早，折腾的时间越长；交稿时间晚，没有时间折腾了，也就过关了。

我们写的稿子，大致分为两种类型。一种是经验总结，供开会时使用，作为会议材料下发。写参会材料，通常有四个步骤：一是定调子，领会领导意图；二是推路子，查阅相关材料，反复推敲，力求创造出一种有新意的说法来；三是写稿子，几个人分头写初稿；四是爬梯子，写作班子在一起逐段推敲，尽量拔高，力求能造成轰动效应。以前，我以为经验都是基层单位创造出来的，现在明白了：完全不是那么一回事！有许多“经验”，并不是基层单位“做”出来的，而是笔杆子“想”出来并“写”出来的。笔杆子的想法，必须符合领导意图，方能成为能够贯彻领导意图的手段；至于是否符合实际，可以不必去管。另一种是报道稿件，在媒体上发表。304车间有三个搞民兵工作的典型人物，都姓王，都是转业军人，统称为“三大炮”。“王大炮”是高炉块工段的，组织能力特别强，会说评书，口才极佳，经常在厂武装部临时帮忙，那时叫作“以工代干”，就是以工人的身份做机关干部的事情。“王二炮”是石墨化工段的，军事技术过硬，负责基干民兵训练。“王三炮”也是石墨化工段的，原来在军乐团工作过，会演奏各种乐器，有指挥才能，教唱军歌是他的拿手戏。我们经常写稿报道他们的事迹。我曾写过一篇报道文章，题目为《练就一副铁脚板》，发表在《吉林民兵》上。这篇文章，是把两个人的事迹，编在一起写成的。文章中的主人公苦大仇深，讲的是刘春芳的故事；经常跑步上班，练就一副铁脚板，讲的是王维福的故事。把两个人的事迹综合起来，一个“平时苦练铁脚板，战时能够冲得上”的民兵形象，就出现在刊物上了。

在“写作工段”当笔杆子，当然不是我的主业，我的身份还是工人。领导“招之即来”，我提笔写材料、写文章；领导“挥之即去”，我还得回到车间拿起扳手干活。后来，渐渐地副业竟变成了主业，主业反倒成了副业，回车间干活的时间越来越少了。在“写作工段”当笔杆子，工人待遇一样不少，连保健费都照拿，而且可以避开艰苦的劳动环境，何乐而不为呢！我自然愿意干这种美差事。我经常住在工厂招待所里写稿。晚上加班，还有夜宵，有时还有小酒喝。

1971年“九·一三”事件以后，按照毛泽东的指示，批林批孔运动在全国范围开展起来了。1974年6月以后，从批林批孔运动又演绎出“评法批儒”运动。为了推动“批林批孔”运动和“评法批儒”运动，北京、上海的一些工厂推出建设工人理论队伍的举措。1974年6月3日，新华社在电讯稿中这样报道：

> 北京人民机器厂党委在批林批孔运动中，带领干部和工人群众认真攻读马列的书和毛主席的书，把看书学习和革命大批判紧密结合起来，进一步推动了学习马克思主义、列宁主义、毛泽东思想的群众运动，使批林批

孔斗争不断深入发展。

吉林碳素厂闻风而动，紧跟潮流，也组建工人理论队伍。于是，我作为笔杆子，顺理成章地成为工人理论队伍中的骨干成员。成为工人理论队伍骨干以后，我写作的范围进一步扩大，涉入理论领域和学术领域。

由于304车间民兵连在吉林省的名气很大，吉林大学哲学系、东北师范大学（当时称吉林师范大学）历史系，纷纷前来“开门办学”，使我有了同大学老师接触与合作的机会。

我同东北师范大学历史系的徐风晨先生老师有过合作。他年纪在40岁左右，身材较高，是研究中国近代史的专家。1975年，他接到《吉林日报》编辑部理论版的约稿，请他务必同工人理论队伍合作，撰写一篇关于太平天国如何批孔的文章，配合批林批孔运动。他找到了吉林碳素厂宣传科，宣传科夏科长把这项任务交给了我。我关于太平天国的历史知识自然无法同徐老师相比，但我也有自己的优势，那就是对“文革”话语方式比较熟悉。双方合作，可以说采长补短。当然，以徐老师为主，以我为辅。徐老师提供素材，我俩共同商量提纲，分头起草初稿，再同编辑一起斟酌修改，最后定稿。我俩在《吉林日报》招待所忙了一个星期，文章写成了。可惜，时运不佳，由于受到“批《水浒》”潮流的冲击，竟然没有见报。

通过这次合作，我有三个收获。一是同徐老师结下友谊，我们合作很愉快，使我学到不少东西。我在读研究生期间，还到徐老师家拜访过。他建议我毕业后到师大工作，可惜没有成功。二是同碳素厂宣传科的几位同志搞得比较熟。除了夏科长之外，我还认识了王家义、娄镇、温艳丽几位同志。王家义40岁左右，中等身材，胖胖的，是个有传奇色彩的人物。他工人出身，只有小学文化程度，靠自学竟成为小有名气的诗人。他经常在报刊上发表诗作，发表报道稿，是碳素厂有名的四大才子之一。另外两位才子，分别是厂办副主任刘进甲和教育科长李允泮；还有一位，记不得名字了。王师傅特别擅长聊天，总能找到话题。我同他有过合作，一同到报社攻关，也一同写过稿子。娄镇是吉林财经学院的毕业生，30岁左右，是科员中唯一的大学生。温艳丽是个女同志，20几岁的样子，不知什么来历。三是认识了瞿林东老师。当时他在通辽师范学院任教。通辽市原属内蒙古自治区管辖，“文革”期间划归吉林省。所以，他也住在《吉林日报》招待所赶稿子。21世纪初，我在《北京师范大学学报》刊庆座谈会上见到他，谈起初识的情景，彼此还都有印象。

我所接触与合作的老师，大部分来自吉林大学哲学系。1974年，吉林大学哲学系选择吉林碳素厂作为“开门教学基地”，老师率领一批72级工农兵学员来到304车间搞社会实践。吉林大学师生与工人在一起劳动，在一起搞批林批孔运动。在全车间大会上，车文博老师宣讲、批判《三字经》。他口才极佳，滔滔不绝，讲得生动有趣。他对《三字经》涉及的典故，一一破解，讲清楚来龙去脉，显示出深厚的学术底蕴。我第一次领略大学老师讲课的风采，听得十分入迷，打心眼里佩服。

（三）大学编书

1974年8月6日，新华社在电讯稿中报道：

> 北京汽车制造厂工人理论组的四个成员在中华书局编辑的帮助下，运用马克思主义观点评注唐代法家柳宗元的著作《封建论》，写出了《读〈封建论〉》一书。这本书已在七月中旬由中华书局出版。工人群众评注法家著作，这是工农兵在批林批孔运动中的创举，这一事实又一次生动地说明，工农兵是批林批孔的主力军。

电讯稿在《人民日报》等报刊见报后，工人参与注释法家著作，在全国一时成为风气。中共中央下发了一个文件，圈定30几位著名历史人物为法家。中央要求大学与工人理论队伍合作，重新校注法家著作，其中有《荀子》。中央把注释《荀子》的任务分别交给北京大学和吉林大学，要两家各自找工人理论队伍搭写作班子。两家同时启动，大概有竞长争高的意思。

吉林大学注释《荀子》工作，在党委的统一领导下进行。注释组成员，是按照两个“三结合”的原则遴选的。第一个“三结合”，是针对教师讲的，指老、中、青三结合，涵盖各个年龄层次。其中最老的一位是于省吾先生，78岁；其次是金景芳先生，72岁。二位老先生的角色都是顾问。

有这样一种传说，我不知道是否属实。据说金老曾质疑“荀子是法家”的说法，认为荀子是儒家。党委书记专门找金老谈话，问他的第一句话是：“你是不是党员？”

金老回答：“是。”

书记说：“中央文件上说荀子是法家，你不能说他是儒家。每个党员都应当服从中央。”

金老无语，只能收回质疑，接受“荀子是法家”的观点。

二位老先生并非挂名，而是实际参与讨论初稿，有时还发言。记得有一次在讨论初稿的会议上，于老专门解释“生之为性”这句话。他说，“性”是后起字。竖心偏旁是后人加上去的。“生之为性”的本来意思是“生之为生”，同义反复而已。

第二个“三结合”，是针对整个注释组讲的，指工农兵、专业工作者、领导干部三结合，并且发挥工农兵的主力军作用。参加吉林大学《荀子》注释组的有：长春第一汽车制造厂锻造分厂、动力分厂、工具分厂、长春胶合板厂、吉林热电厂、吉林碳素厂、吉林铁路局、扶余县榆树沟公社立新大队、中国人民解放军3025部队等单位的工农兵理论组。

1974年9月，吉林碳素厂派我和刘国、任慧丽、徐长玉等四人到吉林大学参加《荀子》注释组工作，刘国为组长。我们被安排在吉林大学招待所住了两个来月，同吉林大学哲学系的师生在一起搞注释工作。我们阅读《荀子》的文本，是加急赶印出来的章诗同注《荀子简注》，上海人民出版社1974年版。注释组人手一册。注释工作分两步走，先编写《荀子选注》，后编写《荀子全注》。我只参加了《选注》编写，未参加《全注》编写。《荀子选注》选了荀子著作中的16篇，刚好一半。分给哲学系的任务是《天论》、《解蔽》、《正名》、《性恶》、《礼论》、《非十二子》等6篇。每篇要求有提要、注释、译文三个部分。每篇成立一个注释小组，每人分担一部分任务。我被分配到《礼论》小组。在碳素厂来的四个人中，只有我有古文阅读能力，其他三人没有这种能力，根本无法进入工作状态，讨论时也插不上嘴。过了一段时间，他们自己觉得无聊，便陆续找理由撤出，最后只剩下我一个人。我认真研读原著，查阅参考资料，利用工具书字斟句酌，干得满有兴味。在讨论稿件时，我经常发言，水平自然不如老师专业，但比那些工农兵大学生高出一个档次。对我提出的意见，老师比较重视，经常采纳我意见中的合理部分。到 11 月初，《荀子选注》全部脱稿，统稿人是吉林大学中文系的韩峥嵘老师。经过几番讨论，很快定稿，交给吉林人民出版社。出版社以最快的速度付梓，12 月就见书了。署名是“吉林大学《荀子》注释组 ”，没有出现任何一个个人的名字。此书印了两万册，定价 0.85 元。

《荀子选注》项目刚结束，吉林大学哲学系紧接着启动《中国哲学史》教材编写项目。由于我在《荀子》注释组有良好表现，吉林大学老师指名要我参加编写组，碳素厂表示同意。吉林人民出版社对吉林大学哲学系编教材表示大力支持，列为重点出版项目，配置专门的编辑，负责审稿工作。1974 年底，《中国哲学史》编写组成立，由吉林碳素厂工人理论组、吉林大学哲学系两方面人员构成。吉林碳素厂工人理论组挂名的有几个，实际参加编写的就我一个人。吉林大学哲学系一方的参加者，有学生，也有老师。老师有吕希晨、吴锦东、朱日耀、陈庆坤等四位，学生有韩明达、杨育光、范明娥、侯才等十几名工农兵学员，还有一位齐齐哈尔师范学院来的进修教师。吕希晨老师是召集人。编写组分成四个小组，由四位老师分别牵头统稿。先秦组由吴锦东牵头统稿，汉唐组由吕希晨牵头统稿，宋明清组由朱日耀牵头统稿，近代组由陈庆坤牵头统稿。我最初分配到先秦组，因陈庆坤老师被派到镇赉参加工作队，调出编写组，我顶替他成为近代组的统稿牵头人。

编写组开始时有 20 多人，队伍不算小；初稿集中上来以后，由 4 个牵头人统稿。我们四个人参加了编书全过程。编写组的办公地点不固定。在务虚阶段，办公地点设在吉林碳素厂招待所，讨论编书的指导原则，讨论该书应有特色，拟定写作提纲，商量如何分工。在初稿写作阶段，因在碳素厂查资料不方便，办公地点迁到吉林大学。大家分头撰写初稿，不再集中。我在吉林大学招待所住了几个月。客房、校图书馆、哲学系资料室都是我的办公地点。在统稿阶段，几个牵头人又回到碳素厂招待所集中，对初稿修改或者重写。在定稿阶段，需要经常与编辑沟通，办公地点迁到吉林省出版局招待所。

毋庸讳言，编写组在“文革”的氛围里编书，指导思想不可能摆脱“左”的影响。这从《中国哲学史》（征求意见稿）的“编后记”中，可以看得出来。“编后记”写道：

遵照毛主席关于“学习我们的历史遗产，用马克思主义的方法，给以批判的总结”的教导，在全国人民普及、深入持久地开展批林批孔运动，认真学习和贯彻毛主席关于理论问题重要指示的热潮中，我们通过专业理论队伍和工农兵相结合的编书道路，在较短的时间内，集体编写了这部中国哲学史初稿。

在编写过程中，我们的设想是，努力以马列主义、毛泽东思想为指导，用马克思主义的立场、观点、方法去研究和处理哲学史上的问题。力求从哲学思想的基础、内容和社会作用等方面，贯彻以儒法斗争为哲学斗争的直接政治基础的观点，科学地揭示哲学斗争与阶级斗争、路线斗争的内在联系，正确地总结唯物论与唯心论、辩证法与形而上学两军对战的特点、经验和规律。力图坚持“人民，只有人民才是创造世界历史的动力”的唯物史观，突出历史上劳动人民的哲学思想和反孔斗争，阐明劳动人民的生产斗争和阶级斗争才是哲学思想发展的真正动力这一基本理论。力图贯彻“古为今用”的原则，紧密联系上层建筑领域里的社会主义革命，批判资产阶级、修正主义和一切反动没落阶级的唯心论和形而上学，总结对无产阶级专政有益的经验教训，为无产阶级思想政治路线教育服务。

在这本初稿的后面，我们附录了中国哲学史人物小传，其目的是为了补正文之不足，便于读者了解中国哲学史人物的一些基本情况。我们这样做，也是考虑到更好贯彻思潮与人物的统一，而突出思潮的原则所做的一种尝试。

我们的马列主义、毛泽东思想水平不高，对中国哲学史的研究也很不够，主观愿望与实际所能达到的水平存在着很大的距离。特别是随着批林批孔运动的深入，儒法斗争研究的开展，对中国哲学史提出的许多重大理论问题，还有待于进一步研究。因此这本初稿一定存在许多缺点和错误，诚恳地希望读者提出宝贵意见，帮助我们进一步修改。

编 者

1975年7月20日

我们编写《中国哲学史》的指导思想，概括起来说有四条。一是两军对战，贯彻扬“物”抑“心”原则。要突出唯物主义在哲学史上的主导地位，肃清唯心主义的流毒，紧紧抓住第一个对子。二是路线斗争，以儒法斗争为主线。要为法家树碑立传，以儒家为批判的靶子，把法家同唯物主义联系在一起，把儒家同唯心主义联系在一起，紧紧抓住第二个对子。三是阶级斗争，突出劳动人民在哲学史上的作用。要大书特书劳动人民的哲学思想，紧紧抓住第三个对子，即剥削阶级与被剥削阶级之间的对立。至于三个对子之间的关系，大家讨论了很久。第一个对子与第二个对子，可以直接联系在一起，把第二个对子处理成第一个对子的“直接政治基础”；至于第二个对子与第三个对子，我们琢磨了好久，也没有找到一种合适的说法，只好采取回避的方式来处理。

在指导思想方面，编写组也并非一无是处。第四条原则，即贯彻人物与思潮统一的原则，用现在的眼光来看，也是正确的。编写组在讨论中国哲学史的写法时，大家一致认为，以往中国哲学史编纂以人物为主的表达方式不合适，容易有意无意地写成了词条。这样写出来的哲学史，只有“点”，没有“线”，看不出哲学家之间的内在联系，同写词典没有什么区别，表现不出历史感。编写组力求突破“词典体”，把人物与思潮统一起来，既要写“事”，更要写“史”。具体的要求是：每一编的最后一节，都对这一阶段的哲学思想做一综述；把哲学家的小传从正文中提出来，放到《附录：人物小传》中。我后来撰写《中国传统哲学通论》一书，也采取了这种处理方式。

我们编出的《中国哲学史》上下两册，共计3编13章，大约50多万字。

第一编“奴隶制及其向封建制转化时期唯物主义反对唯心主义的斗争”由

三章构成，写先秦时期的中国哲学史。第一章“商周奴隶制时期唯物主义的发生及其与宗教思想的对立”由三节构成。第一节“商周奴隶制的阶级斗争和思想斗争”有综述性质。第二节“商周时期尊天命与反天命思想的斗争”的第一个小标题是“商代的宗教思想和反宗教迷信的斗争”，第二个小标题是“西周宗教思想的演化和宗教权威的动摇”。第三节“原始唯物主义的产生和无神论思潮的兴起”的第一个小标题是“阴阳说”，第二个小标题是“五行说”，第三个小标题是“无神论思潮的兴起”。

第二章“春秋战国奴隶制向封建制转化时期哲学上的两军对战（上）”由三节构成。第一节“在奴隶起义打击下奴隶制向封建制转化和思想战线上的‘百家争鸣’”的第一个小标题是“奴隶制的解体和新兴地主阶级的兴起”，第二个小标题是“‘百家争鸣’与儒法两条路线的尖锐对立”。第二节“以少正卯为代表的社会进步力量同以孔丘为代表的儒家反动思潮的对立和斗争”的第一个小标题是“法家先驱者邓析反对奴隶制反动势力的斗争”，第二个小标题是“孔丘‘克己复礼’的反动纲领和唯心主义的哲学思想”，第三个小标题是“孙武的法家军事路线及其哲学思想”，第四个小标题是“墨家的哲学思想及其对儒家反动思想的批判”。第三节“奴隶起义领袖柳下跖反对奴隶制的斗争及其对孔丘的批判”的第一个小标题是“柳下跖起义对奴隶制的致命打击”，第二个小标题是“柳下跖对孔丘的批判”，第三个小标题是“柳下跖的革命斗争对春秋战国时期儒法斗争的推动”。

第三章“春秋战国奴隶制向封建制转化时期哲学上的两军对战（下）”由两节构成。第一节“战国初期以商鞅为代表的法家进步思潮反对儒家反动思想的斗争”的第一个小标题是“前期法家的进步历史观及其变法主张的政治实践”，第二个小标题是“以《管子》为代表的法家唯物主义思潮反对儒道唯心主义的斗争”，第三个小标题是“名辨思潮中两条路线的对立斗争”。第三节“战国后期以荀况为代表的法家唯物主义思潮及其对以孟轲为代表的儒家唯心主义的斗争”第一个小标题是“孟轲的唯心主义哲学”，第二个小标题是“荀况的唯物主义哲学体系”，第三个小标题是“韩非的哲学思想”。第四个小标题是“奴隶制及其向封建制转化时期哲学斗争的终结”，对先秦时期哲学发展做一总结。

第二编“封建制时期唯物主义反对唯心主义的斗争”由六章构成。第四章“秦汉（到汉宣帝止）封建制确立巩固时期哲学上的两军对战”由三节构成。第一节“中央集权封建制确立过程中的阶级斗争和思想斗争”第一个小标题是“秦王朝的统一标志着封建制在全国范围内的确立”，第二个小标题是“复辟与反复辟的殊死搏斗和农民反封建斗争的兴起”，第三个小标题是“意识形态领域的阶级斗争”。第二节“陈胜、吴广领导的秦末农民大起义及其反天命思想”第一个小标题是“秦末农民起义的爆发”，第二个小标题是“陈胜、吴广的反孔斗争和反天命思想”，第三个小标题是“秦末农民起义的历史意义”。第三节“李斯、贾谊、桑弘羊的法家唯物主义反对儒家唯心主义的斗争”的第一个小标题是“李斯对儒家复古倒退论的批判”，第二个小标题是“贾谊的法家唯物主义哲学”，第三个小标题是“盐铁会议与桑弘羊的哲学思想”，第四个小标题是“反复辟斗争的历史经验”。

第五章“汉（从汉元帝开始）唐封建制发展兴盛时期哲学上的两军对战（上）”由三节构成。第一节“社会阶级关系的变化与路线斗争的新形势”第一个小标题是“地主阶级由先进向反面的转化及其尊儒反法”，第二个小标题是“农民起义对封建统治的沉重打击和儒法斗争的继续”，第三个小标题是“哲学斗争的特点与基本线索”。第二节“以王充为代表的法家唯物主义反对儒家唯心主义的斗争”第一个小标题是“董仲舒的神学唯心主义”，第二个小标题是“王充的唯物主义哲学及其反孔斗争”。第三节“黄巾起义的反孔斗争及其对三国时期法家路线发展的推动”的第一个小标题是“黄巾起义对东汉封建统治阶级的重大打击”，第二个小标题是“黄巾起义对孔孟之道的批判”，第三个小标题是“黄巾起义为三国时期法家路线的发展开辟了道路”。

第六章“汉（从元帝开始）唐封建制发展兴盛时期哲学上的两军对战（下）”由五节构成。第一节“魏晋时期以裴颇、鲍敬言为代表的唯物主义反对玄学唯心主义的斗争”的第一个小标题是“王弼、郭象玄学唯心主义的泛滥”，第二个小标题是“裴颇、欧阳健和鲍敬言的唯物主义哲学”。第二节“南北朝时期以范缜为代表的唯物主义反对佛教唯心主义的斗争”的第一个小标题是“梁武帝萧衍、慧远的佛教神不灭论”，第二个小标题是“范缜神灭论的唯物主义”。第三节“隋唐时期以付奕、刘知已为代表的法家唯物主义反对佛教唯心主义的斗争”的第一个小标题是“佛教的宗派哲学及其反动的社会作用”，第二个小标题是“付奕、刘知已反宗教迷信思想及其对佛教唯心主义的批判”。第四节“隋唐时期以柳宗元、刘禹锡为代表的法家唯物主义反对儒家唯心主义的斗争”的第一个小标题是“唐中叶儒法两家的一场政治斗争”，第二个小标题是“以韩愈为代表的儒家唯心主义思潮”，第三个小标题是“柳宗元、刘禹锡的唯物主义哲学”。第五节“黄巢农民大起义的反孔斗争”未列小标题。

第七章“宋明封建制走向衰落时期哲学史的两军对战（上）”由三节构成。第一节“封建制转向后期和阶级斗争的特点”的第一个小标题是“阶级斗争的新特点”，第二个小标题是“经济、科学的新发展”，第三个小标题是“思想斗争的新特点”。第二节“北宋时期以王安石、张载为代表的唯物主义反对儒学唯心主义的斗争”的第一个小标题是“王安石的变法实践及其对儒学唯心主义的斗争”，第二个小标题是“张载的唯物主义哲学及其与道学唯心主义的对立”。第三节“钟相、杨么领导的‘均贫富，等贵贱’的农民运动及其对理学的批判”的第一个小标题是“农民革命运动对封建统治的沉重打击”，第二个小标题是“‘等贵贱，均贫富’的革命纲领是对唯心主义理学的全面批判”，第三个小标题是“‘等贵贱，均贫富’口号的提出和实践标志着中国农民革命运动进入一个新的阶段”。

第八章“宋明封建制走向衰落时期哲学史的两军对战（下）”由三节构成。第一节“南宋时期以陈亮为代表的唯物主义反对程朱理学唯心主义的斗争”的第一个小标题是“朱熹理学对唯心主义的继承和发展”，第二个小标题是“陈亮、叶适反对唯心主义的斗争”。第二节“明代以王廷相为代表的唯物主义反对道学唯心主义的斗争”的第一个小标题是“王守仁‘心学’唯心主义”，第二个小标题是“王廷相的唯物主义思想”，第三个小标题是“李贽对道学唯心主义的猛烈抨击及其进步的社会思想”。第三节“以李自成为首的‘均田’‘免赋’的农民革命斗争及其对反动理学的全面否定”的第一个小标题是“农民革命斗争对封建统治进行的革命大扫荡及推翻明王朝统治的英勇壮举”，第二个小标题是“李自成起义军对反动理学的全面否定”，第三个小标题是“李自成领导的农民军‘均田免赋’的革命思想及其实践是中国农民革命斗争进入新的阶段的重要标志”。

第九章“清代封建制日趋瓦解时期哲学上的两军对战”由四节构成。第一节“在农民起义打击下封建社会走向末世与道学唯心主义的衰微”，未设小标题。第二节“王夫之的唯物主义哲学及其对道学唯心主义的批判”的第一个小标题是“‘理在气中’‘道不离气’的元气一元论”，第二个小标题是“‘能必副其所’‘知以行为功’的唯物主义反映论”，第三个小标题是“‘唯异生感’‘变化日新’的辩证法思想”，第四个小标题是“‘趋时更新’‘理势合一’的进步历史观”。第三节“明清之际唯物主义思潮对道学唯心主义的批判”的第一个小标题是“黄宗羲对‘君为臣纲’的批判”，第二个小标题是“颜元的唯物主义认识论与反道学斗争”，第三个小标题是“戴震对‘以理杀人’的反动理学的批判”。第四节“封建社会哲学斗争的终结”，未分节，是关于第二编的总结。

第三编“旧民主主义革命时期唯物主义反对唯心主义的斗争”由四章构成。第十章“鸦片战争时期哲学上的两军对战”由三节构成。第一节“鸦片的输入和西方资本主义势力的入侵”，第二节“平英团的抗英斗争和中国人民对资本主义侵略势力的初步认识”，第三节“地主阶级改革派龚自珍、魏源对封建专制主义的批判和对新时代的憧憬”。三节皆未设小标题。

第十一章“太平天国农民革命战争时期哲学上的两军对战”由三节构成。第一节“太平天国农民革命揭开了旧民主主义革命的历史序幕”，未设小标题。第二节“太平天国农民革命的反孔斗争”的第一个小标题是“太平天国革命对孔孟之道的大扫荡”，第二个小标题是“反动道学家曾国藩对太平天国革命的反扑”。第三节“太平天国反帝反封建的革命思想”的第一个小标题是“洪秀全反对宗法等级制度的平等思想”，第二个小标题是“‘天朝田亩制度’是两千年来农民反对封建土地制度革命斗争的总结”，第三个小标题是“太平天国革命农民的哲学思想”，第四个小标题是“‘资政新篇’的理想社会蓝图及其历史的局限性”，第五个小标题是“太平天国农民革命战争的伟大历史意义和经验教训”。

第十二章“戊戌改良主义运动时期哲学上的两军对战”由两节构成。第一节“资本主义经济基础的形成和资产阶级改良主义思潮的兴起”第一个小标题是“资本主义经济的初步发展和新社会阶级的出现”，第二个小标题是“改良主义思潮的兴起”。第三节“戊戌改良主义的政治运动及其反对封建专制主义的思想斗争”的第一个小标题是“变法与守旧的论战”，第二个小标题是“康有为‘公羊三世’的历史观和大同思想”，第三个小标题是“谭嗣同带有机械论色彩的仁学理论和反封建思想”，第四个小标题是“严复‘物竞天择’的进化论和变法革新思想”，第五个小标题是“改良主义失败的历史必然性和改良派的堕落”。

第十三章“辛亥革命时期哲学上的两军对战”由四节构成。第一节“义和团农民革命运动的爆发和资产阶级革命派的兴起”的第一个小标题是“民族危机的进一步加深和义和团农民运动的爆发”，第二个小标题是“资产阶级革命派的兴起及其与改良派的论战”。第二节“以章太炎思想为代表的资产阶级革命思潮及其与封建顽固派、改良派的斗争”的第一个小标题是“邹容的天赋人权论和陈天华的民主革命论”，第二个小标题是“章太炎的无神论和尊法反儒思想”，第三个小标题是“从章太炎思想的倒退看中国资产阶级的软弱性和革命的不彻底性”。第三节“伟大的民主主义革命家孙中山的哲学思想和社会政治思想”的第一个小标题是“孙中山关于民主共和国的思想”，第二个小标题是“二元论的宇宙观和民生史观”，第三个小标题是“知难行易的认识论”。第四节“中国资产阶级哲学的没落和无产阶级哲学的兴起”，未设小标题，是对整个第三编的总结。

在我们编写《中国哲学史》前后，任继愈任主编、编写组集体编著《中国哲学史简编》，北京大学哲学系中国哲学史教研室集体编著《中国哲学史》，杨荣国任主编、李锦全和吴熙钊编著的《简明中国哲学史》先后出版。吉林大学哲学系起步不算晚，遗憾的是，我们编写的《中国哲学史》未能公开出版，还是落在了其他几家的后面。

在编写《中国哲学史》期间，我最初被分配到先秦组，起草关于荀子和韩非的初稿。我在吴锦东老师的悉心指导下，认真阅读荀子和韩非的原著，并且做了详细的笔记。我阅读了大量关于荀子和韩非的二手研究资料，自己琢磨如何表述荀子和韩非的哲学思想，如何贯彻编写原则，如何提炼观点，如何形成框架。初稿写成，吴老师读后表示满意，并进一步修改。陈庆坤老师调出编书组之后，我接手第三编（近代部分）的统稿修改工作。陈老师离开前，已经敲定第三编的框架。按历史发展顺序，把鸦片战争时期、太平天国农民革命战争时期、戊戌改良主义运动时期、辛亥革命时期四个历史阶段，各安排一章，共计四章，分别绍述各个时期哲学上的两军对战。初稿都是学员提供的，陈老师还未来得及修改，便交代给了我。我读了学员提供的初稿，觉得有些经修改可以用，有些质量太差，不能用，需要重写。忙了几个月，总算把征求意见稿定下来了，其他老师看过，觉得还可以。

在编写《中国哲学史》期间，吉林大学哲学系给我的名分是"工农兵讲师"。不过，既未发聘书，也没有存档案，只是口头承诺，未经吉林大学人事部门认可。"工农兵讲师"，这种称谓，在全国恐怕绝无仅有。人们只听说过"工农兵学员"，从未听说过"工农兵讲师"。我在吉林大学没有学籍，当然不能称为"学员"；我也不是吉林大学在册的教员，称为教师也不合适：称为"工农兵讲师"，倒是比较贴切。其实，对于我来说，给什么名分并不重要，重要的是，我以工人的身份，真正领略了大学教师的生活方式。我以客人的身份在吉林大学编书，也受到客人般的礼遇。我住在吉林大学招待所，不必交住宿费。哲学系资料室为我办理特殊的借书证，并且给予一般教师所没有的特权。我可以享受教授的待遇，自由进入书库。我的待遇可能比一般教授还高，因为我借书不限制数量，借多少都可以；也不限制时间，什么时候还都可以。我经常提着旅行袋到图书馆借书。好多年我都处在无书可读的境地，一下子掉进书籍的海洋，我欢喜得难以言表，有如即将干枯的小苗，得到雨露的滋润。我的求知欲得到极大的满足，如饥似渴地读书恶补。我读书并不是为了拿学分或应付考试，而是为了编写中国哲学史教材需要，故而只选与编书有关的书籍。我所读的书，涉及中国通史、中国思想史、中国学术史、中国哲学史、中国哲学名著、中国著名哲学家传记或年谱、西方哲学史、西方哲学名著等方面。我幸运地读了个没有学籍的大学，这对我日后迈入中国哲学史研究殿堂，帮助极大。正是因为有了这段经历，我才有可能以高中生的学历，直接考取中国哲学专业硕士研究生，以至于成为高校中专门研究中国哲学史的教授。

在吉林大学哲学系，我可以随意到大学生课堂旁听。我系统听过的课程有：金龙哲老师讲的恩格斯著《费尔巴哈与德国古典哲学的终结》，蔡英田老师讲的列宁著《唯物主义与经验批判主义》，高清海老师讲列宁著《哲学笔记》。我听课十分认真，做详细的笔记。有时缺课，也借学生的笔记补上。我听课完全出于自愿，没有任何人督促。我觉得，自己读书可以叫作“眼识”，而听老师讲可以叫作“耳识”。“耳识”胜过“眼识”。听老师讲课，我获益匪浅，使我的哲学理论思维水平得到迅速的提高。

在吉林大学哲学系，我认识的老师，除了吕希晨、朱日耀、吴锦东、陈庆坤之外，还有高清海、车文博、李绍基、史昕、陈觉万、朱世杰、张维久、吴雄丞、崔自铎、张长城等先生。吕希晨教授生于1933年，2009年去世。吉林省九台县人。他是中国现代哲学的开拓者之一，著有《中国现代资产阶级哲学思想述评》，与王育民合著有《中国现代哲学史（1919—1949）》，与何敬文合著《中国现代唯物史观史》，主编《中国现代文化哲学》。他从吉林大学调到天津市委党校担任教授，直至辞世。朱日耀教授生于1926年，2010年去世。内蒙古牙克石人。他原来研究联共党史，后转为研究中国哲学史，是吉林大学哲学系首批中国哲学专业硕士生导师。他曾任吉林大学党委宣传部代部长、教务处负责人、副校长等职务。著有《中国政治思想史》，主编有《中国古代政治思想史》。吴锦东教授是从印尼归国的华侨，曾在北京大学哲学系进修过，同冯友兰教授关系密切。他后来离开吉林大学哲学系，弃学经商，在香港定居。陈庆坤教授生于1935年，是中国人民大学哲学系首批本科生，1956年入学，1961年毕业，分配到吉林大学哲学系任教。他主编过《中国哲学史通》，曾任吉林大学哲学系主任。高清海教授和车文博教授在吉林市同建筑公司工人理论组合作编写《欧洲哲学史》，经常到碳素厂去同我们编书组聚会，在一起喝过酒。两位老师的酒量都很大。

在吉林大学哲学系，我同 72 级、73 级、74 级工农兵学员都有接触，同龚克、毛卫平、浦荣高、蓝田舒、邓彩云、韩明达、杨育光、范金娥、侯才等学员比较熟。72 级学员大部分是军人，我与他们一起听金龙哲老师的课。73 级、74 级学员，军人的比例下降，大约占三分之一。我和学员们在一起改稿子，在一起聊天。我曾同学员一起到农村开门办学，向贫下中农宣讲“儒法斗争史”，还结伴到长春南湖游泳。他们对我这位“工农兵讲师”颇尊重，由于年龄相仿，也谈得来。在工农兵学员中，有的只有小学学历，水平确实比较差；但有的是高中生，水平还是比较高的，不能一概而论。许多学员后来考取研究生，脱掉了“学员”帽子。杨育光 1979 年考取哲学专业研究生。范金娥同年报考吉林大学哲学系中国哲学专业研究生，各门成绩都很好，唯独外语不及格，没有录取。侯才分配到中央党校工作，在国外拿到博士学位。他曾担任中央党校哲学教研部主任。毛卫平也在中央党校工作，拿到博士学位，已晋升为教授。浦荣高留校任教，先在中国哲学教研室，后来任法律系党总支书记。龚克也留校任教，先在外国哲学教研室工作，曾担任邹化政教授的助手，后来调到吉林省委宣传部，曾任副部长。

1975 年 7 月，《中国哲学史》征求意见稿脱稿，吉林人民出版社印制 2000 套。每套上下两册，署名吉林碳素厂工人理论组、吉林大学哲学系《中国哲学史》编写组。部分书籍作为内部资料销售，部分书籍送专家审阅，征求修改意见。8 月底 9 月初，吉林大学哲学系吴锦东、朱日耀、吕希晨三位老师和吉林碳素厂的宋志明、娄镇组成五人团，出发到各著名大学召开座谈会，征求专家对该书的意见。第一站是北京大学哲学系，许抗生接待我们。座谈会在燕南园冯友兰教授家中召开，张岱年教授出席。冯先生说了一句“高朋满座”，用河南话对我们表示欢迎；冯先生夫人任载坤，亲自为我们续水。由于此书有“工人理论组”参与，冯先生和张先生不便多说话，没有提实质性的修改意见，只是说些客气话，表示鼓励。第二站是复旦大学哲学系，严北溟、胡曲元二位老教授出席座谈会。在座谈会上，严北溟对书稿中关于墨家的表述提出不同意见。他认为墨家主张“尚同”，其实就是“只反贪官，不反皇帝”，同宋江没有什么两样，不值得同情。第三站是中山大学哲学系，李锦全教授和吴熙钊教授出席座谈会。李锦全老师专门从从化温泉赶回来参加座谈会，十分热情。吴熙钊老师更为热情，他主动提议我们到花县洪秀全故居参观，由他专程带领、陪同。

1976 年粉碎“四人帮”，标志着“文革”十年动乱结束。此后，思想理论界开始拨乱反正，清除“文革”话语。这种清理首先从否定“评法批儒”入手。由于语境发生了根本性变化，我们在“文革”语境中编写的《中国哲学史》，显然已经不合时宜。在这种情况下，我们的编书工作无法再继续下去了，只能不了了之。1976 年 11 月，《中国哲学史》编写组解散，我又回到工厂，结束了两年多年的“工农兵讲师”生活。在这两年多时间里，我实际上读了一个没有学籍的免费大学，可能收获远远超过当时的工农兵大学生。

（四）准备考研

1976 年 11 月，我回到碳素厂以后，没有直接回车间劳动，有一段“以工代干”经历。我曾在吉林省冶金局、吉林市总工会生产部、碳素厂宣传科等部门临时工作过。吉林大学哲学系李绍基老师对我说，他曾经代表哲学系到碳素厂人事部门协商，希望把我调到哲学系工作。可是，“文革”结束以后，“工人阶级”不再有“领导一切”的荣耀。那时工人归劳动科管，干部归人事科管，两个系列之间，不具有可通约性。由于从工人系列调到干部系列，根本不可能，所以，把我调入哲学系之事，只得作罢。

粉碎“四人帮”以后，如何清理他们宣扬“儒法斗争史”所造成的恶劣影响，成为思想理论战线上的一项重要任务。在推广“批儒评法”时，有一批人出来当宣讲员，现在再让他们出面消除其负面影响，显然没有说服力，必须另选他人。在“批儒评法”高潮期，我埋头编写中国哲学史，虽对儒法两家思想比较熟悉，但没有出面在公众场合宣讲。现在清理“四人帮”借“批儒评法”大搞影射史学造成的恶劣影响，我就成了比较合适的人选。吉林市委宣传部理论处找到我，请我就如何重新看待“儒法斗争”问题，给吉林市委机关干部做报告，听众有几百人。我的报告效果大概还不错，被推荐到省里，又在长春工人文化宫做了一场报告，听众上千人。我应吉林市委主办的《江城日报》的邀请，根据两次报告的内容，写成一篇署名文章，发表在1978年3月31日《江城日报》。全文如下：

多行不义必自毙

——批判“四人帮”伪造的“儒法斗争史”的罪行

吉林碳素厂　宋志明

利用历史进行反党，这是“四人帮”伪造“儒法斗争史”的政治目的。他们谈“史”，不过是由头，他们抬出“法家”和“儒家”的亡灵，是要在现代的政治舞台演出篡党夺权的新闹剧。捏造“儒法斗争史”，是“四人帮”搞阴谋、搞分裂、搞修正主义的特殊手段。“批儒”“评法”都是围绕篡党夺权的轴心转的，是为他们的反革命政治纲领服务的。

“四人帮”借批儒为名，把矛头指向从中央到地方一大批党政军领导人，妄图给他们戴上“儒家”的帽子一律打到。在“四人帮”伪造的“儒法斗争史”中，孔丘、吕不韦、赵高、霍光、司马光等等一些历史人物都被他们当成打人的棍子，到处挥舞。其中孔丘是最大的一根。周总理在世的时候，“四人帮”及其御用写作班子居心险恶地用孔丘影射攻击敬爱的周总理。在梁效精心炮制的大毒草《孔丘其人》一文中，他们叙述孔丘请求鲁哀公出兵讨伐陈成子一事时，添枝加叶地写上“在他七十一岁，重病在床的时候”等字样，攻击为革命积劳成疾、身患重病的周总理。他们冒天下之大不韪，竟如此恶毒地攻击我们的好总理，怎能不令人发指！“四人帮”及其御用写作班子炮制的反动历史文章，篇篇都是毒草，章章都是暗箭。周总理逝世后，“四人帮”又把矛头集中指向毛主席选定的接班人华国锋同志，恶毒地污蔑华国锋同志是什么“上台一年的儒”，“挥舞整顿大棒的儒”，“他一上台，就大搞反攻倒算”，极其恶毒地影射攻击刚刚担任国务院代总理的华国锋同志。一九七六年四月七日，毛主席和党中央决定华国锋同志担任党的第一副主席，再次挫败了“四人帮”篡党夺权阴谋。“四人帮”在他们炮制的反党文章《司马光上台的一年》一文中，咬牙切齿咒骂

"乾坤竟落腐儒手，但遣空言当汗马"，来发泄他们对毛主席和毛主席选定的接班人华国锋同志的刻骨仇恨。其手段之卑劣，措辞之歹毒，简直到无以复加的程度。如果说"批儒"打人是"四人帮"伪造"儒法斗争史"的一个妙用，那么"评法"自吹则是另一个妙用。

"四人帮"极力鼓吹法家是"爱国的""受压的""唯物的""有为的"等等。这些桂冠名义上是戴到了"法家"头上，实际上"四人帮"却戴到了自己头上。他们处处以"现代法家"自居，扬言要把他们视为对立面的"儒家"（即革命老干部）"一个一个地收拾掉"。在他们吹捧的"法家"之中，"法家女皇"特别显赫。什么"伟大的封建政治家"吕后啊，"汉武帝的皇后"卫子夫啊，"比男人还厉害"的武后啊，这同江青"到了共产主义也有女皇"的叫喊联系起来，"四人帮"大谈"儒法斗争史"的反革命政治目的不是昭然若揭了吗?

在"四人帮"导演的大讲"儒法斗争史"的反党闹剧中，市委前主要负责人也扮演了一个可耻的角色。在他的一手策划下，一九七四年下半年，我市也刮起了大讲"儒法斗争史"的阴风。他亲自坐镇，举办大型"儒法斗争史"学习班，组织"讲师团"到处宣讲，并向省委前主要负责人汇报"市委常委学习法家著作情况"邀功请赏。他搞的这一些鬼名堂，给我市思想理论战线造成了严重恶果，必须彻底批判。

时间无情，历史无限。"四人帮"及其走卒们，用历史唯心论代替马克思主义的历史唯物论，用伪造的"儒法斗争史"冒充中国的文明史，借助历史的亡灵演出一场场卑鄙龌龊的反党闹剧。多行不义必自毙。今天，亿万人民正紧跟英明领袖华主席，沿着毛主席的革命路线，开创了抓纲治国的新的历史时期，而"四人帮"却被牢牢地钉在历史的耻辱柱上，这是历史的必然。

文中的"市委前主要负责人"，指的是吉林市革委会主任、驻吉 3167 部队政治部主任巩玉然同志。我写这篇文章时，此部队调出吉林市，他亦随部队一同调走，不再担任吉林市革委会主任。在他主政吉林市期间，曾大力推广"批儒评法"宣讲活动。文章中的措辞，过于严厉。平心而论，他当时也是不得已而为之，无可厚非。文章若采用对事不对人的表述，或许更妥当一些。这是我第一次以个人名义发表文章。初稿吉林碳素厂宣传科夏科长看过，其中“时间无情，历史无限”八个字，是他加上去的。发表这篇文章，乃是我作为工人理论队伍成员做的最后一件事情，此后便淡出吉林市思想理论界，回归普通工人本色。我放下手中的笔，拿起扳手，穿上工作服，操作碳铣床，干起自己的老本行。

1977年8月13日至9月25日，全国高等学校招生工作会议在北京召开。会议做出决定，改变“文化大革命”期间高校招生不经过考试的做法，恢复全国统一考试、择优录取的办法。这一决定，乃是清理“文革”的重大举措，受到广大群众热烈欢迎。全国统一高考从11月20日开始报名，25日前做好预报登记，经审核后填写好正式报名登记表，30日结束。报名时间，实际上只有5天。接到报考通知后，我也到工厂招生办报名，准备参加高考。我这几年都浸淫在文科领域，自然选择报考文科，不想被招生办拒绝。招生办的同志对我说，由于报考人太多，在工厂工作的考生，只能报考工科，不能报考文科。我的报考申请被退回来以后，我做出一个大胆的决定：直接报考研究生。就这样，我错过了1977年底的全国高考。据说那一年全国约570万青年参加考试，各大专院校从中录取了27.3万名学生。由于考生太多，以至于印刷试卷的用纸都成了问题。邓小平同志当机立断，决定将印刷《毛泽东选集》第五卷的计划暂时搁置，调配纸张印刷考生试卷。

当我做出报考研究生的决定以后，便全力投入应试准备中。我毕竟在大学混了两年多时间，估计专业课和专业基础课的问题不大，短板是外语。我只在中学时代学过俄语，十几年不摸，早都还给老师了。学习别的语种根本来不及，还只能打俄语的主意。我从别人那里借来俄语教材，借来俄语词典，玩命地复习，一个单词一个单词地回忆，一句话一句话地背熟。我把单词抄在小本子上，带在身边，有时间就看一点。即使在上班时间，我也小本子不离身，在别人休息时，我背单词。幸亏我在中学读书时还算用心，打下比较好的底子，几个月以后我的俄语水平，竟然达到比较高的程度，掌握的词汇量有明显的提高，语法掌握得也比较熟练。中文译成俄文，或者俄文译成中文，皆不成问题。这使我的自信心大增。

家中有孩子吵闹，无法安心看书，不能成为我备考的地方。我备考的地方主要有两处。一处是吉林市图书馆阅览室，几乎所有的休息日，我都泡在那里，就连阅览室的管理员都认识我了。她对我照顾有加，还主动借给我一本俄文版书籍。另一处就是松花江畔，我上班时都带着书，下班不回家，先到江边找个安静的地方看书，直到天黑看不见，才回家吃饭。

我备考使用的教材，主要有于光远、苏星主编《政治经济学（资本主义部分）》，有艾思奇主编《辩证唯物主义和历史唯物主义》，有汪子嵩、张士英、任华编著《欧洲哲学史简编》，有任继愈主编《中国哲学史简编》。我采用的备考方法，是全面复习和重点复习相结合。全面复习就是系统读书，搞清楚基本概念和基本框架，不留死角，有如拣芝麻。重点复习就是找出代表性的哲学家，做笔记，设计一些问题，自己给出答案，有如摘西瓜。任继愈主编的《中国哲学史简编》，我不知道看了多少遍，书都翻烂了。我的想法是，第一步是弄懂，第二步是弄通，第三步是弄熟。有了这三步工夫，就可以用不变应万变了。

1978 年初，全国组织研究生招生考试，我顺利地报上名。我报考的专业是中国哲学史。由于吉林大学哲学系不招收研究生，我只能报考北京大学哲学系，选择的导师是张岱年先生。据说，那一年全国有 6 万多人报考，计划录取 1 万人。1978 年 5 月 5 日，我在吉林市招生办设置的考场，参加研究生招生考试。考生大部分是老五届大学生，像我这样的高中生，少之又少。考试进行两天，每科考试时间为 3 小时。第一天上午考政治理论课，下午考外语课。我考的语种是俄语。第二天上午考专业课中国哲学史，下午考专业基础课西方哲学史。考试结束后，我自己觉得还可以。就是俄语有些没有底，至于其他三科，自己觉得答得还都不错。

8 月初，我接到北京大学招生办寄来的复试通知书，通知我 8 月中旬到哲学系参加复试。我相当高兴，意味着我考研第一关顺利通过，成功的希望很大。我按时报到，平生第一次“进京赶考”。北大安排复试考生住在一个大教室里，没有床，几十个人挨排睡在临时铺就的地铺上。我们仿佛又一次到北京串联。几十人住在一起，条件相当不好，可是考生谁都不在乎。大家兴奋异常，不管认识不认识，都相互热情地打招呼，相互鼓励，相互祝愿。1978 年，报考北大哲学系中国哲学史专业的研究生有300多人，接到复试通知的只有15人，其余皆被淘汰。15人之中，据说还要淘汰一半，意味着我现在只有50%被录取的概率。大考在即，免不了有些紧张。心里默默祈祷：但愿能顺利过关。复试进行一整天。上午笔试，哲学系所有复试生不分专业，都是同一个题目："试论实践是检验真理的唯一标准"，写一篇1500字左右的短文，一个半小时之内完成。下午口试，分专业进行。中国哲学史专业口试在俄语楼一间教室里进行，许抗生、姜法曾两位老师负责接待，张岱年、朱伯崑、楼宇烈、邓艾民四位是主考老师。复试过后，自我感觉良好，还在一家小饭店买了一扎啤酒，算是庆祝。由于连日来旅途劳顿，加上考试紧张，我差一点喝醉了。

从北大返回家后，我日夜盼望着得到被录取的消息，可是一直渺无音讯。我觉得情况不妙，实在等不得了，便忍不住给张岱年先生写信。张先生回信说："你的成绩合格，名次为后，故没有录取。"张先生还说，原计划录取7名考生，几经争取，扩大到10名，剩下的5名实在无能为力，只得做落榜处理。张先生鼓励我不要气馁，争取再考成功。得此消息，我十分沮丧。可沉下心来想想，有那么多优秀的考生，尚且名额有限，怎么可能录取我这个没有大学学历的高中生呢？于是，也就释然了。后来得知，张先生当时还试图把我推荐给北京急于用人的文化部门，可惜没有成功。这时，我的"工人阶级"的身份，不再是一种荣耀，反而成了工作调动难以逾越的障碍。

第一次考研虽然失败了，但我收获了信心。1979年，吉林大学哲学系也开始招收研究生，我再次报考。我顺利通过初试，参加复试。参加中国哲学史专业复试的考生有我和曹德本、张慧彬、邹学荣4人。其中只有我是高中生。这次复试同1978年在北大复试不同，带有"验收"性质，没有淘汰率，因而四个人都顺利过关，皆被吉林大学哲学系录取。

七、研究生

1979年8月，我接到吉林大学录取通知书；9月初到哲学系报到，成为“文革”后吉林大学哲学系招收的首批研究生。那一年，我已经32岁。我终于告别工人队伍，有了新的身份。不过，我在读研究生期间，按照国家政策，我的工资仍由碳素厂支付，还算是工厂的员工。碳素厂把我的工资级别从2级工月薪40.74元，调至3级工月薪46元。我入学的时候，还未实行学位制度。1980年2月12日，《中华人民共和国学位条例》在第五届全国人民代表大会常务委员会第十三次会议审议通过，并于1981年1月1日起施行。根据此条例，吉林大学成立研究生院，我便成为吉林大学研究生院第一批攻读硕士学位研究生。

（一）硕士生

1978年，吉林大学招收了第一批研究生，人数不多，只有30几人，仅限于数学、化学、历史三个系，有试点的性质。1979年全面铺开，招生规模扩大，大约招收200多人。凡有指导能力的系、所，都开始招生。我是“文革”后吉林大学招收的第二批研究生，而是哲学系招收的第一批研究生。哲学系共有13名同学入学，分布于3个专业。自然辩证法（后改为科技哲学）专业有曹铁霖、许德、孙乃近等3人，其中曹铁霖、许德皆为哲学系教师。哲学原理专业有杨永德、陈濯、赵国复、秦光涛、孟宪忠、高文新等6人，其中高文新是哲学系教师，秦光涛、孟宪忠为哲学系在读1977级本科生，杨永德是吉林大学哲学系老五届毕业生，原来在吉林化工学院教书。中国哲学史有宋志明、张慧彬、邹学荣、曹德本等 4 人。曹德本是北京大学哲学系老五届毕业生，年纪最大；张慧彬是黑龙江大学中文系老五届毕业生，年纪比曹德本略小；邹学荣是四川绵阳师范学院毕业的工农兵学员，年纪比我还小，尚未成家。

我们入学时，学校宿舍不够用，便把哲学系研究生集中安排在数学楼一间小教室住宿。13 人当中，有 9 人住宿，4 人在家里住。多人挤在一间房间里，缺点是不方便，好处是不缺少说话的对象。每天躺在床上，大家总有聊不完的话题，仿佛召开“被窝学术沙龙”。有时争论某个问题，竟忘记了睡觉。后来学校调配给哲学系两间正规的宿舍，位于柳条路 2 号。一间在阳面，一间在阴面，居住条件略有改善。阳面房间 6 个人住，阴面房间 3 个人住。我住在阳面房间，睡在上铺，下铺是曹德本。与我同一房间的有中国哲学史专业的张慧彬和邹学荣，还有哲学原理专业的杨永德和赵国复。赵国复家在长春市，白天有时来看书，晚上不住在宿舍里。这间宿舍基本上由我们 5 人使用。阴面房间住曹铁霖、孙乃近、孟宪忠三人。

哲学系 13 名研究生组成一个班集体。班长由杨永德担任，支部书记由曹德本担任，车文博老师做我们班的辅导员。

哲学系中国哲学史教研室原有乌恩溥、朱日耀、吕希晨、陈庆坤、刘建国、浦荣高 6 位老师，后来又调入刘国梁、顾宝田 2 位老师，加在一起有 8 位。其中只有乌恩溥、朱日耀两位是研究生导师。曹德本的导师是朱日耀教授，硕士论文以张载为研究对象。我和张慧彬、邹学荣的导师，都是乌恩溥教授。我的硕士论文，以冯友兰新理学为研究对象；邹学荣的硕士论文，以董仲舒为研究对象，都由乌老师指导。张慧彬的硕士论文，以张东荪为研究对象，实际上由吕希晨老师指导。因当时吕老师尚未被聘为硕士生导师，只能挂在乌老师名下。

乌恩溥师生于 1925 年，吉林通化人。1948 年 6 月毕业于东北大学，拥有本科学历；1952 年在中共中央东北局党校高级部（即研究班）毕业，拥有研究生学历。他是新中国培养的第一批中国哲学史研究者，曾经在中国科学院哲学所中国哲学史组工作多年，与冯友兰先生在一起共事。冯友兰先生担任组长，乌恩溥师担任的公开职务是学术秘书，而党内职务则是中国哲学史组党支部书记。

他曾参与编辑《蔡元培选集》、《中国大同思想资料》、《中国哲学史资料选辑》(宋元明之部、清代之部、近代之部)、《中国哲学史资料简编》1—4册；参与翻译苏联《哲学史》第2卷。“文革”前夕，他作为工作队成员，被派驻吉林工业大学搞“社会主义教育运动”。因“文革”爆发，他竟滞留在该校，没能回到北京。“文革”结束后，他才调到吉林大学哲学系，重新回归中国哲学史研究领域。他的俄语、日语水平很高，皆有译著。在中国哲学史方面，他的主要著作有《周易——古代中国世界图式》、《四书译注》、《气功经典译注》等，参与撰写《中国近代哲学史》上、下册，任副主编。他曾担任中国哲学史学会第二、三、四届常务理事，吉林省哲学学会常务理事兼中国哲学史研究会干事长，国际中国哲学学会常务理事、国际中国哲学会中国东北资讯中心学术顾问，吉林省周易研究会名誉会长等。在《二十世纪中国哲学》、《中国当代历史学学者辞典》等书刊中，都有关于他的专门介绍。他晚年先失明，后失聪，生活起居全由师母照料。我曾多次到长春看望过他。最后一次见到他，只能用师母在他的腿上写字的办法，进行交流。乌师对我十分关心，曾为我毕业找工作的事情，多次到东北师范大学找熟人帮忙。我的师弟李景林曾对我说，乌师的孩子曾这样议论：“我爸爸对宋志明，比对我们还好。”的确如此，乌师对我的照顾，可以说无微不至。我在学术成长的道路上，能遇上这样一位恩师，幸甚！幸甚！

研究生课程有三类。一类是外语。全校研究生不分专业，按语种在一起上大课。我继续学习俄语，几十人在一起上课，选用的教材是俄文版原著，斯大林著《论列宁主义基础》。我俄语的底子是高中生水平，论起点比老五届大学生自然差一些；可是我比他们年轻，在年龄上有优势，记忆力比他们强，故而学习成绩并不比他们差，有些人甚至还不如我。

第二类课是专业基础课。哲学系不为我们单独开课，就随本科生听课。我系统学习了两门课程。一门是西方哲学史，由高清海、邹化政、皇维章、邹铁军几位老师分段讲授。给我留下印象最深的是邹化政老师。在我读研究生的年代里，吉林大学哲学系有三大顶梁柱，三大哲学奇才，而今都已经仙逝了。一位在26岁就被破格提拔为副教授、后又多次遭受厄运的高清海老师；另一位是中国自然辩证法领域的领军人物、现代西方哲学研究的开拓者舒炜光老师；再一位就是学贯中西、自创哲学体系的邹化政老师。邹老师曾在中国人民大学哲学系进修过，算起来还是高清海老师的师兄。他出名，乃拜原吉林大学校长匡亚明所赐。50年代，身为一校之长的匡亚明，曾在《吉林大学学报》上发表文章，题目竟然是《论邹化政与修正主义》。邹老师是名副其实的哲学狂。据说，他在“文革”期间沦为被批斗的对象，被迫去打扫厕所，清扫楼道。他在劳动之余，仍然蹲在角落里研读黑格尔的著作。“文革”结束后，他才得到重回哲学课堂讲课的机会。他讲课极有激情，绝不照本宣科。他讲西方哲学史，实际上把哲学史上的哲学家，当作对话的伙伴，既绍述前人的观点，也阐述自己的哲学观点。他讲课很忘情，有时自己的衣服扣子开了，也毫无察觉。他讲课极受同学们追捧。他讲的课程即将结束，最后一堂课竟有同学向他献花。就连高清海老师，也没遇到过如此殊荣。他是哲学系唯一敢于不把高清海老师放在眼里的人，有时甚至当面批驳高清海老师的说法，一点也不客气。遇到这种情况，高清海老师也洗耳恭听，并不生气。邹化政老师著有《〈人类理解论〉研究——人类理智新探》、《黑格尔哲学统观——论黑格尔哲学实质》等书，在哲学界有广泛影响。

我选修另一门课程是《反杜林论》，由吴雄丞老师讲授。吴雄丞老师1930年出生于湖南常德，1952年8月毕业于湖南大学经济系，入中国人民大学马列主义研究班进修，后选调到中共中央马克思列宁学院师训部学习。1955年8月毕业后，分配到东北人民大学（吉林大学前身）任教。在吉林大学哲学系，他与高清海同龄，学术观点不完全一致，在学术研讨会上有过辩论。1981年，他调到中共中央宣传部理论局工作，1984年冬调到中共中央党校，先后任科社教研室副主任、马克思主义研究所所长、《科学社会主义》杂志主编等职务。吴老师个子不高，身体较瘦，讲课有点湖南口音，但清楚明白，见解独到，发人深省。

第三类课是专业课。大部分课由中国哲学史教研室老师讲授，少部分可请外单位专家讲授。乌恩溥师讲授“周易研究”。上课时，他用50根火柴棍做教具，为我们讲古人如何用蓍草算卦。朱日耀老师讲授“宋明理学研究”，采用讲授与课堂讨论相结合的办法进行。吕希晨老师讲授“中国现代资产阶级学术思想述评”，用的教材就是他撰写的书稿，发给大家阅读，在课堂上讨论，他对大家提出的问题做解答。他还把北京大学 1952 级集体编写的“红色哲学史资料目录选编”油印本发给大家，供大家作为研究资料。吕老师是中国现代哲学史研究领域的开拓者，也是受到他的影响，我后来一直以中国现代哲学史为学术研究的重点。我的硕士论文选题《冯友兰新理学简论》、博士论文选题《现代新儒家研究》，都属于中国现代哲学史的范围。刘建国老师讲授“中国哲学史史料学”，使用的教材是他自己编写的，尚未脱稿。他一边讲授，一边撰写书稿，还发动研究生参与。在我们四个同学中，只有我响应，参与《中国哲学史史料学概要》一书的编纂。此书上下两册，70 多万字，吉林人民出版社 1983 年出版。刘建国老师在后记中写道：“吉林大学哲学系中国哲学史教研室浦荣高和研究生宋志明同志参加了部分修改工作，特表示衷心感谢。”刘老师还支付给我一笔稿费。

贾玉麟教授为我们逐句讲授《庄子》内篇。当时老先生年过七旬，行动不便，不能到教室授课，授课地点就在先生家里。每次讲一个下午，内篇全部讲完。贾先生在北京读书期间，曾发动学生运动，为先烈李大钊举办隆重的葬礼。李大钊的墓碑，是他亲手所写，请人镌刻。

来自中国社会科学院哲学所的张春波老师，为我们讲授“中国佛学研究”。他当时是中国社会科学院哲学所中国哲学史研究室的副研究员，是吉林大学哲学系特地为我们外聘的专家。他与乌恩溥师是同学，曾在中共中央东北局党校高级部（研究班）共同学习过。张春波老师（1930—1994）生前系中国社会科学院哲学研究所研究员、硕士生导师，对佛学研究有突出贡献，被批准为享受政府特殊津贴的专家。他的原籍在河北省交河县，1935 年随父亲迁居到吉林省吉林市。1947 年加入中国共产党，1950 年考入东北党校高级班学习，1952 年毕业后分配到东北局宣传部讲师团工作。1954 年他考入中国人民大学马列主义研究班学习，1956 年毕业后分配到中国科学院哲学社会科学部哲学研究所，从事中国哲学史的研究工作，直至去世。1961 年，他受哲学所选派，进入吕澂受原哲学社会科学部委托举办的佛学研究班学习，为期五年。研究班正式学员只有张春波、高振农、杜继文等几个人，还有几位非正式学员旁听，皆师从佛学大师吕澂系统研习佛学。这批人后来都成为当今中国佛学研究领域的著名专家。张老师的论著有《论僧肇的佛学哲学》《慧能评传》《玄奘对唯识学说的发展》《论发现〈肇论集解令模钞〉的意义》《略论我国初传的佛教》《宗密评传》《镇澄和物不迁论》《梁武帝废佛质疑》《中国佛教四大宗的主要思想》《略论中印佛教的心性论》以及《肇论注释》《〈肇论集解令模钞〉校点》等。他把自己的讲义和许多佛教典籍油印成册，发给我们做教材，有好几册，要求我们仔细阅读。在课堂上，他讲述自己的学术研究成果，逐字逐句讲解《肇论》，详细解释佛教名相，使我获益匪浅。我到北京时，曾到他家拜访过。

在吉林大学哲学系，高清海老师的名声最大。他的治学态度和治学方法，对我们深有影响。高清海教授（1930—2004）是黑龙江省虎林县人。他从 1935 年起，在新疆读小学和中学。1948 年考取吉林大学前身的东北行政学院教育系，1950 年被保送到中国人民大学读逻辑学专业研究生，1952 年 7 月回吉林大学（当时名为东北人民大学）哲学教研室任教。1956 年因教学科研成绩突出，破格晋升为副教授，时年仅 26 岁。1978 年晋升为教授。他在马克思主义哲学和欧洲哲学史两个领域，皆有突出的贡献。在 20 世纪 50 年代，高清海教授在刘丹岩教授的影响下，摆脱教条主义学风，坚持独立思考，以巨大的理论勇气对当时流行的苏联的哲学教科书体系提出批评，先后出版了《论辩证唯物主义和历史唯物主义的关系》《辩证法的实质与核心》《剖析唯心主义》等著作，在学界产生广泛影响。主编有《马克思主义哲学基础》《欧洲哲学史纲》等书，发表大量论文。著作编入 1997 年出版的 6 卷本《高清海哲学文存》，以及 2004 年出版的三卷本《高清海哲学文存》。他为繁荣和发展我国哲学事业，做出了重大贡献。我们入学时，他任哲学系副主任，1981 年任哲学系主任，1982 年任吉林大学副校长。他对研究生教育格外重视，亲自为我们授课，亲自参加我们组织的学术活动。无论什么专业的研究生，在开题报告这个关键环节中，总能见到他那高大的身影。他认真听取研究生的汇报，提出中肯的指导意见，使毕业论文质量得以保证。

我至今仍记得，在一次座谈会上，高老师向我们传授他的读书经验，这些经验使我终身受益。他说，书有两种读法；一是泛观博览，扩大知识面；二是精读专透，“装”到心里头。第二点比第一点重要，在读研究生期间，一定要把本专业的基本经典，都“装”到心里头，形成从事研究必不可少的知识结构和理论思维能力。他告诉我们，读书要重视目录，因为目录显示书的结构。读书要善于把书读“薄”了。对于作者大部头的著作，你能用几句话，概括出基本意思来，说明你把书读透了。他深情地对我们说，在研究生期间，有时间读书是难得的事情；将来工作了，便没有时间专门读书了，所以要特别珍惜。至于做学问的经验，他告诫我们说：学问是用脑子做出来的，不是用眼睛做出来的，必须学会独立思考，敢为人先。如果只是跟在别人的后面，说些人云亦云的话，做不成学问。做学问一定要有主见，然后才谈得上创见。创见是前人积累的基础上形成的，不可能是全新的。一篇文章，一本书，有一两点新见解，就不错了。读研究生不只是为了写一篇硕士论文，而是培养写作学术论文的能力；有了这种能力，毕业后可以一篇接一篇地写出来，拿出去发表。

高老师的理论勇气和创新能力，最令我们钦佩。在中国哲学界，他大概是最早敢于对苏联人编写的哲学教科书发表微词的人。在吉林大学，曾召开多次关于马克思主义哲学的学术研讨会。他在会上明确地提出，苏联人编写的哲学教材，只是关于马克思主义哲学的一种表述方式，而且未必是恰当的表述方式。我们不必总跟在苏联人后面，亦步亦趋，而要努力寻找关于马克思主义哲学的中国表述方式。他不赞成苏联人编的哲学教科书“辩证唯物主义和历史唯物主义”的提法，认为这种提法割裂了马克思主义哲学的整体性。既把马克思主义哲学说成“一整块钢铁”，又划分为两大组成部分，怎么能自圆其说？在他看来，历史唯物主义是一种马克思主义社会学，不属于哲学范围，不能与辩证唯物主义相提并论。至于辩证唯物主义，也不能停留在“世界是物质的，物质在运动，运动有规律”的水平上。这种水平的唯物主义，不是马克思的创造，在法国唯物论者那里，就已经达到了。马克思主义哲学的特点在于“辩证”二字，要以实践为基础，围绕着主体与客体之间的关系展开。本着这种新思路，他主编了《马克思主义哲学基础》一书。令人遗憾的是，此书出版后，未能改变苏联人编的哲学教科书在中国哲学界占主导地位的情形。高老师不迷信苏联哲学界的权威，也不迷信西方哲学界权威。他是真正的哲学家。他发明的哲学语汇，如“类哲学”“属人的世界”“人性外投”等，颇有新意，引领着当代中国哲学家理论思维的潮流，标志着理论思维水平的高度。

在吉林大学哲学系读书期间，我还第一次参加全国性中国哲学史学术研讨会。1981年8月，我随乌恩溥师、吕希晨老师一同到杭州，参加中国哲学史学会主办的第二次全国学术研讨会。会议的主题是“宋明理学研究”。这次学术研讨会的规模比较大，参会人数大约200余人。一些国内知名学者，如冯友兰、张岱年、贺麟、任继愈、石峻、冯契、孙叔平、丁宝兰、萧萐父、方克立等人，皆出席会议；海外学者陈荣捷、狄百瑞、秦家懿、刘述先等人，也第一次参加在中国召开的国际学术研讨会。

在这次学术研讨会上，我认识了中国人民大学哲学系参会的杨宪邦、方立天、张立文、葛荣晋等几位老师。我还认识了山东大学哲学系参会的刘大钧老师。我俩有个共同点，就是都没有大学学历，所以很谈得来。由于参会人数众多，杭州新新饭店一时接待不过来，只好找些空房子打地铺，临时安排年轻代表集体居住。我自然也享受了这种特殊的待遇。等到第二天，有了空余房间，才安排我们进住。

我被安排到会务处秘书组工作，负责记录代表的发言，编辑会议简报，因此对会议上发生的一些事情比较了解。这次会议讨论的主要问题有：（1）宋明理学对中国后期封建社会在政治、文化方面的影响；（2）宋明理学在中国哲学史上的地位、意义；（3）对宋明理学伦理思想的评价；（4）宋明理学的派别如何划分及其相互之间的关系。与会学者不再像从前那样，只把宋明理学家当成批判的对象，而是当成研究的对象，不再随意给他们带上“唯心主义者”“地主阶级代言人”之类的帽子。与会者围绕上述四个问题，展开热烈的讨论，一扫以往中国哲学史研究中的沉闷学风，不再有人打棍子、扣帽子，收到了很好的效果。从这次会议反映出，关于中国哲学史的研究氛围逐渐形成，学者们逐渐找到名副其实的学术话语方式，在一定程度上消解了“两军对战”模式的控制力。令人遗憾的是，没有完全摆脱这种教条主义思维定式。

在这次会议上，有位多年讲授马克思主义哲学、晚年才转入中国哲学史领域的老先生，在大会上发言，直接批评“两军对战”模式。他指出，以往我们在研究古代哲学家的时候，常常是先给研究对象戴上一顶“唯物主义者”或“唯心主义者”的帽子，然后再到文本中去找材料“证明”。他强调，这种做法不妥当。研究哲学史的任务，首先是搞清内容，这比戴上帽子重要得多。他原本说出大家心里想说的话，可是由于当时思想解放程度不够，竟没有人敢站出来，做出积极的回应。他的发言，没有赢得喝彩声，却惹来了麻烦。这次会议设立有临时党委。晚上，临时党委成员开会，议论这位老先生的发言，有些人觉得不合时宜，与历来的“口径”相抵牾。于是，临时党委决定派人与这位老先生沟通，希望他收回发言。老先生表示接受临时党委的意见，声明收回发言。可是，发出的言，怎么可能收得回来呢？尽管这位老先生表示收回发言，但他讲出的道理，已经深入人心。大家心知肚明，只是不便点破而已。我当时的感觉是，“两军对阵”模式显然已经不得人心，冲破这种僵化模式的桎梏，可能是早早晚晚的事情。

1982 年，在中国哲学史学会刊物《中国哲学研究》第 3 期，发表了我写的第一篇学术论文《心与物》。文章不长，大概 3000 多字，是关于中国哲学重要范畴心与物的专题研究。在搁置“两军对阵”模式以后，中国哲学史界掀起范畴研究的热潮。正是在这种氛围的感召下，我写这篇文章。我对中国哲学史上心与物这对范畴的来龙去脉，做了比较详细的考辨。编辑读后，比较满意，推荐给主编。主编批准发表。我的学术观点，第一次变成铅字，让我树立起自信心，激起在学术刊物上发表文章的欲望。

1982 年 6 月，在乌恩溥师的悉心指导下，我的硕士毕业论文《新理学简论》脱稿，有 3 万字多字，油印若干册。通过撰写这篇论文，我的学术研究能力得到极大的锻炼和提升。入学不久，我论文的题目就定下来了。高清海老师参加了我的开题报告，肯定选题有创新性，值得一作。我在开题报告上说：“冯先生学贯中西，受美国新实在论的影响比较大。”高老师表示同意，还对我讲解了一番美国新实在论的基本思想及其与柏拉图主义的关系。冯友兰先生撰写《新理学》，受数理逻辑的影响比较大。为了弄清数理逻辑是怎么一回事，我专门选修数理逻辑课程，接受这方面的训练。由于选题新，几乎找不到可以参考的二手资料，我只能从阅读原著上入手。幸好吉林大学图书馆藏书丰富，可以找到冯友兰先生撰写的整套“贞元之际所著书”，即《新理学》《新事论》《新世训》《新原人》《新原道》《新知言》，给我提供了极大的方便。这些书都是20世纪40年代战争时期用粗糙的纸张印制，属于馆藏善本，不能外借，我只能到阅览室阅读。那时复印技术没有广泛使用。即便有复印机，善本也不允许复印。我不能复印，只能做详细的摘录，写读书笔记。关于冯先生的六本书，我摘录了好几大本子。为了更广泛地收集资料，我到过北京大学图书馆，到过北京图书馆（现国家图书馆）柏林寺分馆，到过上海市图书馆，查阅了40年代和50年代关于冯友兰“新理学”的文章。这些文章对“新理学”或者批评，或者赞扬，但真正有研究价值的不多。

我在研究生二年级下学期就开始撰写毕业论文提纲和初稿。初稿写得并不成功。乌老师读后，觉得还像批判稿，没有进入“研究”境界。他对我说，论文的宗旨不应该是批判新理学，而是研究新理学。第一步，必须原原本本地把新理学体系讲清楚；第二步，才是论从史出，对新理学中的观点做出中肯的评判。我接受了导师的指导意见，觉得老师说得很有道理，决定从头再来。经过一番深入的思考，我终于把新理学体系理出个头绪来。我觉得，把握新理学体系，必须抓住两个理论环节，一个是本体论，一个是境界论。在本体论方面，冯先生提出理、气、道体、大全等四个“逻辑观念”，对世界做出一种哲学解释。在这四个观念中，理是事物依照的本体，气是事物依据的条件，道体是事物得以派生的运动过程，大全是对理世界的总称。人以理世界为觉解对象，形成四种人生境界。在自然境界中的人，不知不识，觉解境界最低；在功利境界中的人，觉解人所有之性，求名求利，不具有道德价值；在道德境界中的人，觉解人之性，堪称贤人；在天地境界中的人，觉解理世界，堪称圣人。本着这一思路，我又写出第二稿。乌老师读后表示满意。

我的硕士论文毕业答辩委员会由五人组成。主席由中国人民大学教授石峻先生担任，委员有哈尔滨师范学院（今称哈尔滨师范大学）的申正教授，有吉林大学哲学系的乌恩溥教授、朱日耀教授和吕希晨副教授。石峻先生主持答辩会，他对我的论文评价很高，认为是一篇优秀的硕士论文。我根据自己硕士论文的内容，改写出三篇论文。第一篇题为《评冯友兰的〈新理学〉》，载《中国近现代哲学史论文集》，《吉林大学学报》编辑部 1983 年出版；第二篇题为《新理学简论》，发表在《吉林大学研究生论文集刊》1984 年第 1 期；第三篇题为《新形上学述评》，发表在《长春师范学院学报》1984 年第 2 期。

我硕士生毕业很顺利，获得硕士学位也很顺利，可是找工作却遇到了麻烦。原因在于，两届硕士生、两届本科生，都挤在一块毕业，供大于求。我们 1979 级硕士生最后出校，找工作的机会，自然不多了。1978 级硕士生 1981 年 7 月毕业，各个单位争着要，不存在找工作难的问题，挑工作就可以了。1977 级本科生 1982 年 3 月份毕业，工作也比较好找；1978 级本科生 6 月份毕业，就不那么好找了。在计划经济时代，单位干什么都分配指标，进人也不例外。我们 1979 级硕士生 7 月毕业，最后一批出校，几乎各单位的用人指标都已经用完，找工作不能不遇到麻烦。我联系几个单位，都没有成功。由乌恩溥师推荐，东北师范大学政治系有接受我的意向，最后还是没有去成。出于一个偶然原因，该系主管人事的副主任，忙着办出国手续，竟然把我的求职材料压在办公桌抽屉里，错过了上报的时机。外地倒是有用人需求，有两个单位表示愿意接受我。一个是哲学系推荐的东北财经大学马列教研部，一个是我自己联系的太原市委党校。可是，我当时刚刚成家，无法离开长春，都没有去成。在乌恩溥师帮助下，几经周折，我总算到一个接受单位——长春师范学院政治系。

长春师范学院校址不在市区，位于长春市东郊兴隆山镇，原来是长春市五七干校的所在地。这所学校离长春市区大约 30 公里，不通公交车，坐火车有两站地。老师大都住在市里，学校用专车接送老师上下班，路上要一个多小时时间。长春师范学院的前身是建于 1958 年的长春师范学校，1981 年才升格为长春师范学院。作为大学，刚刚建校不久。我到校报道时，学院还没有大学本科毕业生，领导班子也没有配齐，党委副书记宫绍辉主持工作。他 1983 年任学院党委书记，1985 年任学院院长。该校于 2013 年更名为长春师范大学。

我把工资关系从吉林碳素厂转到长春师范学院，成为该校政治系教师。分配给我的教学任务，是给本科生讲授《历史唯物主义》，每周 4 节课。我的工资标准按研究生毕业生支付，比本科生毕业生多几元。本科生毕业生工资每月 49 元，转正后 56 元。我的工资每月 59 元（转正为 64 元），比我原来的工资每月

46元，多出13元。政治系的教师不多，没有教授。只有系主任一人是副教授，其余的都是讲师。我刚报道，处在试用期，还没有评为讲师，只能称为“教师”。在政治系老师当中，只有两名有研究生学历，一位是李卫东，1981年毕业于东北师范大学，1983年任学院党委副书记；另一位就是我。按道理讲，我有稳定的教职，有比较高的收入，该满意了吧？可是我却不能满意，因为学校所处的地理环境太差。在学校的南面不远处，有一座水泥厂，造成严重的环境污染。在刮南风的时候，粉尘直接吹向学院教学楼，连窗户都不能开。晴天出门都需要打伞，否则会弄脏衣服。我教了一个学期课，实在觉得难以忍受，决心通过报考博士生的途径，离开此校。在长春师范学校任教一年多时间，我在《长春师范学院学报》上发表过两篇论文。一篇题为《宋明理学与柏格森哲学的合流》，发表于1983年第2期；另一篇是《新形上学述评》。

在新的历史时期，中国博士研究生培养始于1982年。这一年在1978级硕士生中招收少数人攻读博士学位研究生，全国不超过一百人。其中中国哲学史专业招收的博士生，只有屈指可数的四个人，其中北京大学的陈来和刘笑敢，师从张岱年先生；南京大学的赖永海，导师孙叔平先生去世后，由中国社会科学院宗教所任继愈先生指导；复旦大学的胡伟希，导师严北溟去世后，由华东师范大学哲学系冯契教授指导。1983年，国务院新批准了一批博士点，招收规模扩大。1983年5月，我报考中国人民大学哲学中国哲学史专业博士生，指导教师是石峻先生。我报考博士生，在长春师范学院没有遇到什么阻力；但考取之后，宫绍辉书记有些后悔。他在全院教工大会上批评政治系说，学院好不容易进几个研究生，就这样轻易地放走了一个，实在不应该。

1983年8月，时过了5年之后，我第二次“进京赶考”。中国人民大学博士生入学考试考场设在现在的教学二楼。报名费很少，只收人民币3元。中国人民大学首批博士生导师皆由国务院学位办公室认可，只有8人，他们是萧前、石峻、吴大昆、宋涛、高鸿业、胡华、黄达、戴逸等知名教授。由于是中国人民大学第一次招收博士生，报考的人比较少，许多导师都无人报考。我报考的中国哲学史专业，只有我一个考生。参加入学考试的人数不多，大概只有十五六位，连一个教室都没有坐满。考试的科目有外语课、哲学共同课、专业基础课、专业课四门。每科考试时间为 3 小时。第一天上午考外语，分语种进行。我考的是俄语，试题有三部分。第一部分是试卷，考察外语基础知识；第二部分是作文，考察外语写作能力；第三部分是听力测试。对于头两部分，我比较有把握，估计问题不大；至于听力测试，心里没底，因为从来学的就是“哑巴外语”，没有受过这方面的训练。说老实话，我根本就没有听懂，只好胡乱地画钩。好在听力测试只占 15 分，我怎么也能蒙上几分。就这样，俄语考试我竟然顺利过关。下午考第二科哲学共同课。由于考生少，这门课没有分专业命题，凡哲学系的考生，答的都是同样的试题。试题分为两部分，一是马克思主义哲学原理，二是马克思主义经典著作。第二天上午考专业基础课西方哲学史，哲学系考生用的试题，不分专业，也是一样的。试题分为两部分，一部分是西方哲学史，另一部分是西方现代哲学。在试卷中，一道题是“试论萨特的‘存在先于本质’说”。下午考专业课中国哲学史，只有我一个考生，试题都是比较大的论述题。每个题相当于一篇小论文。我尽量发挥，把考试用的八开白纸，写满了 8 页之多。由于考生少，竞争不算激烈。中国人民大学对于首批博士生录取相当谨慎。本着“宁缺毋滥”的原则，从十五六名考生中，只录取 5 名，其余皆被淘汰。录取率大约占 30%。我很幸运，居然考取了。我曾经是吉林大学哲学系首批硕士生，这次又有幸成为中国人民大学哲学系首批博士生。

（二）博士生

1983 年，我终于实现了到北京读书的夙愿。我作为中国人民大学第一批博士研究生，在校注册。在首批博士生 5 人当中，经济系世界经济专业有曹远征、赵涛 2 人，师从吴大昆教授。哲学系有 3 人，哲学原理专业有李德顺、卢冀宁 2 人，师从萧前教授。李德顺是本校在职教师，卢冀宁来自中国社会科学院哲学所。中国哲学史专业只有我一个人，导师为石峻教授。在哲学系 3 人中，卢冀宁年纪最大，生于 1944 年，是老五届大学生，1978 级中国社会科学院哲学所首批硕士生。李德顺生于 1945 年，也是老五届大学生。他本科就读于中国人民大学哲学系，1978 年成为哲学系首批硕士生，导师为萧前教授，现在又成为哲学系首批博士生，仍然以萧前教授为导师。我的年龄最小，生于1947年，没有大学学历。虽为吉林大学哲学系首批硕士生，但为1979级，比他们二位晚了一年。

攻读博士学位时，我已经36岁。我们11月份才接到录取通知书，还有一个多月就要放假了。鉴于这种情况，学校通知我们不必马上到校报到，等到1984年春季新学期开始时再到学校报到也不迟。我们被学校认可为1983级博士生，实际上我们是1984年春季入学的。我读博士生的时间，只有5个学期，两年半多一点。1986年7月离校，10月份通过博士论文答辩。按照当时的规定，博士生不发毕业证书。论文通过，经学校学位委员会审查批准后，授予博士学位证书；如果没有通过，也不计算为单独的学历。

1984年3月初，我到中国人民大学办理入学手续。当时学校住房很紧张，哲学系只在学1楼（现东风6楼）用两间十多平方米的学生宿舍做办公室。学校尽最大努力，在东风2楼（现已拆除）为我们首批博士生安排比较好的住宿条件。学校给了3间宿舍，赵涛是女生，自己单独一间。卢冀宁和李德顺两人一间，李德顺住在家里，不住宿舍，实际上卢冀宁一人使用。我和曹远征共同住一个房间。我们博士生住宿条件比硕士生好得多。当时硕士生4个人住一个房间，上下铺；本科生8个人住一个房间，也是上下铺。

学校对我们首批博士生很重视，主持日常工作的副校长黄达教授专门召集我们5人开座谈会，说了许多鼓励的话，希望我们为人民大学博士生教育开个好头。由于只有5名博士生，分散在3个专业，安排课堂教学比较困难。中国哲学史专业只有我一个人，显然无法单独安排课程。学习专业课，基本上以自学为主，定期向导师汇报学习心得，最后写成文章，导师给个成绩。需要考试的学位课程，只有两门外语课，都得到教室里上课。我和卢冀宁、李德顺第一外语都是俄语，外语系专门安排张宝钤老师为我们授课，使用俄文原版教材。为了提高听力，还发给我们每人一台录音机。我选的第二外语是日语，跟硕士生在一起上课。最初由李平老师上课，后来换为成同社老师。

1984年，中国人民大学的博士生导师也从原来的8位教授，增加到22名。下半年中国人民大学第二批博士生入学，数量有明显增加，全校大约30人左右。哲学系招收的博士生，在全校仍然最多，有陈志良（已故）、郭湛、单少杰、王霁、翁寒松、欧阳康、方尔加、冯俊、陈宣良、焦国成等10人。其中方尔加是石公招的第二名博士生，我不再独学无友，终于有了一位可以交流的学友。哲学系的两届博士生共同组成一个党支部，陈志良任支部书记。我是博士生党支部发展的第一名党员。1986年1月9日，在陈志良和卢冀宁介绍下，我加入中国共产党。1985年，中国人民大学第三批博士生入学。这一年石峻师招了冯禹、张利民两名同学，加上我和方尔加，石公指导的博士生已达到4名。石公改进指导方式，定期召集我们4人，在石公家里开小型的学术讨论会。每次由一人做中心发言人，汇报自己在读书过程中遇到的问题，大家共同讨论，最后由石公做总结。大家都感到，这样的学习方式很好，每次收获都很大。

由于我是第一个中国哲学史专业博士生，石公并未要求我听哪门课程。我自己觉得，听老师讲的课程，很有必要，因为这是一种学术熏陶。当时石公给中国哲学史专业硕士生讲授中国哲学史史料学，我都跟着听下来了。我还选听了杨宪邦老师给硕士讲授的中国现代哲学史课程。

1985年12月，我陪同石公参加了在武汉大学召开的“纪念熊十力先生诞生一百周年学术讨论会”。石公1934年考入北京大学哲学系，他在北京大学读书时曾听过熊十力讲课。在这次讨论会上，安排他做重点发言。他的题目是《熊十力先生的学术道路》，没有写成稿子，系脱口而谈。我把他讲的内容整理成文，收入这次会议编辑的《玄圃论学集》，北京三联书店1990年出版。后收入《熊十力全集》附卷（上）。石公把熊十力先生的学术道路和为人风格概括为五个特点。第一，“他很有抱负，很有气魄，非常自信，但这不是通常所说的‘骄傲’。”第二，“熊先生做学问的态度非常严肃认真。”第三，“熊先生虽然学无常师，但涉猎甚广。”第四，“熊先生认为古往今来一切学说理论的差异，如果寻根探源，最终将归于‘一本’。”第五，“熊先生的学术思想是同中国古代哲学有继承关系，绝不是‘从天而降’。”

利用石公参会的机会，武汉大学哲学系硕士生专门请他就中国佛教发表学术演讲。听讲的人很多，大约有百余人。石公坐在台上讲，台下有块黑板。我给石公当助教，把他讲授的要目以及费解的佛教名相，写在上面，便于听众了解。石公的演讲受到同学们的欢迎，结束后大家报以热烈的掌声。在这次活动中，我结识了郭齐勇。他是石公学术演讲的联络人，也是主持人，刚拿到硕士学位不久。在参加学术会议期间，我还认识了来自美国的杜维明先生，认识了来自苏联的布罗夫先生。

石公在1948年曾担任武汉大学图书馆馆长，算是武汉大学的校友。他来此参加会议，可以说是故地重游，自然受到热烈欢迎。会议结束后，我们在武汉大学又逗留了几日。我陪石公拜望了几位多年不见的老朋友。其中有著名敦煌学专家唐长儒先生、著名世界史专家吴玉廑先生、西方现代哲学专家江天骥先生，还有哲学系的陈修斋、杨祖陶、萧萐父、李德永、唐明邦等几位先生。我同石公一起，曾在唐长儒、江天骥、陈修斋几位先生的家中用餐。

我俩从武汉返回北京，大约在一个月以后，石公对我谈起关于这次会议的一件轶事。这次会议有台湾学者参加，他们把论文集带回去，给学术界某公看。此人读后，大为光火，大骂：此会开得糟透了！任继愈的文章糟透了！某公反应为什么如此激烈？石公解释说：任继愈先生在文章中提到，熊先生曾批评过此公，批评他不该总往“八大胡同”（新中国成立前北京的“红灯区”）跑，耽误了学业。任先生揭了他的伤疤，他自然反应过激。任先生的文章编入《玄圃论学》一书正式出版时，把这段轶事删掉了。石公对我还说起此公的另一段轶事。此公在北大读书期间，很顽皮。老师上课回头板书时，他竟然把脚放到课桌上，引来同学异样的目光。等老师要回头时，他便迅速把脚从课桌上拿下，装着若无其事的样子。

我在攻读博士学位期间，全国正处在改革开放的高潮，大家都十分关心国家大事。我同室的曹远征同学，学的专业是世界经济，比我更关心经济改革。他经常参加一些热心人士组织的各种民间讨论会，议论改革中遇到的问题或应该解决的问题。他曾对我讲，一些参会者很狂，有的人竟然说，未来的总理会从我们中间产生。那时，学生关心改革成为一种风气，大家在吃饭时或睡觉前，议论的话题都是关于改革的话题。学生的政治热情高，固然是好事，但容易走向极端，变得过激。例如，1985年在“九一八”纪念日前夕，有些学生在中关村集会，号召抵制日货，被有关部门发现后制止了。

由于没有安排专业性学位课程，我的课业负担不重。需要考试的学位课程只有两门外语，经过一年学习，考试都顺利通过。剩下的一件大事，就是撰写博士论文了。我在读硕士生期间，毕业论文的题目是《新理学简论》，是关于冯友兰现代新儒学思想的研究。我想在硕士论文的基础上，扩大研究范围，增加梁漱溟、熊十力、贺麟三位现代新儒家，博士论文的题目叫作《现代新儒家研究》。我把自己的想法向石公做了汇报，石公表示同意。我还征求过张岱年先生的意见，没有想到岱老表示反对。他反对的理由，不是来自学术上的考量，而是来自政治上的考量。岱老的意见是：把梁漱溟、冯友兰、熊十力、贺麟等学者称为“现代新儒家”，容易造成误解。一来他们并不自称为“新儒家”，目前学术界也没有人把他们都归入现代新儒家学派；二来“儒家”的称呼在“文革”期间已经搞臭，好像同地富反坏右没有什么两样，把这样一种贬义的称谓放在这些学者身上，是否有“大批判”的味道？他们是否会接受？我专程到岱老家，对他解释说：现代新儒家是中国现代史上出现的文化现象，我做客观的研究，绝不是把他们当作“批评对象”看待。经过交流，岱老表示同意我以此为博士论文选题。

博士论文选题定下来以后，我从 1984 年下半年就开始收集资料、阅读资料。博士论文选题涉及四位思想家，其中关于冯友兰的研究已经完成，只有其余三位需要从头做起。好在人民大学图书馆藏书宏富，关于三位思想家的著作基本都可以找到。即便有些第一手材料在人民大学找不到，到北京图书馆（现国家图书馆）和北京大学图书馆都可以找到。我不必四处奔波，到处去找材料。石公多年前曾珍藏线装本熊十力著《新唯识论》最早的版本，此书学校图书馆里没有收藏。石公特意找出来，借给我读。至于二手资料，由于选题新，除了一些批评性文章或表态性文章外，几乎找不到有参考价值的文献。

经过硕士论文写作，我已经掌握哲学史研究的路径。第一步必须从掌握资料入手。我尽量全地收集资料，至少都看一遍。在泛读的基础上，确定哪些为作者的代表作。对于代表作，必须反复精读，做详细的笔记。要概括出作者的基本观点，捕捉作者的问题意识，摸清楚作者的思想结构，找到代表性最突出的材料。收集材料，必须扎扎实实，认认真真，为进一步研究打下坚实的基础。

如果把研究者比作地球的话，那么研究对象相当于太阳。地球必须围着太阳转。

第二步是形成观点。研究者不能像记者那样，客观报道研究对象的思想，而是诠释研究者的思想，必须有自己的观点。自己的观点不能凭空形成，必须有充分的史料依据。这就叫作“论从史出”。写作论文，其实就是把自己的观点同史料有机地结合起来，找到一种表达方式。如果说收集材料是“地球围着太阳转”的话，那么，表达观点可以说是“太阳围着地球转”。形成观点是一个艰苦的思考过程，要求有理有据，站得住脚；表达观点，要求说理充分，鲜明深刻。

第三步是形成结构。我分别完成对四位思想家的个案研究，可是，总不能把四个人物简单罗列在一起吧？只有找到他们之间的逻辑联系，方才写成一篇结构严谨的论文。在个案研究的基础上，我把重点转向综合研究。我发现，可以用“主体—客体—主客体统一”的逻辑线索，把四个人物组织起来：梁漱溟侧重于主体性，冯友兰侧重于客体性，熊十力和贺麟侧重于主体与客体的统一。

大约用了一年多的时间，我以《现代新儒家研究》为题目，撰写出博士论文初稿。石公读后，基本满意，同时提出许多修改意见。我理解和消化导师的意见，做了认真的修改，又花了多半年的工夫，终于定稿。全文28万多字，打印稿有厚厚的两大册，1986年5月，打印稿交到哲学系办公室，准备进入论文答辩程序。

哲学系办公室接到我的博士论文打印稿，立刻着手做答辩前的准备。办公室出面在北京找了13位论文评阅人，派人把论文送到评阅人手里。评阅人很快把评阅意见反馈回来，都表示肯定，也提出一些修改意见。在7月初学期即将结束前夕，哲学系已经完成答辩前的各项准备，报请研究生院，要求进入答辩程序。可是，研究生院竟不予批准。我和卢冀宁一同找到刚上任不久的研究生院副院长周新城理论，询问怎么一回事。他答复说：“论文写成后，必须经过三个月的投诉期。在这三个月里，如果有人揭发论文有学术不端情形，不能进行答辩；没有人揭发，方可进入答辩程序。”我问他：“这是谁规定的?”他态度很不好，不耐烦地说：“这是研究生院规定的!”我俩不服气，跟他吵了一架，自然无法改变他的决定。事后，听别人说，周新城副院长不认识我，错把我当成李德顺，以为李德顺和卢冀宁同他吵了一架。

按照研究生院的要求，我的论文答辩被安排在10月初。由于这是人民大学在历史上第一次举行博士论文答辩，自然很能吸引人们的眼球。答辩在资料楼（现改称人文楼）一间大会议室里举行，来旁听的人很多，会议室挤得满满的，连走廊里也站满了人。估计旁听者有一百多人。答辩委员会主席由任继愈先生担任，委员有石峻、朱伯崑、杨宪邦、张立文、方立天等五位先生。张岱年、辛冠洁、乌恩溥、丁宝兰、方克立、楼宇烈、吕希晨教授都写了评阅意见。在举行答辩前，石公嘱咐我，答辩时不要回避问题，要尽量把道理讲透。按照石公的吩咐，我做了简要的论文陈述，力求最充分地回答问题。在答辩委员中，朱伯崑先生提出的问题最多，与我对话的时间最长。答辩委员会对我的答辩表示满意，经投票表决，一致同意通过博士论文，建议学位委员会授予博士学位。

校刊编辑部把举办博士答辩看成新闻，特意派人到现场照相。事后，校刊配发照片，做了详细的报道；还拿出半版的篇幅，为每位博士生发表一篇访谈记。关于我的访谈记，出自周建明的手笔，他后来做过人民大学副校长。题目是《群体意识应建立在承认个体的前提之上——访我校第一批通过博士论文答辩的宋志明同志》，发表在《中国人民大学》校刊1986年11月15日第727期头版次条《本刊专访》栏。全文如下：

宋志明同志没有读过大学本科，靠自学考上了攻读硕士学位研究生，并获得硕士学位。如今，他又在中国哲学史学界的几位权威学者组成的答辩会上通过了博士学位答辩。1983年，他进入我校攻读博士学位，就教于石峻教授。他的博士学位论文是《五四以来的“新儒家”哲学思想研究》。“新儒家”哲学思潮至今还没有得到中国哲学史学界的应有重视和充分研究。他的这篇论文探索了五四以来“新儒家”哲学思潮的形成过程、基本内容、理论特点以及在中国哲学史上的地位等，受到了专家学者的高度评价。

记者：听说最近在台湾地区、新加坡等地正在兴起“新儒家”运动。

宋志明：近年来，儒家复兴的中心可以说是新加坡。一些学者认为，儒家文化可以根据现代生活的需要加以理解，是能适应现代生活的。比如，经济方面，儒家文化可以用在生产管理上，以协调劳资关系；儒家文化也可以解决时代问题，如少年犯罪、老年孤独、中年离异等问题，还有“后工业化社会”中人与自然的对立等问题。当代“新儒家”运动有其历史条件和原因。但总的看来，尚处于提倡阶段，还没有形成哲学思想体系。

问：你是怎样看待的呢？

答：“五四”新文化运动的先驱们提出了“打倒孔家店”的口号，对长期阻碍中国社会发展的儒家思想进行了批判，完成了时代所赋予当时人们的任务。但是，当时也有缺点，比如，有人发誓十年不读线装书，还有人提出要废除汉字。这说明当时人们还没有来得及对儒家思想进行冷静深入细致的研究。其后是漫长的战争年代。到了“文化大革命”，又出现了假借批儒而宣扬封建主义的怪事。我认为对传统儒家文化既不能简单否定，又不能采取盲目推崇的态度，而是要冷静细致地分析研究，搞清楚来龙去脉，弃其糟粕，取其精华。

问：儒家文化的一个重要功能是追求一个稳态社会，这对于我国改革有无借鉴作用？

答：正是在这一点上，我是不赞成复兴儒家的。现在的时代精神应该是开拓、个性、民主，而儒家恰好与此相反，不思改革，保守性占主导地位。有人说儒家文化是人本主义，其实不然。它提倡的伦理道德恰好取消了人的个性。它的道德理想被描绘得高不可攀，无法实行，于是造成了人们为人处世的双重性格：口头上标榜高不可攀的理想人格，而在现实中却又奉行实用理性，四书五经成了猎取功名的工具。儒家文化背景下人们追求的是“贵”，而不是“富”，因此商品经济很难发展起来。

问：儒家的“三纲五常”中有个“信”，在商品经济社会不是需要守信用吗？

答：这一点如果加以扬弃是可以利用的。但是，“三纲五常”总体上是不足取的，如“君为臣纲”等，是一种依附观念。我们过去的企业对于国家的依赖、下对于上的依赖都是传统文化的影响。因此，“三纲”和“礼”

应摒弃，“仁义智信”作为思想材料来说，加以改造才能利用。

问：你在前面说过，儒家思想取消了人的个性，是不是说它强调群体意识?

答：儒家强调群体意识对形成一个民族起了向心力作用，这是不可否认的。我们今天强调爱国主义就包括了这一合理因素的发扬。但必须强调，这应是建立在承认个性的前提之上的，并不是简单地沿袭儒家所讲的群体意识。

问：我们过去在道德观念上强调阶级性，那么到底有没有共同的道德标准呢?

答：一个社会往往由两个主要的阶级构成，有共同的经济背景，反映在道德观念上也具有共同之处。就拿恩格斯举过的“切勿偷盗”这个例子来说，在私有制没有完全消失的情况下，对于任何阶级都是适用的。还有，在现代社会如果没有信用，就无法进行贸易交往等等，都说明在伦理观念上，不能片面强调阶级性，也要看到共同性的东西。

我的博士论文答辩通过得很顺利，出版却不顺利。博士论文通过不久，张岱年先生受山东人民出版社委托，准备编辑一套“历史与未来”丛书，把我撰写的《现代新儒家研究》列入其中。谁也没有想到，由于山东人民出版社主管经营的副社长出了问题，出版社在经济上陷入困境，竟然将这套丛书搁置起来，迟迟不予出版。我本来是中国研究现代新儒家的第一人，可是在出版方面，却被郑家栋抢了先。我写完博士论文《现代新儒家研究》一书，他刚到南开大学哲学系读博士不久，还没有动笔。在方克立老师帮助下，他撰写的《现代新儒学概论》于1990年抢在我的博士论文正式出版之前，率先在广西人民出版社出版，拔了个头筹。我的博士论文于1991年出版，落在了郑家栋的后面。

我的博士论文《现代新儒家研究》在山东人民出版社压了好久，迟迟不能出版，只好撤出。我把博士论文从山东人民出版社要回来，联系中国人民大学出版社。经石峻师推荐，中国人民大学出版社总编李淮春教授同意纳入“中国人民大学博士文库”出版。1991年，《现代新儒家研究》一书面世。石峻师为此书作序，希望我“在这一科学领域内，继续努力，扩大研究范围，加深理论探讨，沿着思想性和科学性统一的道路前进，勇于再攀高峰，获得更加丰硕的成果。”全书除了前言和附录之外，正文由六章构成。

第一章“‘新儒家’哲学概述”，包含四节：第一节“‘新儒家’哲学是资产阶级哲学衰落的产物”，第二节“‘新儒家’哲学的历史进程”，第三节“‘新儒家’哲学的历史展开”，第四节“‘新儒家’哲学的理论特点及历史地位”。

第二章“梁漱溟的新孔学”，由六节组成。第一节“新孔学的产生”涉及四个话题：（一）梁漱溟的生平与著作；（二）对守旧派失败教训的总结；（三）新孔学和柏格森主义的关系；（四）对传统儒学的改造。第二节“生机主义的宇宙观”涉及三个话题：（一）“尽宇宙是一生活”；（二）“生活的根本在意欲”；（三）宇宙——“已成的我”。第三节“直觉主义的认识论”涉及三个话题：（一）现量——感觉论；（二）比量——理智论；（三）非量——直觉论。第四节“‘三路向’的文化观”涉及三个话题：（一）“意欲向前”的“西洋文化”；（二）“意欲调和持中”的“中国文化”；（三）“意欲反身向后”的“印度文化”。第五节“‘尚情无我’的伦理思想”涉及三个话题：（一）“生命”是道德的根源；（二）“尚情无我”的理想人格；（三）“以伦理为本位”的理想社会。第六节“新孔学的历史地位和影响”把梁漱溟界定为现代新儒学思潮的开山，新孔学选择生命主义、直觉主义进路，以主体思维为理论特色。

第三章“冯友兰的新理学”，由六节组成。第一节“新理学的产生”，涉及四个话题：（一）冯友兰的生平与著作；（二）新理学的旨趣；（三）新理学与新实在主义的关系；（四）对程朱理学的继承和改造。第二节“新理学的‘形上学’”，涉及三个话题：（一）“理”“大全”是事物依照的本体；（二）“气”是事物依据的条件；（三）“道体”是事物得以派生的运动过程。第四节《新理学的方法论》，涉及三个话题：（一）关于逻辑的见解；（二）对“形上学”的“逻辑分析”；（三）对“形上学”的“直觉表显”。第四节“新理学的认识论”，涉及三个话题：（一）思维能否反映“真际”不可知；（二）“觉解”使真际“无明破除”；（三）知行各有难易。第五节“新理学的‘境界’说”，涉及三个话题：（一）不道德的“自然境界”和“功利境界”；（二）“尽伦尽职”的“道德境界”；（三）“极高明而道中庸”的“天地境界”。第六节“新理学的历史地位和影响”，认为新理学选择理性主义进路，以客体思维为基本特色。这一章是根据我的硕士论文《新理学简论》改写而成的，写起来比较轻松。

第四章“熊十力的‘新唯识论’”，由六节组成。第一节“‘新唯识论’的产生”，涉及四个话题：（一）熊十力的生平与著作；（二）嬗变于唯识宗；（三）参证西方哲学；（四）归宗儒家。第二节“‘体用不二’的唯心主义本体论”，涉及三个话题：（一）扫相；（二）显体；（三）释用。第三节“‘翕辟成变’的概念辩证法思想”，涉及三个话题：（一）关于矛盾的辩证法思想；（二）关于范畴的辩证法思想；（三）由辩证法走向相对主义。第四节“‘性量分途’的认识论”，涉及两个话题：（一）性智；（二）量智。第五节“‘内圣外王’的人生论”，涉及三个话题：（一）“内圣”——道德价值的源头；（二）“外王”——价值源头的贯彻；（三）“断染”——超凡入圣的途径。第六节“‘新唯识论’的历史地位和影响”，认为熊十力消解理性主义与非理性主义之间的紧张，新唯识论以主客体统一为理论特色。

第五章“贺麟的新心学”，由六节组成。第一节“新心学的产生”，涉及四个话题：（一）贺麟的生平与著作；（二）对“新儒家”哲学思潮的总结；（三）新心学与新黑格尔主义的关系；（四）对陆王心学的继承和改造。第二节“‘心理合一’的主观唯心主义宇宙观”，涉及三个话题：（一）“合心而言实在”；（二）“合理而言实在”；（三）“合价值而言实在”。第三节“自然的知行合一观”，涉及三个话题：（一）“知行同是活动”；（二）“知行永远合一”；（三）“知主行从”。第四节“‘理欲合一’的伦理思想”，涉及三个话题：（一）“道德决定经济”；（二）“对理念尽忠”；（三）“假人欲以行天理”。第五节“神秘主义的辩证法观”，涉及三个话题：（一）“辩证法是情感逻辑”；（二）“辩证法没有定律”；（三）“辩证法是求形而上学的方法”。第六节“新心学的历史地位和影响”，认为贺麟沿着理性主义思路，对现代新儒家思潮做出总结，新心学的特色是强调主客体不可分。

第六章“解放前马克思主义者对‘新儒家’哲学的批判”，是一种资料性的介绍，由五节组成。第一节“李大钊、陈独秀对新孔学的批判”，介绍中国早期马克思主义者与梁漱溟之间的分歧。第二节“瞿秋白对新孔学的批判”，介绍中国共产党成立以后中国马克思主义者与梁漱溟之间的分歧。第三节“陈家康对新理学的批判”，介绍陈家康与冯友兰之间的分歧，涉及两个话题：（一）对“逻辑分析”方法的批判；（二）对新理学宇宙观的批判。第四节“杜国庠对新理学的批判”，介绍杜国庠与冯友兰之间的分歧，涉及三个话题：（一）对“新道统论”的批判；（二）对新理学人生观的批判；（三）对“过河拆桥”思想方法的批判。第五节“胡绳对新理学和新心学的批判”，介绍胡绳与冯友兰以及贺麟之间的分歧，涉及两个话题：（一）对新理学的批判；（二）对新心学的批判。

附录部分也是资料性的，是对四位现代新儒家学术活动和著述情况的整理。依次是：一、梁漱溟解放前治学系年；二、冯友兰解放前治学系年；三、熊十力治学系年；四、贺麟解放前治学系年。在我写博士论文时，只有熊十力先生已经过世，其余三位先生仍旧健在，所以在三位先生的学术系年中加上了“解放前”的字样。

按照中国人民大学博士文库的要求，纳入文库的著作必须有英文目录。这对于我来说，是一件难事，因为我学的是俄文，对英语一窍不通。幸亏师弟冯禹出手相助，解决了我的困难。他的英文水平很高，又专攻中国哲学史，译得十分准确。如果只找英文水平高而不懂中国哲学的人，译得不会如此成功。

我在读硕士生期间，1982 年在《中国哲学史研究》上发表《心与物》，是我第一次发表学术论文。我在读博士生期间，写出专著《现代新儒家研究》，是我的第一本学术专著。对于人生中的“第一次”，总是难以忘怀的，始终保持着清晰的记忆。然而，正是因为是“第一次”，稚嫩之处在所难免。由于此书写成 20 世纪末，那时“左”的氛围并未完全清除，我不能不受到限制和影响。由于思想解放程度不够，有时仍采用定性式表达方式，现在看起来都不妥当。那时采取这种表达方式，也有不得不如此的苦衷。我的担心是：如果对现代新儒家评价过高，有可能在答辩时遇到麻烦。我写博士论文时，在大陆无法读到港台新儒家和海外新儒家的著作，只好付之阙如。严格地说，我的博士论文应该叫做《大陆现代新儒家研究》，比较贴切。

《现代新儒家研究》一书的出版，帮助我获得进入中国哲学史研究学术殿堂的入门券。在中国哲学史界，许多研究者常常会把我的名字与“现代新儒家”联系在一起，承认我是这一研究领域的开启者之一。我以此为切入点，进一步拓展研究范围，陆续写出其他著作。

根据博士论文的内容，我改写了 3 篇论文，公开发表。第一篇是《新唯识论的伦理思想》，发表在《中国哲学史研究》1987 年第 1 期；第二篇是《体用不二论钩玄》，发表在《社会科学战线》1987 年第 1 期；第三篇是《熊十力新唯识论思想的形成》，发表在《学术月刊》1987 年第 1 期。这三种期刊，都是一流的学术刊物。

在哲学系的三名博士生中，李德顺是人民大学在职教师，不存在毕业后找工作的问题。我和卢冀宁必须在毕业前找到一份合适的工作。我俩从 1986 年初，就开始找工作。由于那时博士毕业生很少，全国不过几百人，而用人的地方很多，所以我们选择的余地很大，找工作不是什么难事。卢冀宁选择了国防大学，并不出于学术上的考虑，理由是军队院校可以很快解决两地分居问题，解决住房问题。国防大学顺利地接受了他。受卢冀宁的影响，我也打算走从军的路线。我到军事科学院军事辩证法研究室联系工作，刚好有一位从吉林大学分配来的校友在那里工作。在校友的帮助下，进行得很顺利，研究室负责人表示同意接受我。他说：“研究室特别需要懂孙子辩证法的人，你来正合适，也算专业对口。”我听了很高兴，以为求职成功的可能性很大。可是，过几天在谈到入伍后的待遇时，出现了问题。负责人对我说：“总参谋部最近下达文件，硕士入伍享受正连级待遇，博士入伍，享受正营级待遇。像你这种情况，只能享受正营级待遇。”我说：“我的同学到国防大学，给的是正团级待遇，是什么道理?”他解释说：“他是老大学生，在大学期间的学龄，可以折合成军龄，有一定年限的军龄，就可以享受正团级待遇。你没有大学学历，无法享受这种待遇。”听了这种解释，我有了不平衡感：同样博士毕业，为什么待遇不同? 遂放弃了到军事科学院工作的想法。

我求职的第二个单位是中央党校马克思主义研究所。这个研究所刚成立不久，所长是江流教授，副所长是在吉林大学教过我的老师吴雄丞教授。专门研究中国现代哲学史的李振霞教授，也在研究所工作。她早年毕业于中国人民大学研究生班，跟我很熟，算是校友和同行。在吴老师和李老师的帮助下，我求职成功，研究所欢迎我来工作。我回到学校，跟学生处郝彦桐处长汇报，他的答复出乎我的意料之外。他说："你的毕业去向，哲学系已经定下来了，得留在学校教学。"我说："哲学系没有征求过我的意见呀！"郝处长说："希望你服从组织决定。你们这批博士生，全校只有 4 人毕业分配，学校总得留下一个吧！哲学系的留人报告，学校已经批准，没有办法改变。"我后来得知，哲学系副主任杨彦君和中国哲学教研室主任杨宪邦，在没有与我沟通的情况下，早已把留人报告打到学校去了。实际上，我并没有自主选择的余地，到处找工作，等于瞎忙活。我只有一种选择：服从组织安排，留在人民大学中国哲学教研室当老师。其实，对于我来说，能不能到中央党校工作，倒也无所谓。如果我到中央党校，有可能会走上从政的道路，未必成为一名学者；而在人民大学，只有做学问这样一条路可走，倒是可以心无旁骛。

八、教书匠

1986年9月，新学年一开始，我尚未毕业答辩，就提前上岗，登上中国人民大学哲学系本科生教学的讲台。由于我还没有办毕业手续，无法到人事处报到，还不能算正式的教师。我既不领取教师工资，也不计算教师工作量，可以说劳而无酬，奉献而已。

用老百姓的话说，从事某种行业，都可以称为“匠”，例如，工匠、木匠、铁匠……我从事教师行业，也可以称为“教书匠”。我在工厂有十几年工龄，是“工人阶级队伍中的一员”。在“文革”期间。教师被讥为“臭老九”，不属于“工人阶级”；“文革”结束以后，教师头上“臭老九”的帽子被摘掉了，也被视为“工人阶级的一部分”。我从事教师行业以后，还可以继续做“工人阶级中的一员”。

对于我来说，从事教师行业，不是什么难事。我曾经是“工人理论队伍”骨干，有演讲经验；在读博士之前，还在长春师范学院政治系讲过一学期历史唯物主义课程。在人民大学，我没有经过任何培训，就直接上岗了。方立天老师曾到我的课堂上听课，大概有抽查的意思。他听过表示满意，对我说：“我一听，就知道你讲过课。”

（一）本科生教学

1986年10月底，我在博士论文答辩通过后，正式到人民大学人事处报到，在哲学系中国哲学教研室当一名教师。在中国哲学教研室里，老教师居多，有石峻（1916—1999）教授、方立天（1933—2014）教授、张立文（1935—）教授、杨宪邦（1922—）副教授、乔长路（1930—2014）副教授、葛荣晋（1935—）讲师等6位。杨宪邦、乔长路、葛荣晋后来也晋升为教授。石峻教授、方立天、乔长路教授皆已去世，杨宪邦、葛荣晋皆已退休。只有张立文教授，由于被人民大学内部认定为一级教授，仍然在职。青年教师只有三位，一位是李甦平。她是“文革”前人民大学哲学系最后一批毕业生，年纪比我大一岁。由于在人民大学评教授时遇到困难，她不得已选择“评走”路线，即在人民大学评为教授后，马上调离。她到中国社会科学院哲学所东方哲学研究室担任研究员，直至退休。另一位是冯禹。他是北京师范大学1977级本科生，尚未毕业即于1979年考上人民大学中国哲学史专业硕士生，导师是石峻教授。1982年硕士生毕业后，留在中国哲学史教研室任教。1985年又考上人民大学中国哲学史专业在职博士生，继续师从石峻教授。他虽早于我在教研室工作，可是算是我的师弟。现在他已经在美国定居。在我之后，教研室后来又补充两位青年教师，都是我的师弟。一位是邢东风，现在日本爱媛大学做教授。另一位是向世陵，仍是人民大学哲学院供职，担任教授。教研室主任是杨宪邦，党支部书记是李甦平。三位师弟对我很尊重，称我为“大师兄”。我们经常在石公召集的学术讨论会上见面，一起探讨学问，关系十分亲密，真如亲兄弟一样。

由于人民大学复校不久，办公条件极差，教研室作为最底层的教学组织单位，实际上并无“室”可言。教研室没有固定的办公场所，有什么活动，只能到石峻老师的家中进行。石峻老师有三居室住房，比别的老师稍微宽敞一些。其他老师的住房条件极差，有的住在简易平房里，只有一个房间；有的还住在筒子楼里，只能在楼道里用煤油炉做饭。

1986年3月，也就是在正式报到之前，我开始在人民大学给本科生讲课。我讲的是一门选修课，课程的名称是“中国现代哲学史”，两个学分。听课的对象是1983级本科生，其中有张文良、蔡登标、杨渊亮、王钰、夏继红、田德文、毕金凤、吕淑芳、刘荣华、王峥嵘、孙文彬、孙爱民、张国飞、蒙文虎、黄雪燕、洪斌、王效明、胡邦胜、张丙亮、徐小娟、陈林堂、申平、申明、吴伯凡、严峰、谢舜、任振兴、潘宇、任诗芹、干春松、高扬瑜、曲吉山、马景阳、王慰、牛晓锋、韩立新、石润民、蒋超、贾钰平、胡雨龙、朱高建、刘纯明、唐勇、申维芬、吴云等45名同学。这批学生中，干春松现在已经是北京大学哲学系教授了，担任儒学研究中心副主任职务。他的夫人潘宇留在中国人民大学出版社工作，已经评上编审，拥有正高级职称。张文良从日本留学，获得博士学位后，在人民大学哲学院宗教学系任教。韩立新也在日本拿到博士学位，现在已经是清华大学人文学院哲学系的教授了。

我讲授的“中国现代哲学史”是一门新课。那时中国哲学史的统编教材，通常从孔夫子写到孙中山，不包括现代部分。从1919年到1949年这一段哲学史，尚付之阙如。当时开设“中国现代哲学史”课程的学校不多，讲法或写法各种各样，尚处在探索的阶段，应该说不十分成熟。那时关于中国现代哲学史的讲法或写法，大体上有两种。一种是党史的思路，以吕希晨老师为代表。他同王育民合写一本《中国现代哲学史（1919—1949）》，50多万字，1985年由吉林人民出版社出版。这是第一部关于中国现代哲学史的专著。在这本书中，他们借鉴《毛泽东选集》的编辑思路，把从1919年到1949年这段历史，切分为4个段落，即第一次国内革命战争时期、第二次国内革命战争时期、抗日战争时期、第三次国内革命战争时期。此书按照这一历史顺序，表述中国现代哲学史的内容。配合这部教材，吕希晨和于铁柱合作，编纂了一套《中国现代资产阶级哲学资料选辑》，一共4册，大约150多万字。1983年印行，在教学中使用，可惜未能公开出版。

另一种是论战的思路，以杨宪邦和李振霞为代表。杨宪邦是第一个在人民大学讲授中国现代哲学史的老师，他着重介绍中国现代哲学史上发生的历次论战。我只是通过学生了解杨老师的讲法，没有听过他怎样给本科生讲课，也没有看过他写的讲义。他的讲义没有整理成书出版，具体内容不得而知。李振霞教授是在中央党校最早讲授中国现代哲学史的老师，她的思路同杨老师大体上一致，可能细节上有些差别。她把中国现代哲学史上的论战，归纳为13次：一、问题与主义的论战；二、关于社会主义问题的论战；三、马克思主义与无政府主义的论战；四、“科学与玄学”的论战；五、无神论与有神论的论战；六、马克思主义与国家主义的论战；七、反对戴季陶主义的斗争；八、反对陈独秀主义的斗争；九、中国社会性质与中国社会史问题的论战；十、关于辩证法的论战；十一、反对王明主观主义的斗争；十二、马克思主义反对唯生论与力行哲学的斗争；十三、马克思主义反对新理学与新心学的斗争。按照这一思路，她撰写了《中国现代哲学史纲要》一书，上下两册，50多万字，1986年由红旗出版社出版，内部发行。配合这套教材，她与管培月合作，编纂了一套《中国现代哲学史资料选辑》，共4册，80多万字。她同管培月合作，编纂《中国现代哲学史论文集》，20多万字，收入雷民等人文章17篇。她同雍桂良合作，主编《中国现代哲学史大事记》，33万余字。这些著作汇成“中国现代哲学史丛书”，皆由红旗出版社1986年出版。

对于上述两种思路，我都不很满意。我觉得，按照党史思路，把一个哲学家的思想切割成几个段落，似乎难以反映他的思想全貌。另外，把哲学思想同政治变化直接挂钩，恐怕有过度政治化之嫌，难以把握哲学思想发展的线索。按照论战的思路，表述重大事件比较充分，而表述哲学家的思想系统性则受到限制。这恐怕还属于思想史的表达方式，算不上哲学史的表达方式。哲学史所关注的，应该是思潮，而不是事件。我从贺麟著《当代中国哲学》一书中受到启发，形成按思潮表述中国现代哲学史的新思路。贺麟在《当代中国哲学》第三章“时代思潮的演变与剖析”中，把近五十年来的中国哲学思潮，归纳为三种：（一）实验主义或实用主义的剖析；（二）辩证唯物论的剖析；（三）古典哲学的新展望。贺麟说的“当代”，范围比较宽，起点是19世纪末，终点是20世纪40年代，包含我们现在说的“现代”。他从西方哲学、马克思主义哲学、中国古典哲学三个视角梳理中国现代哲学史，应该说是一个比较妥帖的思路。我觉得，从1919年到1949年，只有30年，不必再切分成小阶段，可以看成一个完整的断代。在这一完整的历史区间，现代中国哲学一改儒、释、道三教竞长争高的态势，代之以中国马克思主义哲学、现代新儒家哲学、实证哲学互动的新格局。1988年，我撰写《中国现代哲学的三个发展方向》一文，发表于《中国哲学史研究》1988年第1期，讲了我关于中国现代哲学史的基本看法。我认为中国现代哲学史由三大思潮构成。

第一个思潮是现代新儒家思潮。现代新儒学思潮发端于20世纪初叶，至今已经有近 80 多年的历史了。“现代新儒学思潮”的外延应当包括两个组成部分。一部分可以称为“现代新儒家”，指那些明确地表示以接续儒家道统为己任的学者，他们表现出鲜明的文化保守主义学术立场。另一部分可以称为“儒家解释学”，指那些不标榜道统的儒家研究者或诠释者，他们分别站在不同的学术立场对儒家思想作同情的理解与诠释，以彰显儒学的现代价值。换句话说，“现代新儒家”只是现代新儒学思潮中的部分内容，只是这一思潮中的一种讲法，并不是这一思潮的全部内容。但是，在中国现代哲学史上，现代新儒家思潮的确是一种主要的哲学思潮。现代新儒家思潮已成为历史，而现代新儒学思潮至今仍在发展着。

现代新儒家大体上可以划分为两种类型，一种是狭义新儒家，一种是广义新儒家。狭义新儒家奉儒家内圣学为道统，尊陆王而贬程朱，采取生命的进路，标榜道德形上学，主张由内圣开出外王，从梁漱溟、熊十力到唐君毅、徐复观、牟宗三，构成了一条明显的学脉，阵容比较大，是一个比较严格意义上的学派。广义新儒家比较松散，各自的讲法不同，相互之间有影响，但不构成继承关系，不是严格意义上的学派。

第二个思潮是中国实证哲学思潮。在中国现代哲学史上，除了现代新儒家思潮外，中国实证哲学思潮也是有影响的思潮。这一思潮发端于近代，而长足发展则在现代。中国实证哲学思潮，大体上可以划分为引入期、发展期、反思期三个阶段。

在引入期，严复和王国维功不可没。他们还不能算是严格意义上的实证论者，但不失为开中国实证哲学思潮先河的思想家。在发展期，胡适、王星拱、丁文江等人最具代表性。胡适宣扬实用主义，王星拱宣扬马赫主义，丁文江发动科学与人生观论战。在他们的共同努力下，中国实证哲学思潮发展到了高峰。在反思期，张东荪和金岳霖接着实证哲学提出的知识论问题讲，而不是照着实证论者的讲法讲，并且讲出了新意，创建了有中国特色的知识论或认识论体系。

第三个思潮是中国马克思主义哲学思潮。在五四新文化运动时期，马克思主义哲学开始传入中国，从此，开始了中国马克思主义哲学思潮的发展历程。这一思潮的发展历程，大体上可以概括为三个阶段，即对唯物史观的传播和理解阶段、对马克思主义哲学体系的规范化传播和理解阶段、马克思主义哲学中国化阶段。

五四新文化运动期间，李大钊、陈独秀相继完成了从激进民主主义到共产主义的转变，并成为中国第一批马克思主义哲学的传播者和理解者。在他们的带动下，形成了马克思主义在中国的第一次传播高潮。1921 年中国共产党成立以后，马克思主义在中国的传播由自发走向自觉，形成了第二次传播高潮。在第二次高潮中，瞿秋白首先注意到辩证唯物主义的重要性，开启了对马克思主义哲学体系规范化传播和理解的新阶段。1927 年大革命失败以后，中国马克思主义者认真总结经验教训，进一步加强了传播马克思主义的力度，形成了马克思主义在中国的第三次传播高潮。在第三次传播高潮中，涌现出李达和艾思奇等马克思主义哲学家。他们编写规范化、通俗化的教材，为马克思主义哲学的广泛传播做出了很大贡献，为马克思主义哲学中国化创造了条件。毛泽东哲学思想的形成标志中国马克思主义哲学思潮发展到了中国化阶段。

最初，我以为除了上述三大思潮以外，还有第四大思潮，即国民党哲学思潮。本着“四大思潮”的思路，我和辽宁大学哲学系赵德志合作，共同撰写《现代中国哲学思潮》一书。我俩分别在各自所在的大学为本科生或硕士生讲授“中国现代哲学史”课程，时常发表一些关于中国现代哲学史的文章。我们从学报上知道对方的名字，了解对方的观点，彼此心仪，未曾谋面。直到 1987 年中国现代哲学研究会在中央党校成立，我们才有机会见面相识。我们一见如故，甚为契合，遂达成共识：合写一本关于中国现代哲学史的书。我们共同拟定提纲，分头写稿。马克思主义哲学思潮、国民党哲学思潮由赵德志执笔，新儒家哲学思潮、实证哲学思潮由我执笔。全书最后由我统稿、定稿。

承蒙我的博士生同学李德顺的推荐，此书得以纳入中国人民大学《中青年学者文库》，由中国人民大学出版社 1992 年出版。全书 23 万字左右，由五个部分构成。“导论”包含四节：第一节是“现代中国哲学的历史地位”；第二节“现代中国哲学的主要观点”；第三节是“现代中国哲学的主要思潮”；第四节是“现代中国哲学的理论走向”。“马克思主义哲学史思潮”包含五节：第一节是“李大钊、陈独秀：新哲学的初步传播”；第二节是“瞿秋白：新哲学的深化认识”；第三节是“李达：新哲学的整体理解”；第四节是“毛泽东：新哲学的丰富发展”；第五节是“艾思奇：新哲学的通俗阐发”。“新儒家哲学思潮”包含四节：第一节是“梁漱溟：新孔学”；第二节是“熊十力：新唯识论”；第三节是“冯友兰：新理学”；第四节是“贺麟：新心学”。“实证哲学思潮”包含四节：第一节是“胡适：实用主义的信徒”；第二节是“丁文江：科学哲学的旗手”；第三节是“张东荪：主观主义的多元论者”；第四节是“金岳霖：客观主义的知识论者”。“国民党哲学思潮”包含三节：第一节是“戴季陶：民生哲学”；第二节是“陈立夫：唯生哲学”；第三节是“蒋介石：力行哲学”。

在此书的基础上，我后来又撰写出《中国现代哲学通论》和《中国近现代哲学四论》两书。我的观点后来有些变化。我认为，国民党哲学思潮讲的不是哲学，而是政治宣传。虽然是中国现代哲学史上出现的文化现象，但并不构成中国现代哲学发展的必要环节，因而不具学术价值。把它同三大思潮相提并论，似乎并不合适，也没有写入中国现代哲学史的必要。基于这种看法，在我自著的两本书中，只写三大思潮，不再写国民党哲学思潮。

1986 年底，我已经成为人民大学的正式教师。由于我有博士学位，没有经过助教阶段，职称被直接定为讲师。我在吉林大学曾经是未经人事部门认可的“工农兵讲师”，现在终于成了正式的讲师。这是我取得博士学位后的第一个收获。

我接手的第二门课程，是哲学系本科生的专业基础课“中国哲学史”（上）。这门课 8 个学分，要讲两个学期，分别由两位教师承担。我负责讲述前半段，也就是从先秦到汉唐这一段，4 个学分。另外一位教师接着讲宋代以后的另一段，也是 4 个学分。听我讲课的学生，是 1986 级两个班本科生。其中哲学专业有刘小立、周著、闫研、钟和、李东、郑兵、郭欣、殷玉琪、程伟、陈仕洪、黄礼华、吕卫东、吕伟、王容成、蹇侠、陈江、朱婉丽、赵东林、叶峰、吴惠国、张亮、王结红、杨德、文晓锋、苏东平、范剑、张庆利、赵宁、罗胜壮、曹爱红、林亚兰、杨永平、梁洪红、陈承聚、陈居政、毛辉、傅志军、赵正亮等 38 人；有伦理学专业有陈朝晖、秦蕾、王蕾、刘淼、虞鼎琼、邓荣庭、邓文高、陈强、董沁、李云飞、郭志民、莫丽林、薛红雁、樊建新、张峻、罗从科、刘淳松、张方元、啇国稳、侯中良等 20 人。两个班共同听我的课，近 60 人，再加上旁听的硕士生和进修生，教室里总是坐得满满当当。

我使用的教材，是教研室集体编写的《中国哲学通史》。这套教材计划出版四册。第一册为先秦，由乔长路执笔；第二册为汉唐，由方立天执笔；第三册为宋元明清，分别由张立文和葛荣晋执笔；第四册为近现代，按分工应由杨宪邦执笔。杨老师退休以后，第四册无人承担，迟迟交不出书稿，整套教材无法全部出版。这套教材只有古代部分，没有近现代部分，弄成了“半拉子工程”。这套教材的顾问是石峻，主编是杨宪邦，副主编是乔长路、方立天、张立文、葛荣晋。我在读博士生期间，曾帮助校对第一册清样，故而名字也被列入编者之中。实际上，我一个字也没写，勉强算个参与者。

我给本科生讲中国哲学史前半段时，头两册已经出版，不影响我使用。不过，我并没有照着教材讲，只是布置学生自己阅读。在课堂上，我按照自己的理解，讲自己的看法。我从 1974 年涉入中国哲学史领域，已经十多年了，应该说有些心得，对通用教材存在的弊端，也有自己的看法。我要把自己的真实想法，讲给学生听，不能把连自己都不认同的东西，违心地硬向同学灌输。我觉得，讲中国哲学史不是简单地向学生传授知识，而是帮助学生训练理论思维能力，帮助学生掌握哲学思考方式。教师不但要讲清楚先哲说了些什么话，更要讲清楚先哲为什么这样说，这样说的道理在哪。教师讲课，就是引导学生与先哲对话，引导学生用自己的方式把先哲提出的哲学问题，自己想一遍，给出自己的答案。张岱年先生曾形象地说，学习哲学史就是跟着以往的哲学家绕弯。绕过这道弯，才会学有所得；绕不过这道弯，等于白学。我觉得张先生说得有道理，也是我讲授中国哲学史的指导原则。我并不向学生灌输知识，而是讲自己的研究心得，平等地与学生交流沟通。我在课前认真备课，写了详细的讲义，但上课时并不照本宣科，力求用口语把内容讲出来。有些思想火花，不是事先想好的，而是上课时迸发出来的。

石峻老师也向我传授讲课经验，他说：讲课要注意三点。第一，说话要慢，让学生有回味的时间，能跟上老师的思路。第二，要少而精，提出一个观点，要掰开来，揉碎了，讲清楚，切不可总是卖弄新名词。第三，讲课不仅用嘴，还要用眼睛。用目光把听者组织起来，用眼神相互交流。石老师的指导，对我帮助很大。我备课认真，思路清晰，思想活跃，讲课内容丰富，观点新颖，信息量大。我善于调动学生的积极性，语言生动幽默，课堂气氛活跃，表述清楚明白、深入浅出、重点突出，颇受学生的欢迎。

我教的这一班学生，毕业 20 年以后，于 2010 年返校聚会，特约我到场同大家座谈。在座谈会上，许多同学回忆说，在人民大学读书期间，印象最深的老师有两位。一位是陈志良老师，讲课很有激情，另一位就是宋老师。有的学生说，他们背地里称我为“宋公明”。没有想到，学生会把我同“及时雨”联系在一起，真是荣幸之至。后来我连续几年都给本科生讲中国哲学史上半段，始终没有接着讲下半段。直到我卸任以后，才把古代中国哲学史讲全了。我的讲义边讲边改，积累了一大摞。这种积累为我写《薪尽火传：宋志明中国古代哲学讲稿》《中国传统哲学通论》等书，打下了基础。选修课“中国现代哲学史”，我也连续讲授了几年，而且选这门课的学生还比较多。最多的一次是韩东晖、呼延华所在的那个班。全班上学期听我讲述中国哲学史上半段，下学期全都选修我讲授的“中国现代哲学史”。这门课的讲义，也积累了一大摞，为后来撰写《现代中国哲学思潮》《中国现代哲学通论》《中国近现代哲学四论》等书打下了基础。

我给留学生讲过中国文化概论，给全校本科生讲授过通识课“中国传统文化概论”和“中国哲学智慧”，都是两个学分。由向世陵牵头，教研室几位同事共同编纂了一本通识课教材《中国哲学智慧》。我在上“中国哲学智慧”这门课时，没有使用他们编写的教材，而是在自己一些讲稿的基础上，单独编写了一本教材，书名是《中国传统哲学通论》。这部教材被中国人民大学出版社纳入“21 世纪通识教育系列教材”，于 2004 年出版。全书共 8 章，近 18 万字。第一章“中国哲学的精神”讲了六个话题：一、自强不息；二、实事求是；三、辩证思维；四、以人为本；五、内在超越；六、有容乃大。第二章“中国哲学的发展历程”讲了三个话题：一、总体格局；二、发展阶段；三、主要问题。第三章“中国哲学的基本问题”讲了四个话题：一、哲学基本问题的普遍性与特殊性；二、天道与人道；三、天人合一；四、天人之辨评议。第四章“中国哲学的宇宙论”讲了三个话题：一、生成与变易；二、气化流行；三、天行有常。第五章“中国哲学的本体论”讲了五个话题：一、关于本体论；二、中国哲学本体论初探；三、本体的超越性：玄学与般若学；四、本体的本根性：华严宗与理学；五、本体的内在性：禅宗与心学。第六章“中国哲学的辩证思维”讲了三个话题：一、传统辩证法的类型；二、两一关系的理论研讨；三、传统辩证法的理论价值。第七章“中国哲学的知行观”讲了三个话题：一、重行的优良传统；二、知行关系的理论研讨；三、传统知行关系的现代价值。第八章“中国哲学的价值观”讲了四个话题：一、传统价值观的总体取向；二、义利关系的理论研讨；三、内圣外王的操作模式；四、传统价值观的现代转换。我在此教材的“内容介绍”中写道：

> 本书没有采取“个案—断代—通史”的写法，而是以中国传统哲学整体为研究对象。中国哲学的精神是自强不息、实事求是、辩证思维、以人为本、内在超越、有容乃大。发展历程可以概括为奠基期、发展期、高峰期三大阶段。中国哲学基本问题是天人关系问题，天人合一是中国哲学特有的哲学思维模式。从宇宙论、本体论、思想方法论、知行观、价值观等方面绍述中国哲学的基本内容，揭示中华民族特有的民族性格、思维方式、认知结构、价值观念。

（二）本科生管理

按照人民大学哲学系的惯例，每个教师至少有一次担任班主任的经历，有一次带学生参加社会实践的经历。这两项任务，我都顺利地完成了。

1989年，“六四风波”刚结束，我便接手担任1987级伦理学专业本科生班班主任。这班学生有徐辉、陈兴为、孙钱斌、仇钧、赵明君、胡学英、刘红叶、杨杰、杨晓梅、徐莉、徐春林、任卫东、孙秀红、罗群英、翁斌、杨宗元、邓斌、杨晓东、陈露晶、迟录军等20人。这个班大一、大二两年的班主任，由姚新中担任；后两年，由我接任。在学生们的眼里，我大概不是特别严厉的老师。据姚新中讲，他向同学们宣布我将接任的时候，大家鼓掌，表示欢迎。我接任不久，刚好是中秋节。节日夜晚，全班同学在街心小公园找到一块草地，围坐成一个圆圈赏月联欢。我和姚新中都参加了。这是我第一次参加这个班的集体活动，而姚新中则是最后一次参加这个班的集体活动。应同学们邀请，在联欢会上我唱了一曲《夏夜圆舞曲》，大家报以热烈的掌声。

这个班的党支部书记是赵明君，党员有杨宗元、任卫东。班长是徐莉和邓斌。我接手班主任以后，向同学们了解了一下对班干部的反映，大家普遍比较满意。既然是这样，我觉得没有调整班干部的必要，决定让他们继续做。班级管理主要靠班干部和党员，他们十分配合我的工作，没有出现大的问题。当班主任免不了要操心。记得有一天晚上，杨宗元突然发病，患上急性胰腺炎。我和同学们连夜把她送到北医三院抢救。由于医疗及时，很快转危为安。这种病如果医疗不及时，会有生命危险。我们把她送到医院安顿下来，已经是后半夜两多钟了。公交汽车已经停运了，也打不着出租车，只好徒步走回人民大学。我大约用了50多分钟的时间，才回到家中，已经快到后半夜三点多钟了。发展党员是同学们比较关心的事情，可是名额有限制，只有极少数的同学有可能加入党组织。我在担任班主任期间，几经争取，只发展了一名党员，就是徐莉。她毕业后留在人民大学学生工作部工作，后来调到中国人民大学出版社，现在已经评为编审，担任出版社副总编职务。杨宗元毕业后到教育部高教研究中心工作，后来也调到人民大学出版社工作，现担任出版社学术出版中心主任职务。她通过在职学习的途径，取得哲学博士学位。

我在担任班主任期间，与同学相处得比较融洽，没有出现什么问题，帮助同学们都顺利地走出校门，走上工作岗位。我被学校评为优秀班主任。2011年10月3日，全校毕业20年的同学，回校参加纪念活动。这次活动的规模很大，返校学生近千人，在明德礼堂聚会，还有文艺演出。我作为全校老教师的代表，登上舞台，接受同学们献花。我担任班主任的那个班，返校的同学有十几位。中午，我同返校的同学共同进餐，听每个人汇报自己的情况，其乐融融。这使我切身体味到“得天下英才而育之”的快乐。

1992年暑假期间，我和李海洋一起，带领1989级哲学专业本科生到黑龙江省绥化市参加社会实践。这班同学有顾峰、祝水明、杨鸣、刘萍、刘世杰、李文兰、高岩、邝国权、牛京辉、杨春黎、卓越、包宗丽、杨月胜、郭丽琴、周利兵、廖宁、卢爽、付晓越、安志军、杨莉、赵巍、刘鹏、王爱兵、顾湘明、王润泽、唐军、王波、包勇、李豫霞、陈凤、何江涛等31人。社会学系的博士生刘精明同学，也与我们一同前往。我当时已经是副教授，职称比较高，自然得由我担任领队。社会实践的地点，选择在黑龙江省绥化市，是高岩同学帮助牵的线。她父亲在绥化市银行系统工作，有位姓王的朋友，在绥化市汽车驾驶学校担任校长。王校长主动提出，愿意为人民大学师生免费提供住宿条件，并且帮助联系社会调查的地点。其实，王校长有自己的小算盘。他的女儿高中即将毕业，希望通过这次活动，同人民大学拉上关系，找到一条让女儿进人民大学读书的捷径。这个班的同学分成几个小组，分别到实践地点考察，颇有收获。绥化市对人民大学学生的社会实践工作很重视，派一位副市长接待我们。有些社会团体主动找我们开联欢会，要出节目。幸亏赵巍同学带了一支竹笛，我吹奏一曲《我是一个兵》，竟博得满堂喝彩。接下来跳舞，那可不是我的长项。我从未跳过舞，在别人的盛情邀请下，也只得勉为其难。社会实践进行得很顺利，只发生一件想不到的小事故。一同来的社会学系博士生刘精明同学，晚上睡觉不小心从上铺掉下来，头部摔倒地上，碰出一个大口子，流了许多血。到医院缝了几针，幸好问题不大。社会实践只有一周的时间，很快就过去了，圆满结束。我把队伍带到哈尔滨，宣布解散，同学们各自回家过暑假，撰写调查报告。

借着人民大学学生来社会实践的机会，王校长个人也如愿以偿。绥化一中同意推荐他女儿为保送生。从该校交出来的成绩单看，她的各门成绩皆为优秀，推荐书写得也很出色。我把情况反映到人民大学招生办公室，学校同意接收。这样一来，她不必参加高考，可以直接到中国人民大学哲学系本科生实验班读书了。令人遗憾的是，她未能毕业。她在多次考试中作弊，被学校做退学处理。听说王校长为此事大病一场，真是可怜天下父母心呐！

（三）研究生教学

我给硕士生和博士生上的课，有八门。第一门是专业选修课“近现代中国哲学专题研究”，第二门是专业选修课“中国近代哲学原著选读”，第三门是专业选修课“中国古代哲学原著选读”，第四门是专业选修课“现代新儒家专题”，第五门是硕士生通识课“中国古代哲学研究”。第六门是博士生通识课“哲学前沿问题”，第七门是博士生专业课“中国哲学主文献”，第八门是博士生通识课“中国哲学原著选读”。

1998 年，研究生院要求给硕士开通识课，落实“宽口径，厚基础”的办学思路。研究生院成立“研究生教材工作委员会”，准备出版硕士研究生系列教材。第一批教材中就有《中国古代哲学研究》，列入学科基础课系列哲学类。这套教材由我同向世陵、姜日天分专题撰写，很快就出版了。

我们合作编写教材《中国古代哲学研究》，由绪论以及十一章正文组成。“绪论：中国哲学的精神”由我执笔。我把中国哲学精神概括为自强不息、实事求是、辩证思维、以人为本、内在超越、有容乃大等六条，后来在公开场合多次演讲过，被中国哲学史界同仁戏称为“宋六条”。我把中国哲学史涉及的主要问题，归纳为天人关系、两一关系、知行关系、义理关系等四个问题，后来写出两篇论文。一篇题为《论中国传统哲学的主要问题》，发表在《教学与研究》2007 年第 11 期；另一篇题为《论中国哲学的基本问题》，发表在《学习与探索》2009 年第 3 期。第二章“生成流变：认识宇宙”，亦由我执笔，由三节组成：第一节“生成与变易”；第二节“气化流行”；第三节“天行有常”。第三、第四、第五、第七、第九章皆由向世陵执笔。第六、第八、第十、第十一章由姜日天执笔。第三章“形而上下：本体论诠释（上）”由六节组成：第一节“思考‘本体’和提出‘上下’”；第二节“本末体用之辨”；第三节“论道与辨气”；第四节“析合道器与道器非异”；第五节“有形无形皆气”；第六节“天下唯器与前气后形”。第四章“心性之辨：本体论诠释（下）”由六节组成：第一节“尽心知性”；第二节“无心顺性与识心见性”；第三节“大心与心即性”；第四节“性体心用与心统性情”；第五节“心即理与性即理”；第六节“心外无理与心外无性”。第五章“一两分合：辩证思维传统”由六节组成：第一节“物生有两与一分为二”；第二节“中庸为德与中和之道”；第三节“执一统众与一多相摄”；第四节“一物两体与无独必有对”；第五节“一衍为万与理一分殊”；第六节“合二而一与分二合一”。第六章“格物致知：知识论辨义（上）”由三节组成：第一节“‘格物’释义”；第二节“见闻与知识”；第三节“德性与智慧”。第七章“知行互动：知识论辨义（中）”由五节组成：第一节“知易行难与行而有知”；第二节“知先行后与行重知轻”；第三节“知行相须与并进互发”；第四节“知行合一与知行兼举”；第五节“行可兼知与垂意习行”。第八章“涵养工夫：知识论辨义（下）”由三节组成：第一节“养心、致一与主静、用敬”；第二节“涵泳本心与致良知”；第三节“留心澄意与虚以生明”。第九章“人性善恶：价值论探源（上）”由五节组成：第一节“明善与辨恶”；第二节“性三品与复性论”；第三节“主静与重习”；第四节“天命之性与气质之性”；第五节“天理人欲与道心人心”。第十章“成人之道：价值论探源（下）”由四节组成：第一节“求道与求真”；第二节“尽善与尽美”；第三节“寻孔颜乐处”；第四节“由内圣开外王”。第十一章“治世之道：社会历史观概览”由四节组成：第一节“先富后教”；第二节“王霸之辩”；第三节“理势合一”；第四节“小康与大同”。

教材是我们三人分头编写初稿，最后由我统稿成书。教材是我们编写的，课程自然也得由我们三人分头上。这门课很不好讲，因为听课的学生，来自不同专业，有些学生对中国哲学史完全陌生。讲课时只能就低不就高。

博士讲通识课“哲学前沿问题”由多人讲授，每人只讲一次，四学时。我讲的内容，都关于中国近现代哲学，因为这是我的学术专长。博士生通识课“中国哲学原著选读”，我一个人承担，带大家来逐句解读《道德经》、《论语》、《坛经》三部经典著作。

1989 年，我取得博士学位以后，又教了两年书，有了评为副教授的资格。因这一年发生“六四风波”，职称评定无法进行而被迫搁浅。1990 年 6 月，职称评定恢复正常，我向学校提出晋升副教授申请。我的申请很顺利地获得批准，几乎没有任何障碍。原因是当时有这样一条政策，1978 级和 1979 级两届硕士生毕业后在高校的教师，如果课时量和科研成果都符合条件，晋升副教授不受名额限制。我符合这一条，故而晋职很顺利，不必同任何人竞争。

1992 年，我被人民大学研究生院聘为硕士生导师，开始指导硕士生。我指导的第一个硕士生是加润国，1993 年入学，1996 年毕业。硕士论文研究熊十力晚年的哲学思想。毕业后考上公务员，现在国家宗教事务管理局工作，已经担任处长职务了。以后指导的硕士生有韩莺、李新会，1994 入学，1997 年毕业；黄晟圭，韩国留学生，1995 年入学，1997 年毕业；杨晓伟，1995 年入学，1998 毕业；孙小金，1996 入学，1999 年毕业考取博士生，继续由我指导；王必胜，1996 年入学，1999 毕业；王洋，1997 入学，1999 提前毕业；许静，1997 入学，2000 毕业；何莉琨，1998 入学，2001 毕业；黄桂霞，1999 年入学，2002 毕业；傅凤英，2000 年入学，2003 年毕业后考上博士生，继续由我指导；冯琳，2000 入学，2003 年毕业；赵伟花，2008 入学，2011 年毕业；王建设，2009 年入学，2012 年毕业；刁娜，2010 入学，2012 转为博士生，继续由我指导。在人民大学，由我指导顺利毕业的硕士生，共计 16 名。

2008 年，我被中国政法大学国际儒学院聘为兼职教授，指导的第一个儒学院硕士生是王子超，2008 入学，2011 毕业；以后指导的硕士生有何慧，2009 年入学，2012 毕业，考上政法大学的博士生；李斐 2010 入学，2013 年毕业；李芙馥，2011 年入学，2014 毕业，考上人民大学博士生，挂在张立文名下，实际由温海明教授指导；陈辉，2012 入学；洪骏，2014 年入学。

1997 年，我被人民大学研究生院聘为博士生导师，1998 年开始招生。我指导的第一个博士生是刘成有，1998 入学，2001 年毕业。博士论文《近现代居士佛学研究》评为校级优秀论文，我作为导师，也获得 2000 元奖金。论文已经出版，我为之作序。他现在担任中央民族大学哲学院院长、教授、博士生导师。以后指导的博士生有孙小金，1999 入学，2002 毕业。博士论文已经出版。他现在上海同济大学任教。周海春，2000 年入学，2003 年毕业，在湖北大学哲学系任教授，论文已经出版，我为之作序。许宁，2000 年入学，2003 年毕业，现在陕西师大哲学系任教授，博士论文已经出版，我为之作序。林国标，2000 年入学，2003年毕业，现在湖南省委党校任教授，博士论文已经出版。程志华，2001年入学，2004年毕业。现任河北大学校长助理、哲学系教授、博士生导师，博士论文已经出版，我为之作序。王贻社，2001入学，2004年毕业。王兴彬，2002入学，2005年毕业。汤忠钢，2003入学，2006毕业，现在华侨大学任教，博士论文已经出版，我为之作序。傅凤英，2003入学，2006年毕业，现任北京联合大学副教授。博士论文申报全国优秀论文未果，评为校级优秀论文，我也因之获得2000元奖金。博士论文已经出版，我为之作序。唐明燕，2004年入学，2007年毕业，现在大连理工大学任教。李丕洋，2004年入学，2007年毕业，现任江西师范大学副教授，博士论文出版。宋锡同，2005年入学，2008年毕业，现在上海华东师范大学哲学系任副教授。博士论文出版，我为之作序。史怀刚，2005入学，2008毕业，现在广东暨南大学任教。殷鸣放，2006年入学，2009年毕业，现在中国道教协会工作。巴文泽，2006年入学，2009毕业，现在许昌学院任教。赵艳婷，2007入学，2010毕业。现任井冈山干部学院任副教授，博士论文已经出版，我为之作序。徐建勇，2008入学，2011毕业，现任湘潭大学任副教授。孙兵，2009年入学，2012毕业。现任延安干部学院学报编辑。博士论文我为之作序，即将出版。王敏光，2010入学，2013毕业，现任洛阳师范学院副教授。王小虎，2011入学；刁娜，2012年入学；石超，2012入学。三人尚未毕业，是我在人民大学最后的几位学生。我在人民大学指导的博士生，共计23名。

我还指导过两位访问学者，一位是来自中国科技大学的胡河宁，一位是来自江苏师范大学的梅良勇。还指导过一位来自德国的女留学生，名字叫作安娜·菲利普。

（四）晋升教授

在高校当“教书匠”，除了讲课、指导学生之外，还必须做的一件事就是搞社会科学研究，其中包括申请项目、撰写专著、发表论文等名堂。在评为教授之前，我出版的著作有《现代新儒家研究》，中国人民大学出版社1991年出版。

《现代中国哲学思潮》（与赵德志合著），中国人民大学出版社 1992 年出版。《熊十力评传》，江西百花洲文艺出版社 1993 年出版。《儒家思想源流》，北京京华出版社 1994 年出版。《贺麟学案》（《现代新儒家学案》之一），中国社会科学出版社 1995 年出版。《儒家思想的新开展：贺麟新儒学论著辑要》，中国广播电视出版社 1995 年出版。发表论文 31 篇。按常理讲，凭着这些成果，评为教授，应该说不会有问题；可是，我偏偏遇到了麻烦。

由于历史的原因，那时晋升教授是一件极艰难的事情。高校教师十多年未评职称，“文革”结束后，积累了一大批人，都是一些毕业多年甚至十多年的老大学生。他们资格老，年头长，但学历相对来说比较低，成果也不多。出于人道原则的考量，晋升职称应当优先照顾他们。可是，近年来毕业的硕士、博士，已经挑起教学和科研的大梁，也需要有高级职称的名分，以便充分发挥骨干作用。然而高级职称名额有限，僧多粥少，无法满足大家对职称的渴望。针对这种情况，学校拿出一种办法，就是正常评审序列与特批评审序列并举：老教师走正常序列，任副教授需在 5 年以上；新生代走特批序列，没有任副教授年头的限制。正常序列视单位情况，分配名额；特批序列全校竞聘，不受单位名额的限制。对于特批序列，学校只投放少量名额，优中选优。我作为新生代中的一员，只能选择难度比较大的特批序列。

特批序列启动以后，哲学系的新生代在全校中优势明显，因为我们成果多，质量高，影响大。遵循公平竞争规则，哲学系新生代参评教师刘大椿第一年就在全校胜出，于 1990 成功晋升教授职称。接下来，第二年李德顺胜出，第三年郭湛胜出。如果顺着这个态势，第四个成功者应当是陈志良，第五个成功者应该就是我。可惜，公平竞争原则竟因受到潜规则的冲击，以至于完全失效。1993 年陈志良申报特批教授，学校有关部门为了提拔另一个人，硬把成果丰厚的陈志良挤掉要提拔的人。转过年来，有关部门故伎重演，为了提拔中层干部还是把陈志良否决。连续两年，哲学系都剃了光头，在特批系列一个人也没能上去。陈志良是直接的受害者，我是间接的受害者。因为在哲学系，他排在我前面；他上不去，我也没有机会。

1995 年，陈志良已经符合参加正常序列的条件。他退出特批序列，转入正常序列。这对我来说，显然是个好消息，使我仿佛看到了希望。可是，由于潜规则作祟，希望很快变成了失望。这一年哲学系特批序列申报教授的人，有我、某系副主任、冯俊三人。如果按照公平竞争原则，排在第一位的，应该是我；第二位是某系副主任，第三位是冯俊。令人遗憾的是，哲学系并未遵循公平竞争原则。由于学校这两年奉行“官先于民”的潜规则，上行下效，哲学系也照搬过来，硬是把某副主任提到第一位，而把我放在第二位。全校特批名额很少，只有第一位才有机会，第二位等于出局。系领导到我家，把这一结果告诉我。我十分气愤，立即抗议，当面斥责他们不公平。我质问：“我和他年龄相同，同一年读硕士生，同一年毕业，我有博士学位，他没有；我的科研成果比他多，凭什么把他排在我的前面?”哲学系领导辩解说：“这是评委会投票形成的结果，没有办法改变。”我反驳说：“你们班子成员在评委会中占多数，相当于控股的股东，还不是想让谁上，谁就能上?”我当即表示：绝不善罢甘休，一定抗争到底，到学校评审组里去申诉。系领导到我家，原本想安抚我，看到我态度坚决，只好选择退场。

竞聘特批教授有公开述职环节。在述职那一天，我提了个大旅行袋，把我所有的科研成果都装上，提到学校评审组面前展示。评委分别听了我和某系副主任的述职后，处理方式完全出乎我的意料。他们的决定竟然是：既然哲学系第一名和第二名僵持不下，那么，谁也不上；让第三名冯俊上。就这样，我又一次失败了。不过，我倒是给哲学系挣足了面子，毕竟有人在特批序列中胜出，避免了再被剃光头的尴尬。

1996年，我和那位副主任又到了申报评职称的时候。那时，我们都已经符合进入正常序列的条件。他主动找到我，同我商议对策。他说：为了避免撞车，建议我俩分别从两个序列申报。他决定选择正常序列，希望我继续选择特批序列。我接受了他的建议，仍旧申报特批序列。结果皆大欢喜，我俩都获得成功。我评上教授那年，已经49岁，竟然还是“特批”，实在有点滑稽。我1986年取得博士学位，1996年评为教授，间隔整整十年。

（五）公众讲座

我作为“教书匠”，主要做了三件事。第一件事就是用心完成课堂教学任务，教学效果还行，比较受同学们欢迎。第二件事是致力于社会科学研究，出版学术专著或教材，发表学术论文。我取得的成果，算不上成绩斐然，大体上还说得过去。这两件都是我“分内的事”，第三件可以说是我“分外的事”，就是课外面对公众讲座。我曾在中央民族大学、中国政法大学、湖南农业大学、宁波大学、中国计量学院、江苏师范大学、中国矿业大学、徐州工程学院、南昌大学、西北师范大学、吉林大学、北京大学、清华大学、东北师范大学、沈阳师范大学、苏州大学、华东交通大学、河南大学、河北大学、安徽大学、湖北大学、南阳师范学院、许昌学院、聊城职业技术学院、四川大学、四川师范大学、西北民族大学、陕西师范大学、中组部局级干部选学班、中组部干部三局、国家审计署、浦东干部学院、井冈山干部学院、中国纪检监察学院、孔子学院中方院长岗前培训班、国家图书馆文津讲坛、广东岭南大讲堂、河北燕赵论坛、广东香山论坛、浙江紧水滩电厂“紧电论坛”、江淮水新闻文化会馆“中国历代文化经典讲座”、全国青少年井冈山革命传统教育基地讲学，还为若干个成人培训班讲过课。哲学系为了创收，多次开办成人研究生班，我几乎都是讲课人之一，曾在天水、兰州、天津、哈尔滨、上海等地集中授课。讲这种课很累人，通常要连续讲。有时讲一整天，上午讲 4 学时，下午讲 4 学时；有时要连续讲两整天，被弄得筋疲力尽。

公开讲座与在大学上课不一样。主讲人不了解听众，听众也不了解主讲人。听众水平不一，要求不一，众口难调。主讲人讲的内容，不能太深，太深听众接受不了，会起身离开；也不能太浅，太浅听众没有兴趣，也会起身离开。主讲人必须有深入浅出的本事，讲究表达艺术，语言生动有趣，适当还得甩个“包袱”，活跃一下气氛。只有这样，听众才能坐得住、听得进。我在石家庄“燕赵论坛”演讲时，地点设在临街的一个音乐厅，不收门票，任何人都可以进来听。不愿意听，起身就走，也没有人管。这种讲座，对于主讲人来说，是很大的考验，必须全力以赴。如果搞不好，听众纷纷散去，那是要砸锅的。由于我的努力，全场听众没有一人离开，总算比较成功。有的讲座会设互动环节，现场回答听众提出的问题。听众提出的问题五花八门，主讲人必须机敏应答，如果被问住了，将陷入尴尬境地。我在广州“岭南大讲堂”演讲后答问时，有人提出的问题是：“你如何评价于丹关于中国文化的演讲?”其实，于丹的演讲，我一次也没有听过，可是如果说一句“无可奉告”，显然很没有面子，我必须做出回应。我也知道，对于于丹的演讲，有人热捧，也有人批评。我得给出自己的看法，既不能简单地肯定，也不能简单地否定。我说：“于丹的演讲，有感染力，因为她的专业是新闻传播。不过，她毕竟不专门研究传统文化，出现一些常识性错误，也是可以原谅的。如果我的演讲中出现这样的错误，那是不可以原谅的。”提问者显然对我的回答比较满意，把我说的话整理成文，发表在微博上。在广东中山市图书馆“香山讲坛”讲座，有一个人提出的问题，完全出乎我的意料。他问：“听说人民大学有位教授同女学生胡搞，致使那个女同学跳楼自杀。你怎样看这件事情?”我回答：“我不知道人民大学发生了这件事情。即便有个别教授行为不端，也不能说明人民大学所有教授的师德都出现问题。在一碗米饭里，可能有一粒沙子。你总不能因为一粒沙子，把整碗饭都倒掉吧?”

从事公众讲座，虽不算科研成果，也不计入教学工作量，但对我的锻炼特别大，使我的口语表达能力有很大提高。同时，也扩大了我在社会上的影响力。许多人正是因为听了我的讲座，才知道在人民大学还有一位叫宋志明的教授。

九、双肩挑

哲学系某位领导曾慨叹："评上一位教授，可能就意味着在教学第一线少了一位教师。"此话虽有些夸张，但并非虚言。当教师没有被评为教授时，他可以安心地做教师；而一旦评上教授，就会进入学校组织部门的视野，以为此人既然是骨干，就应该给他派个角色，让他去做中层干部。于是，他很快就会有双重身份：既是教师，又是中层干部。在大学里，这叫作"双肩挑"。

我评上教授以后，立即进入后备中层干部的行列，很快也变成了"双肩挑"。学校党委原本希望我出任哲学系党总支书记，同系主任刘大椿共同搭班子。学校组织部找我谈话，征求我的意见，我表示服从组织上的安排。总支书记属于党务系列的干部，提拔方式同行政系列有区别。提拔行政系列干部，校长可以发文直接任命；提拔党务系列干部，党委虽可以提名人选，但必须经过选举程序。哲学系党总支换届，我顺利地当选总支委员。新一届总支委员有宋志明、朱淑然、郭湛、欧阳志远、徐飞、黄勇、张法、李秋零、郝立新，共计9人。在正常情况下，党委提名谁为总支书记的候选人，当选不会有什么问题；遗憾的是，哲学系的情况不正常。从总支委员中选举产生书记，党委的意见只供参考，并非指令，最终取决于投票结果。在选举哲学系总支书记那天，张法因事没有出席，只有八人到场。因选举前有人暗地串联，致使票数分散。我得4票，另一位候选人也得4票。二人平分秋色，意味着没有结果，只好二次投票再选。第二次投票结果出来了：他得5票，我得3票；他当选，我落选。选举结果上报到党委，党委书记甚感意外。他虽不满意，也无可奈何，只得批准，发文予以承认。我虽落选了，面子上有些难堪，但并没有什么失落感。我并不是想当官的人，只希望一心一意地做学问。

（ ）副处长

我一心一意做学问的愿望，很快就落空了。1997 年 9 月，学校指派我任科研处挂职副处长。从此，我走上中层干部的岗位，还是从“一肩挑”，变成了“双肩挑”。主管副校长杜厚文找我谈话，希望我把科研处的担子挑起来。杜副校长这样对我交代工作，使我颇感意外。因为科研处原来就有处长贺耀敏，有副处长张晓辉，我只是挂职副处长，怎么轮得上我来挑担子？杜副校长解释说：“科研处长贺耀敏临时被老校长袁宝华借去做学术秘书，参与撰写共和国经济史，无法主持正常工作；张晓辉年轻，由你主持日常工作比较合适。你没有做基层干部的经历，不能直接提拔为处长，只能经过副处长这道门槛。你虽为副处长，其实是副代正职。这是学校做出的决定。”杜副校长把我带到科研处，召集全处工作会议，当众宣读学校任命我为科研处副处长（挂职）的决定，宣布由我主持日常工作。大家鼓掌表示欢迎。那时科研处的办公地点，在人文楼 9 层，只有大小两间办公室。除了贺耀敏、张晓辉之外，科研处工作人员还有应梅、李素平、张玉洁、陈建、丛培民。当时欧盟中心也挂靠在科研处，那里有位年轻的干事，是位女同志，姓麦。我同她接触不多，故而记不起她的名字。加上小麦，科研处刚好五位女同志，被处长贺耀敏戏称为“五朵金花”。欧盟中心是一个临时机构，负责中国向欧盟国家派遣留学生事务，在留学生楼办公。欧盟对中国表示友好，设立援助项目，在五年之内，每年资助一批中国青年教师到欧盟国家留学进修。人民大学校长陈雨露就是其中留学人员之一。为了遴选和管理人民大学派出留学人员，学校成立欧盟中心。中心负责人是国际关系学院的张小劲（后改为宋新宁），也挂名科研处副处长，但不参与科研处的日常工作。欧盟留学项目结束后，欧盟中心转为纯粹的科研机构，改称“中国人民大学欧洲问题研究中心”。

科研处的日常工作由我主持，每周开一次例会，布置工作。我是办事认真的人，既然学校把这副担子交给我，我就得尽职尽责。我家住在人民大学校园，上班很方便。除了上课之外，我每天都 8 点之前到办公室上班。到下班时间，我也不着急回家，反正离家很近。其他同志看我来得早，也不好意思迟到；看我下班不走，他们也不好意思走。我对大家开玩笑说："我家在校园里，不必赶着回家做饭，你们都赶紧回家做饭去吧，不算早退！回家也不能迟到呀！"科研处的几位同志素质都很高，工作有积极性，用不着我督促。贺耀敏有时也参加例会。他比我小 10 岁，对我很尊重。他即便在场，仍由我主持会议。其他同志都比我年轻，对我也很尊重，凡是我布置的工作，大家都认真完成。我和同志们相处很好，各项工作开展得比较顺利。

1998 年学校评职称，在科研处由我主持这项工作。我深知，评职称是最容易产生矛盾的时候，必须把这项工作做细，搞不好会留下后遗症。当时张晓辉和应梅都符合晋升副研究员的条件，可是，不可能两个人同时上。副高职在全校有名额限制，一个单位能上去一个，也就不错了。我仔细阅读两人的申报材料，觉得张晓辉的把握比较大。我找应梅谈话，做她的思想工作。我说："两人不可能同时上，如果争起来，恐怕谁也上不去。我建议今年让晓辉先上，你的职称问题，明年再设法解决。"应梅通情达理，接受我的意见，表示绝不同晓辉争。结果，晓辉顺利晋升为副研究员。令我没有想到的是，第二年晋升副研究员的条件变了，要求申请者一般具有研究生学历，害得应梅拖了好几年，才晋升副高职称。现在想起来，我觉得有些对不起她。

1997 年底，学校机关工会即将组织新年联欢会，科研处要准备节目。大家商议，排个集体节目，全处人员都参加，合唱《毛委员和我们在一起》，由从培民担任导演和指挥。在联欢会上，我们的演出很成功，博得热烈掌声，还获了奖，每人得到一份奖品。

那时科研处的职能，同现在不一样。现在科研处负责考核每个教师的科研情况，直接牵扯教师的待遇和利益。如果科研考核不合格，晋升职称会泡汤，甚至有下岗的危险。那时科研处的职能比较简单，不负责考核每个教师的科研情况，因而也不掌握什么权力。对于人、财、物三件事，科研处一件事也管不着，是个典型的"清水衙门"。科研处没有硬指标，工作压力自然也不大。它的职能，主要有两件事情：一是联络，二是服务。对上来说，是联络。同教育部主管部门社政司打交道，同全国社会科学基金规划办公室、自然科学基金规划办公室打交道，同北京市教委打交道，争取尽可能多地得到立项名额或评奖名额。对下来说是服务。指导校内各系、所填报立项申请书，组织专家进行初评，督促已立项目，按时完成，帮助办理结项手续；分配上级布置下来的申报评奖的名额，组织专家初评排序；分配各种名目的人才培养申报名额，组织专家进行评审。立项、评奖、人才培养的名额，都是上级规定的，与科研处无关；能否成功，取决于申报者的材料是否过硬；评审能否过关，取决于专家投票结果。科研处只管服务，不参与决策。

即便是服务，有时也会有麻烦。上级布置下来的评奖名额是有限的，具体分配给校内每个系、所多少个名额，是科研处需要做的事情。为了避免各系、所发生矛盾，科研处必须一碗水端平，坚持公开、公平、公正原则。科研处尽管不能决定评奖的结果，但可以设法提升中奖的可能性。通常的做法是，根据以往中奖情况，向获奖多的系、所倾斜。本着这一思路，科研处规定：凡是在校内获奖的成果，可以优先上报教育部或北京市参加评奖。没想到，这种做法竟惹得某系一位主管科研工作的副主任的不满。这个系有位老师，原本不在上报评奖人员名单之内。我根据优先原则，把他的名字填上，竟招致这位副主任的怨恨。他居然找到主管科研的副校长杜厚文，告我的刁状。我真的很不理解：我为该系增加了名额，他应该感谢我才对，怎么还能怨恨我呢？我后来得知，原来这位副主任与此位老师关系不睦，不希望他有获奖的机会。

在挂职科研处副处长期间，我第一次获得面向社会公开讲座的机会。IBM公司找到我，邀请我以中国人民大学科研处副处长与哲学系教授的双重身份，在北京著名的长安大剧院发表学术演讲，题目是如何在经商活动中运用《孙子兵法》。我接受了该公司的邀请，做了认真的准备。我讲的题目是"《孙子兵法》与经营之道"，听众为该公司的业务骨干和一些特邀嘉宾。演讲的时间不长，大约40分钟左右。在讲座中，我第一次使用投影设备，第一次使用课件，切身体验到电化教学手段的先进性。我不知道听众来自何方，黑压压地坐满了整个剧场，大约有两千人左右。我的演讲获得成功，博得热烈的掌声。从那次演讲起，我把"中国哲学"与"经营之道"关联起来，使之成为我的研究方向之一，成为我用学术服务社会的方式之一。我在人民大学和清华大学办的面向成人的管理哲学班或总裁班，多次应邀举办这方面的讲座。我把讲稿整理成了《国学经营之道》一书，算是我以学术服务于社会取得的一项成果。

在挂职科研处副处长期间，我暂时离岗，到台湾辅仁大学哲学系担任客座教授近一个学期。1997 年 5 月，我被哲学系派到台湾辅仁大学哲学系任客座教授。人民大学哲学系与辅仁大学哲学系关系密切，双方达成互派客座教授的协议，到对方所在大学讲课，进行深层次的学术交流。辅仁大学哲学系先派邬昆如先生到人民大学哲学系任客座教授，讲授的课程是“台湾士林哲学”。作为回报，人民大学哲学系派我到辅仁大学哲学任客座教授一学期（实际上大半个学期）。5 月初，我经由香港，通过中华旅行社办理入台手续，乘上从香港飞往台北的航班。由于飞机晚点，12 时左右，飞机才在台北桃园机场落地。我第一次来到台湾，人生地不熟，好在语言相通。我在后半夜，硬是一个人拖着行李，摸到辅仁大学，在事先安排好的房间住了下来。5 月天，台北气候炎热。白天气温一般 36 度以上，晚间 25 度以上。房间里没有空调，只得昼夜开着电风扇。这使我这个北方人，头一次领略南国酷夏难耐的滋味。

我讲的课程是“大陆现代新儒家研究”，学生听课很认真，有时一些老师也来旁听。辅仁大学上课管理不严，学生迟到现象比较严重。一会儿进来一位同学，也不同老师打招呼，找个空位子，若无其事地坐下来听课。对于迟到的学生，老师也很体谅，并不批评。台湾大学生不像大陆，都住在学校里。大多数同学都住在自己家里，按照大陆的说法，叫作走读生。辅仁大学位于台北县新庄，离台北几十公里。家住在台北的学生，一般骑摩托车上学。如果遇到堵车，迟到在所难免，并非故意，所以老师也不好追究。

我的课程只安排了 8 次，每次 2 学时。其余时间由我自由支配。我大部分时间都泡在图书馆里，读一些在大陆找不到的书。辅仁大学哲学系的老师对我照顾得很周到，多次招待我到各地去旅游。曾春海老师开着私家车，带我到台北附近的野柳，领略了那里奇特的海岸地貌。在海水的冲击下，岸边的岩石竟被雕成奇形怪状。有的酷似烛台，有的酷似寿桃。最令人称奇的是，有尊石像，酷似带着王冠的美女，被称为“埃及艳后”。还有一个石坑，极像巨大的脚印。

李贤中老师用私家车带着我，驱车上百公里，来到基隆市观光。到地方我才搞清楚：基隆市附近海上有座礁石，酷似鸡笼，遂以“鸡笼”为地名。“鸡笼”的称谓不雅，音变以后，便成为基隆市。基隆市在台湾属于直辖市之一，也算是规模比较大的城市。

台湾的学术界朋友也经常邀我进行学术交流。当时在台湾清华大学任教的林安梧，请我在一起喝茶，交流学术观点。《鹅湖》学刊的王邦雄等人，邀我到编辑部座谈，了解大陆儒家思想研究的新进展。《鹅湖》编辑部设在台北罗素福大街，房间不大，墙上挂着牟宗三的巨幅照片，十分显眼。他们把牟先生看成自己精神偶像，立志要完成牟先生的未竟之业。“中研院”的李明辉，邀请我到该院会议室参加小型学术会议，研讨儒家思想发展的趋势。杜维明先生也出席了这次会议。政治大学的王寿南教授曾邀我为中国思想家丛书撰写《陈献章》一书，有过书信来往。他听说我来到台湾，特地请我到政治大学他的办公室坐坐。人民大学档案学院有位老师在政治大学做客座教授，我们三人聚餐，相谈甚欢。我还应叶海烟教授的邀请，到东吴大学哲学系访问，同哲学系教授座谈。他邀请我参观了蒋介石在台湾使用的官邸。

台中的慧空法师得知我到台湾，邀请我到台中他所主持的寺庙中住些时日，进行学术交流。我乘火车从台北来到台中，领略了台湾第三大城市的风光。我住在寺庙的招待所，不与僧人同住，但与他们同吃，难得体验一回出家人的生活。

我在寺庙里住了 9 天，对台湾僧人的生活状况有了直接的了解。在大陆，男众与女众分住在不同在寺庙。和尚居住的寺庙里，不能有女众居住；尼姑居住的寺庙里，也没有男众居住。在台湾不是这样，男众与女众共同住在同一所寺庙。男众住在男寮房，女众住在女寮房。吃饭都在同一所“五观堂”，做功课在一起、听讲座也都在一起。慧空主持的寺庙比较小，没有专门做饭人员，平时大家轮流做饭，有时也会有义工来帮忙。饭菜都是素食，做饭比较简单。到吃饭时候，执事僧敲磬，通知众僧集合，先带领大家礼拜弥勒佛，然后有秩序地入座。入座后念一段经文，执事僧敲响一下小金钟，大家开始进餐。进餐时必须保持安静，不许说话，也不能敲击餐具，甚至喝汤也不能发出响声。用餐毕，将餐具送到指定地点，向弥勒礼拜，退出。在寺庙中，老和尚只吃早餐和中餐，不吃晚餐，这叫作“过午不食”。僧人不吃鸡蛋，理由是鸡蛋是潜在的生命，出家人不能杀生；也不喝牛奶，理由是牛奶“脏”；做菜不能放葱姜蒜之类的调料，因为这些都被列入“荤”的范围。出家人只能吃素，不能动荤。也许慧空法师知道寺庙的伙食味道不佳，担心我适应不了，他经常带我到素菜馆改善一下口味。台湾的素菜馆，大都是属于道教系统的“一贯道”所开办。在大陆，“一贯道”被公安部门视为反动会道门，明令予以取缔；而在台湾，则是合法的道教流派。“一贯道”经营的素菜馆，味道不错，颇受出家人欢迎。其中也有溜肉段，有宫保鸡丁，但都是用豆制品做的。我这才知道：原来吃素讲的是内容，而不是名目。给素菜起个荤菜的名字，食客非但不介意，反而比较满意。素菜的价格不菲，不比荤菜便宜。有些素菜价格，甚至比荤菜还贵。有一次，我同慧空法师在另一座寺庙进餐，主人给我们上了一道菜，竟然是用“荷花令箭”的花做出的。这种花只开几个小时，难得一见。物以稀为贵，价格肯定超过肉制品或海鲜品。

在大陆，僧人的文化水平普遍比较低，有些甚至是文盲。有些人出家，其实就是为了混碗饭吃；在台湾则不然。出家人文化水平必须在高中以上；正式出家之前，先得在佛学院进修。他们出家，不是为了吃穿，只是出于精神追求。有些僧人有大学学历，慧空本人就毕业于台湾师范大学。在僧人当中，拥有硕士或博士学位者，不在少数。在台湾，寺庙更像是学校，设有图书馆、自习室、教室等，学习气氛很浓。有学识的僧人，还经常参加社会上的学术活动。我同慧空法师就是在学术研讨会上认识的。

寺庙有电视，但没发现有谁打开来看。僧人晚饭后稍作休息，就得去做晚课，大概没有时间看电视。为了体验寺庙生活，有一次我也穿上袈裟，同僧人一同做晚课。晚课在佛堂进行，先对着课本集体念咒语。咒语是汉字标音，如“嘛咪嘛咪吽”，但不知道是什么意思，大概是营造宗教气氛吧。然后集体诵唱佛号，如“南无阿弥陀佛”“南无观世音菩萨”“南无大势至菩萨”等。最后是集体诵读经文，只照着课本念，并不讲解其中的意思。晚课大约一个多小时结束，已经将近晚8时左右。执事僧敲击暮鼓，僧人就寝。他们睡得很早，几乎没有消遣的时间，因为第二天一大早，还得做早课。第二天早上 4 时左右，执事僧敲响晨钟，大家到佛堂做早课。做早课时间太早，我没有参加，具体情形不清楚。

慧空法师请我给全寺院僧人做两次学术讲座，题目由我定，每次两小时。我从未面对出家人讲过学，真不知道该讲些什么、怎么个讲法才合适。我想来想去，对出家人演讲，没有宗教色彩，完全采用对世俗人的讲法，肯定不合适；完全讲佛教方面的学问，又不是我的专长；如果讲得没有深度，似乎有“班门弄斧”之嫌，有损于人民大学教授的颜面。琢磨了许久，我终于想出两个题目。一个题目是《中国近现代知识分子与佛教复兴》。这个题目与佛教有关，而僧人们整日埋头佛教经典，其他书读得不多，未必了解知识分子在近现代佛教复兴中所扮演的角色，会引起他们的兴趣。我从杨文会创办金陵刻经处整理佛教典籍、倡导唯识学讲起，讲到章太炎，讲到苏曼殊，讲到李叔同，讲到欧阳竟无，讲到支那内学院。他们果然听得津津有味，对我的讲座报以热烈的掌声。

另一个题目是《大陆普通人的烦恼》。我觉得，他们对这个话题，既会有兴趣，又会感到陌生。我当然不能牵扯敏感的政治话题，只能从日常生活说起。我对僧人讲，普通人的烦恼主要有两条。一条是子女教育问题。由于推行独生子女政策，家里只有一个孩子，爸爸、妈妈、爷爷、奶奶、姥爷、姥姥，还有七大姑、八大姨，多个人宠着他，使他成为“小太阳”“小皇帝”，由此带来一系列教育问题，使家庭和社会普遍感到烦恼。另一条是精神失落带来的烦恼。由于经济发展起来了，普通人衣食无忧，生活压力减轻，然而精神压力却在增大。在为衣食整日奔波的时候，无暇考虑精神安顿问题；而现在这个问题则凸显出来了。“温饱思淫逸”，却也未必；“温饱思安逸”，符合人之常情。我这样讲，僧人们自然愿意听。

有了这两次讲座的历练，我找到了如何面对出家人讲学的办法。后来这种经验还真派上了用场。人民大学哲学院为出家人办研修班，请我担任主讲教师。听我课的人，有和尚、尼姑，也有道士、道姑。我讲课很受他们欢迎。有位年纪比较大的和尚，课后一定要请我吃素斋，对我表示感谢。

在台湾，寺庙的现代化设施齐全，几乎每个僧人都有手机。那时在大陆手机很少见，价格昂贵，需人民币两万元左右，只有少数有钱人才买得起。手机成了有钱人的饰物，故而被老百姓称作“大哥大”。我虽为教授、副处长，但买不起手机。也就是说，台湾僧人的水平，比我这个穷教授高得多。在慧空的寺庙里，有几部汽车，还有摩托车。这都是信众捐献的，用不着寺庙买。寺庙来钱的路子很多。香客到寺庙中拜佛捐款，只占很少一部分，大部分资金来自捐赠。在捐赠者当中，有的是富豪大款，他们动辄捐出上百万，乃至上千万；有的是高官，他们为了政治目的，也肯掏腰包。每个寺庙的僧人，都会拥有一批信众，可以说他是某个社会群体的精神领袖。在选举社会里，拉住一位僧人，等于抓住一大把选票。出于这个原因，高官自然愿意把钱投给寺庙。有一天，我和慧空走在路上，忽然有位衣冠楚楚的人，跪在他的面前叩头，随即拿出一大包现金，毕恭毕敬地献给慧空。慧空连看都不看，就揣在僧袍的口袋里。那人辞别后，慧空对我说：“这个人是‘立法委员’。”看起来，他绝不是第一次遇到这种事情，已经见怪不怪、习以为常了。

住在慧空寺庙的那段日子里，他招待我多次出游。我在他的陪同下，第一次看到水幕电影，第一次到日月潭游览。在游览日月潭时，我看到一尊蒋介石的铜像矗在湖畔。慧空对我说：“蒋公生前喜欢在这一带散步，所以把他的铜像立在这里。”我走近一看，竟发现“蒋中正”的大名上，不知被什么人用红漆画上了叉，犹如宣判其死刑。看起来，在台湾不喜欢蒋介石的人，大有人在。

慧空是寺庙的主持，事情比较多，不能经常陪我。更多的时候，是他的徒弟开车陪我出游。我们几乎转遍了阿里山一带的大小寺庙。我所到过的最小的寺庙，只有四位僧人，而且都是女众。我所说的“小”，乃是就人数而言，不是说寺庙的建筑规模小。这四位女尼所在的寺庙，规模还是比较大的。我估计建筑面积有数千平方米，装修讲究，佛像造得也很精致，生活设施都是现代化的。我所见到最大的寺庙，莫过于中台禅寺了。中台禅寺主体建筑有33层楼高，形状有如僧人打坐修行。寺庙有多少僧人不清楚，估计得有几百人之多。我从台湾的报纸上读到，台湾曾发生过这样一件事情：有百余中学生在中台禅寺要求集体出家，家长怎么拦，也拦不住。我觉得此事大概是真实的，因为我在中台禅寺亲眼看到，有许多孩子模样的小沙弥，出出进进。

我们二人乘车随意到各个寺庙游逛，不必为吃住担忧。赶上吃饭的时候，在任何一座寺庙都可以用膳；晚上，在任何一座寺庙都可以投宿。吃住都是免费的，不用花一分钱。寺庙的主持会热情接待我们，请我们参观他们的镇寺之宝。在寺庙收藏的宝物中，有各种奇石玉器，有古玩字画，还有僧人最为看重的舍利子。舍利子是遗体火化后留下一种白色的颗粒，大小同高粱米粒差不多。据僧人说，只有得道高僧，遗体火化之后才会出现舍利子。舍利子不容易得到，所以很珍贵，不轻易示人。僧人对我讲：舍利子很神奇，老舍利子可以衍生出新的舍利子；舍利子很坚硬，用气焊喷枪都烧不坏。他姑妄说之，我姑妄听之。是否真的如他所说，我虽有疑虑，也不便流露。

我在科研处挂职副处长之后，虽然依旧是哲学系教授，但教学任务减轻，不再为本科生讲授“中国哲学史”课程。按照学校的规定，我的教学工作量，每学年不需要 8 学分，2 学分就算完成任务。我只要上满 36 课时课程，就可以了。在“双肩挑”期间，我主要承担硕士生学位课程，偶尔也为本科生开讲座。

“双肩挑”以后，我其实还有一副担子，那就是社会兼职。这是一项没有任何报酬的工作，奉献而已。我的第一项社会兼职是中国哲学史学会秘书长。1999 年，中国哲学史学会发生了危机。原学会秘书长严重违纪，居然背着学会领导，擅自做主，在学会杂志《中国哲学史》正常出版的情况下，又自行组稿，单独出版一期杂志。于是，就造成同一种刊物有两种版本的情形。出现这种错误，出版署期刊管理部门绝对不能容忍，责令中国哲学史学会停刊整顿。此人显然不能再继续履行秘书长职务了，必须换人。在京学会理事投票，选举我接任秘书长。我临危受命，在此人不配合的情况下，帮助学会走出困境，重新开始正常运转起来。此人拒绝交出学会的公章，我只能代表学会发布声明，宣布原公章作废，申请民政部批准重新刻一枚公章。《中国哲学史》杂志编辑部整顿以后，又恢复正常出版，但资金遇到了困难。杂志出版费用，原来由新加坡一家公司资助。由于资助合同即将到期，筹措经费的问题必须解决。常务副会长方克立建议，通过收会费的方法解决出版经费问题，在京理事会讨论以后，觉得可行。学会第一次收会费，会员免不了有些不习惯。不过，大多数会员还是积极配合的，愿意交会费；只有少数人表现出抵制情绪。在中国社会科学院哲学所中国哲学史研究室工作的某人，当众宣称："我宁可不做会员，也不会交会费!"收上来的会费，总共不到3万元，用来维持学会杂志出版，显然是杯水车薪，不足以解决出版经费问题。幸亏陈来副会长找到杜维明先生求援，杜先生答应每年从哈佛大学燕京社拨款资助，才算解决了出版经费问题。

由于中国哲学史学会内部闹矛盾，已经无法正常运转。在长达9年的时间里，未主办过一次学术研讨会。我接任之后，改变了这种情况，通过与一些大学合作，又把学术活动重新开展起来，每年至少开一次全国性的中国哲学史学科学术研讨会。在大家共同努力下，瘫痪多年的学会，又恢复了生机。

2004年，学会即将换届。任继愈会长提出，自己年事已高，不能再任下届会长，请学会另外找出合适的人选。在京理事会开会，接受任先生的意见，商量改选的办法。理事会达成共识：通过会员大会选举出新任会长。令人想不到的是，已经不是会员的某人找到哲学所所长游说，希望所长出来兼任中国哲学史学会会长。哲学所居然表示同意，给他开具一份公函，上面盖着哲学所的大印。他拿着这份盖着哲学所公章的文件，找到我家，说明哲学所的意向。文件的意思是：下一届会长应当由哲学所所长兼任，理由是中国哲学史学会挂靠在哲学所。我当即就把他顶了回去。我说："挂靠哲学所的学会，不止中国哲学史学会一家，难道那一家都要由所长兼任？有这样的先例吗？你们所长从事的专业，并不是中国哲学史，连会员的资格都没有，凭什么来当这个会长？中国哲学史学会是全国性的学术团体，谁当会长，不能由哪个机构指定，必须民主选举产生。这不是我个人的意见，是在京理事会集体做出的决定。"在我的申斥下，他灰溜溜地走了。其实，并不是所长想当会长，而是他自己想借用所长的名义控制学会，"挟天子以令诸侯"。我向任继愈会长汇报了此事，老先生也很气愤，表示不理睬哲学所的文件，仍旧按照理事会的决议办，通过选举产生新任会长。

2004年夏季，在陈卫平副会长的筹备下，中国哲学史年会在杭州和上海两地召开，在会议期间举行换届选举。通过投票，产生新的会长和副会长。新任会长是方克立教授，我当选为副会长，张利民接任秘书长。

我的第二项社会兼职，在中国现代哲学研究会。这个学会的正式名称，叫做“中国现代哲学史专业委员会”，挂靠在中国哲学史学会之下，属于二级学会。这个学会创建于1987年，办公地点设在中央党校。创会会长是我的导师石峻先生，常务副会长是李振霞教授，副会长有许全兴教授、于良华教授。秘书长由孙琰担任，我是副秘书长。为了帮助学会开展活动，李振霞老师付出极大的努力。成立大会由她一手操办。为解决学会经费问题，她带领孙琰、阮青、管培月等几位党校的女同志办班创收，筹集到一笔资金，使学会能够运转起来。第二任会长是李振霞，第三任会长是许全兴，第四任会长就是我。

我的第三社会兼职，在中国实学会。在该学会创办时期，我曾经“客串”学会副秘书长兼办公室主任。这个学会已经筹办好多年了，主要筹办人是人民大学的葛荣晋教授和山东大学的丁冠之教授，原中共中央顾问委员会委员赵建民和辛冠洁是主要的支持者。葛荣晋拟担任会长，丁冠之拟担任秘书长，赵建民和辛冠洁拟任名誉会长。可是，如何在民政部注册的问题，始终无法解决。葛荣晋认定我有解决这个问题的能力，遂找到我，请我出手援助。他与我在同一个教研室工作，平时关系不错。好友来求，却之不恭，我只好答应下来。我不知跑了多少次民政部，终于在1992年注册成功。不过，我从未参加过该学会举办的任何学术活动，“友情演出”而已。

我的第四项社会兼职，在中国社会科学情报学会。在这个学会创办时，中国人民大学书报资料中心捐助了一笔资金，故而学会给中心一个副理事长的名额。我担任中心总编以后，便担任这个学会的副理事长。中心以学会名义出版一个原发刊物，主刊名是《情报资料工作》，副刊名是《社会科学情报学会会刊》，我曾担任该刊的主编。在我任主编期间，将该刊的副刊名改为《社会科学情报学会学报》。当我60岁免去中心总编职务以后，也不再担任该学会的副理事长。

我的第五项社会兼职，在国际儒学联合会。2004年，我也不知道被什么人推荐，在国际儒学联合会第三届会员大会、理事大会上当选为学会理事。以后又连任第四届、第五届理事。我多次出席国际儒联在北京、杭州、上海、马来西亚的古晋等地召开的学术会议，并在大会上发言。我有多篇文章，收入儒联编辑出版的各种论文集中。

1997 年底，《中国人民大学学报》责任编辑曹蕾组织了一篇文章，专题介绍我的学术活动，发表在学报 1998 年第 2 期上。全文如下：

哲学史家——宋志明

宋志明，笔名杜渐，祖籍山东省东阿县，1947 年 4 月出生于吉林省吉林市。1964 年考入吉林一中。这是吉林省最早建立的中学，其前身吉林中学堂始建于 1907 年；也是一所全省闻名的重点高中。他在中学时代学习成绩优秀，因赶上"文化大革命"，无缘入大学深造，不得不中断学业。1968 年下乡，当了两年知识青年后，于 1970 年被招进吉林碳素厂，又当了 9 年工人。在工厂期间，他仍旧保持着勤奋好学的精神，克服重重困难，利用工余时间阅读了大量文史哲方面的书籍。1974 年，他以工人身份参加吉林大学哲学系《中国哲学史》教材编写组，并被聘为特约讲师，开始从事中国哲学史的学习和研究。1979 年吉林大学哲学系首次招收中国哲学史专业硕士生，他以同等学力的资格考取。1982 年毕业，获哲学硕士学位，分配到长春师范学院政治系担任哲学教师。1983 年考上中国人民大学哲学系中国哲学专业博士生，师从石峻教授。1986 年毕业，为我校首批博士学位获得者。毕业后留校任教，现任中国人民大学哲学系中国哲学教研室教授、博士生导师、科研处副处长。他是中国哲学史学会理事、中国现代哲学史学会常务理事兼副秘书长，曾担任中国实学研究会理事、副秘书长、办公室主任。

他自 1986 年在中国人民大学哲学系执教以来，先后开设中国哲学通史、中国现代哲学史、中国近现代哲学专题研究、中国哲学原著选读、中国传统文化概论、哲学前沿等课程。1989 年底评为副教授，1992 年聘为硕士生导师。1996 年破格晋升为教授，同年聘为博士生导师。他备课认真，思路清晰，思想活跃，讲课内容丰富，观点新颖，信息量大。他善于调动学生的积极性，语言生动幽默，课堂气氛活跃，表述清楚明白、深入浅出、重点突出，很受学生的欢迎。他指导了多名硕士生、高级访问学者和外国留学生，为培养中国哲学史研究人才付出了不少心血。

他从事中国哲学史研究和教学20多年来，勤奋努力，笔耕不辍，取得了丰硕的研究成果，成为本学科的学术带头人之一。已出版学术专著10多部，其中主要有：《现代新儒家研究》、《现代中国哲学思潮》（合著）、《熊十力评传》、《儒家思想源流》、《贺麟学案》、《儒家思想的新开展：贺麟新儒学论著辑要》、《贺麟新儒学思想研究》、《王夫之诗文选译》、《陈献章诗文选译》、《张载诗文选译》、《陈献章》等。参加过《中国哲学史史料学》、《现代新儒家学案》、《道家文化与现代文明》、《道学与中国文化》、《儒学与中国文化》、《中国当代哲学四十年》、《当代中国十哲》、《20世纪中国十大学问家》、《现代新儒家人物与著作》、《中国现代哲学人物评传》、《中国儒学》、《干部哲学读本》、《中国哲学与辩证唯物主义》等书的撰写。译著有《赫尔岑》（合译）、《“潘朵拉匣子”的奥秘》（合译）等。在学术刊物上发表论文50余篇。参加“七五/八五”国家社会科学基金重点项目“现代新儒学研究”课题组，承担贺麟新儒学思想研究专题；承担1995年国家社会科学基金项目“五四：批孔与释孔”，为课题组负责人。

他多年浸淫于中国古代哲学，熟悉著名哲学家的原著，了解学术界的研究状况，提出了许多独到的见解。他对荀子、张载、陈献章、王夫之作过个案研究；对中国哲学的总体特征以及主要问题、儒家哲学、道家哲学作过综合研究。他认为，中国传统哲学有六个特点：（一）自强不息；（二）实事求是；（三）辩证逻辑；（四）以人为本；（五）内在超越；（六）有容乃大。中国传统哲学讨论的主要问题是：（一）天人关系问题。这是中国哲学的基本问题。（二）两一关系问题。即矛盾双方的对立统一关系问题。（三）知行关系问题。中国哲学家特别注重“行”即人生实践，强调知和行的辩证统一。（四）义利关系问题。总的看来，中国哲学家比较重视义，而不怎么重视利，从而表现出强调群体价值、忽视个体价值的倾向。他把儒学的发展过程划分为六个阶段：（一）儒学的源头：先秦儒学；（二）儒学的权威化：汉唐经学；（三）儒学的哲理化：宋明理学；（四）儒学的再整理：清初朴学；（五）经学的复兴：近代新经学；（六）理学的复兴：现代新儒学。他认为道家是中国思辨哲学的源头，对玄学、佛学、理学都曾发生重大影响，与西方现代的“诗人哲学家”的思路有相似之处。

他的学术专长是中国近现代哲学，曾对谭嗣同、孙中山、梁启超、李大钊、瞿秋白、李达、艾思奇、毛泽东、胡适、丁文江、张东荪、金岳霖等人的哲学思想都做过专题研究。他在整理近现代哲学史资料方面做了许多工作。经他点校、注释得以重新出版的著作有梁启超著《新民说》、陈天华著《猛回头》、邹容著《革命军》、谢幼伟著《现代哲学名著述评》、马一浮著《复兴书院讲录》等。他是国内最早开展中国现代哲学史研究的专家之一，并对中国现代哲学的基本框架提出独到的见解。在已出版的《中国现代哲学史》教材中，有的以历史时期为基本线索，有的以论战及其所涉及问题为基本线索，他没有采取这两种模式。他认为，从1919年到1949年这30年的中国现代哲学史，应当看作一个完整的过程，主张将这一过程概括为马克思主义哲学、新儒家哲学、实证哲学、国民党官方哲学四个发展方向。在这四个发展方向中，马克思主义哲学是主流；而在非马克思主义哲学思潮里，新儒家哲学是主线，实证哲学是副线，国民党官方哲学作为思想统治的工具则没有什么学术价值。按照这一思路，他与人合著《现代中国哲学思潮》一书，在学术界引起较大的反响。

他是中国大陆现代新儒家研究的开拓者之一。1982年他完成硕士论文《冯友兰新理学思想简论》，1986年又完成博士论文《五四以来的新儒家思想研究》，首先在大陆学术界使用“现代新儒学”这一概念。他认为，现代新儒学是发端于五四后期的重要思潮，以“援西方哲学入儒”为基本特征；它继宋明理学之后对儒家思想做出重大改造，构成儒学发展的新阶段。现代新儒家是从新式知识分子中产生的学术群体，他们对儒家传统抱着深深的同情和敬意，致力于传统的现代转换，对“全盘西化”思潮做出强有力的回应。他们取得许多理论思维成果，也带有明显的局限性。前后有四代学人为推动现代新儒学思潮的发展做出过贡献：第一代是梁漱溟、熊十力、冯友兰、贺麟、马一浮等大陆新儒家，他们在1949年以前分别创立了具有个性特征的新儒家思想体系；第二代是钱穆、张君劢、牟宗三、唐君毅、徐复观、方东美等港台新儒家，他们从50年代起，高扬新儒学的旗帜，扩大其思想影响；第三代是杜维明、刘述先、成中英、余英时等曾在或还在国外执教的海外新儒家，他们在海外华人世界和港台地区有相当大的影响力；第四代是如今活跃在台湾的《鹅湖》派，他们承续着新儒学的学脉。宋志明把研究重点放在第一代新儒家，比较深入地研究了梁漱溟、熊十力、冯友兰、贺麟的新儒学思想。他认为，他们的思想存在着内在联系，大体上按照“主体一客体一主体与客体统一”的逻辑发展起来。美国、日本以及港台地区都有人撰文介绍或评述宋志明关于现代新儒学的研究成果。

宋志明已到“知命之年”，但愿他在学术研究的第二个黄金年龄段取得更大的成绩。

（二）总编辑

1998年12月初，我在科研处挂职已经一年多了。有一天，学校组织部门找我谈话，通知我说，学校打算任命我担任中国人民大学书报资料中心总编辑，行政级别提为正处级。看来我的“双肩挑”生涯还没有结束，还得继续“挑”下去。1998年底，学校调整书报资料中心领导班子，原主任兼总编谢自立教授因年纪关系，被免除一切职务；其他班子成员，也有所调整。谢自立的主任职务，由人民大学出版社副社长邱金利接任；总编职务，由我接任。中心原班子成员总支书记肖晓波和副总编邱海平保留职务，有位副主任免职。新一届班子只有四人，我们上任以后，提拔编辑部主任李明霞担任副总支书记，算是把班子成员补齐了。在班子五位成员中，我的年纪最大，职称是正高职，其余四人皆为副高职。主任邱金利比我小一岁，他是班子核心；肖晓波兼任副主任。我们三人行政级别皆为正处级。邱海平和李明霞为副处级。邱海平也是“双肩挑”，在经济学任副教授。李明霞仍兼中心编辑部主任。

书报资料中心的前身是剪报公司和中国人民大学报卡社。剪报公司成立于1958年，由新闻系创办。新闻系创办剪报公司，学校并没有投入。几个1957年被错划“右派”的大学生，毕业后找不到肯接收他们的工作单位，只得安排在新闻系办的印刷厂工作。这些人成了剪报公司的业务骨干。这是在新中国出现的第一家剪报公司，主营业务是为有需要的单位提供资料卡片和剪报服务，首开社会科学信息社会化服务的先河。由于剪报公司的效益不错，学校看到了商机，便委托图书馆负责人牵头，召集卡片组、剪报公司、新闻系印刷厂三个单位，着手筹建中国人民大学附属剪报资料图书卡片社，简称报卡社。1962 年 12 月，报卡社成立。1963 年初，报卡社与图书馆脱钩，在体制外独立经营。报卡社自负盈亏，学校没有投入资金，只给提供一块很小的工作场地。启动资金是自筹的，从著名学者于光远手里借来他个人的稿酬 1.5 万元，就把事情办起来了。令人没有想到的是，报卡社的生意竟出奇地好。社会上对剪报的需求量极大，一份剪报常常复印成许多份，还供不应求，于是遂有了创办刊物的念头。学校出面向国家出版署申请刊号，要求以期刊的形式出版报刊资料。出版署批准了中国人民大学的申请，于是，报卡社在中国便成了第一家二次文献期刊出版机构。“文革”期间报卡社停办。1978 年，人民大学复校；报卡社亦随之恢复，并更名为中国人民大学书报资料中心。规模有所扩大，仍然采用自负盈亏方式经营。

在中国期刊出版界，书报资料中心是一个特殊的出版部门，长期受到国家出版署的特殊照顾。出版署曾经发文，特批书报资料中心出版物，可以不向作者支付稿酬。直到版权法颁布以后，这种特批的待遇才被取消。出版署批给书报中心 3 个系列刊号，一个原发刊号。原发刊号是《情报资料工作》，与普通刊号一样，一刊一号。其余 3 个刊号，皆属于特殊的系列刊号，即一号多刊，数量不限。第一个系列刊号，叫作《复印报刊资料》，涵盖哲学社会科学的大部分门类，大约有 80 多种。书报资料中心可以根据需要，自行调整期刊出版的种类、刊期、页码、刊名，报出版署备案即可，不必经过审批。第二个系列刊号，叫作《文摘卡片》。卡片的种类和数量不固定，书报资料中心可根据需要自行调整。每张卡片都是独立的，不装订成册。种类大约在 15 种上下。年纪大一点的学者，有做卡片的习惯，为了满足这部分学者的需求，遂有这一系列的推出。后来年轻一代学者不再沿用使用卡片的习惯，产品没了销路，遂改为期刊形式出版。第三个系列刊号，叫作《目录索引》，有 7 种。书报资料中心把所有收集到的各种报刊发表的学术文献，整理著录，以年刊的形式出版。这个系列出版物，为各家大图书馆所必备，号称全国四大索引之一。三种系列刊号，皆没有普通期刊的严格限制，书报资料中心的自主权限很大。后来，出版署规范刊号管理，严格实现一刊一号制度，取消了给中心的系列刊号。刊号管理整顿以后，书报中心拥有刊号确定下来，共计 148 种，不能再随意增加或者减少。这意味着，书报资料中心刊物不再特殊，也被纳入严格管理的范围。从拥有刊号数量上说，书报资料中心算得上中国最大的期刊出版单位。

在计划经济时代，像书报资料中心这样一个靠自筹经费办起来的单位，不可能得到来自体制的全力支持。书报资料中心产品的畅销，发展很快，人员需求量自然也大。体制内的编制，已经无法满足中心事业发展的需求，必须找到进人的办法。为了解决用人问题，中心只好在体制外打主意，注册成立一家集体所有制的空壳公司，叫作“仁达公司”，名称取自“人大”的谐音。于是，书报资料中心便成了一家“一社两制”的奇怪经营体。中心人员的构成，有些人是来自体制内的“全民工”，有些人则是来自体制外的“集体工”。“全民工”归中国人民大学人事处管辖，财政部拨付工资，享受人民大学员工的待遇。不过，财政部拨付的工资被学校人事处扣下来，并不付给书报资料中心。在中心工作的“全民工”的工资，仍由中心支付；但退休后，由人民大学接管。“集体工”的工资，完全由中心自行解决，人员也不在学校人事处注册，也不享受人民大学员工的待遇；退休后便与“仁达公司”脱钩，由社会保险支付退休金。“全民工”占少数，只有几十个人，“集体工”占多数，少时上百人，多时达到过两三百人。在“集体工”中，有一部分是人民大学员工的家属，有一部分是从社会上招聘来的劳务人员。“全民工”的素质比较高，文化水平基本在大专以上，有些人还有研究生学历。“集体工”的素质比较低，大部分是中学生水平，只有少数人通过业余学习，取得大专或本科生文凭。这种奇特的人员构成，在中国大学中，恐怕只此一家。在这样的单位里搞经营，自然压力相当大。如果效益不佳，几百人吃饭都会有问题。

“仁达公司”并不是真正意义上经营实体，只是中心自主用工、为“集体工”注册提供管理手段而已。在名义上，公司是独立法人；而实际上，法人代表就是中心主任，当然不可能独立运作。管理这样一个“一社两制”的单位，难度极大。两部分人身份、素质不一样，而又一个单位工作，很难找到两全之策。如果拉开分配档次，“集体工”会不高兴。他们会有受到歧视的感觉，甚至会抗议管理者不公正。如果不拉开分配档次，“全民工”会不高兴。他们作为编辑或骨干，会有不受尊重的感觉，以至于调动不起工作积极性。管理者徘徊于两难之间，往往牺牲“全民工”的利益，迁就“集体工”的利益，因而不可避免地造成“吃大锅饭”的局面。由于只有增人进口，没有裁员的出口，中心的负担越来越重，致使事业发展不能不受到制约。

国有企业因产权不明晰，无法按照市场规则自主经营，常常为人们所诟病。书报资料中心的经营方式，实际上比国企还落后。不管怎样说，国企还算是“企业”，书报资料中心连“企业”都算不上。它既是人民大学属下的一个处级部门，又是处级部门中的另类。它游离于各个教学环节或科研环节之外，学校对其实现“事业单位企业化管理”的办法。具体地说，中心员工的工资，皆由中心自行解决，学校并不拨付；学校虽不是书报资料中心的投资方，但掌握控制权。中心的主要干部都由学校任命；一般干部的任命，也得由学校审批。学校不但有控制权，还有受益权。中心不能吃学校的“大锅饭”，学校却可以吃中心的“小锅饭”：中心必须向学校上交一定数额的利润，额度由学校定。我刚到中心工作时，每年上缴 130 万元，后来涨到 500 多万。实行“事业单位企业化管理”的后果，自然是造成“事企不分”的局面。这不能不制约中心事业的发展。

书报资料中心是一个综合性的经营单位，主要业务有三块。最主要的一块，就是出版二次文献期刊，这是主体部分。编辑部、出版部、销售部、资料部、电子部都围绕这个主体运转。中心的收入，主要来自这种业务。其次是咨询部，根据用户需要做收集资料工作，提供剪报服务。这是中心创业的起点，一直保留下来。电脑未普及化之前，生意还不错，有些固定的客户；电脑普及化以后，客户锐减，生意越来越难做，以至于一度出现亏损的情况。咨询部的同志积极想办法，开发新的用户，实现扭亏为盈。在中国主办奥运会期间，他们与组委会联络成功，承担媒体报道信息收集业务，为我国奥运事业做出贡献。第三块是以“仁达公司”的名义搞多种经营。曾经尝试过经营多种项目，办过印刷厂，代销过汽车配件、调料、酸奶等商品，办过书店，办过银行储蓄代办点，办过饮品店，办过培训中心，都没有成功，最终还得吃书报资料中心的大锅饭。

复印报刊资料系列刊是书报资料中心的主打产品，也是利润的主要来源。

这种出版物具有五个优势：

一是起步早。在计划经济时代，各个教学或科研单位都是自办“小资料室”，但没有一个各单位共享的“大资料室”。复印报刊资料系列刊的出版，填补了这个空白。它以市场的方式，为各个“小资料室”提供社会化服务，解决了“小资料室”收藏量不足的问题，自然受到欢迎。书报资料中心率先尝试社会科学信息服务市场化、社会化手段，获得成功，蹚出一条社会科学信息服务产业化的新路，被誉为“学术信息第一家”。季羡林先生送给书报资料中心的题词是“功德无量”。

二是涵盖广。书报资料中心订阅3000多种报刊，收集资料之广，在国内绝无仅有。依托宏富的资料来源，中心办的刊物有140多种，几乎涵盖社会科学领域中各个学科，在国内也是绝无仅有。订阅一套《复印报刊资料》，等于对全国有关社会科学的报刊，做全方位的扫描；订阅一种《复印报刊资料》，等于对全国有关该学科的报刊，做全方位的扫描。由于涵盖广、种类全、规模大，给中心带来可观的规模效益。《复印报刊资料》秉承办刊宗旨是为科研与教学服务，读者不会太多，属于“小众读物”，不可能每种期刊都赚钱。在复印资料系列刊中，大约三分之一刊物，由于学科小、读者少，处于于亏损状态；有三分之一刊物不赚不赔，处于保本状态；有三分之一刊物盈利。总的来看，还是盈利的，尽管幅度不大。

三是用处多。复印报刊资料系列刊既有海量信息的搜集，也有精品佳作的遴选，为读者提供极大的便利，可以收到“一刊在手，总览全局”的功效。这对从事科研或教学的人员来说，帮助极大。许多教师与科研工作者都是中心忠实的订户，并且连续多少年都不间断。由于信誉度比较高，由此衍生出评价功能。在社会科学期刊界，《复印报刊资料》可以说是“刊中刊”，每家学报所发表的文章，都以被《复印报刊资料》转载为荣。被转载的文章越多，说明期刊的质量越高。有些图书馆编辑《核心期刊目录》，选择核心期刊的一个重要的量化指标，就是在《复印报刊资料》上的转载量。对于高校教师和社会科学研究者来说，《复印报刊资料》也有评价功能。他发表的文章，一经《复印报刊资料》转载，马上升值，被视为佳作，对于获奖、申请项目乃至晋升职称，都增加了筹码。

四是成本低。在中国，一本原发性学术期刊，往往需要几位编辑甚至十几位编辑共同经营，如果没有上面给予出版补贴，任何一家都无法生存；《复印报刊资料》则不然。由于是二次文献，一个编辑经办几本刊，因而人员成本比较低。即便在没有任何补贴的情况下，仍然可以自行运转。这在学术期刊出版界，恐怕是唯一的一家。《复印报刊资料》的编辑队伍，由专职人员与兼职人员两部分人构成。兼职人员都是从中心以外单位聘请的顾问或编委，不需要支付工资，只给一点象征性的顾问费就可以了。老师们都愿意担任复印期刊的顾问或编委，以能为中心奉献为荣，并不在乎报酬多少。

《复印报刊资料》编辑运作方式也是独特的。第一道程序在选材编辑室进行。编务把中心订阅的所有刊物，全部拆开，每篇文章单独装订成一份材料。选材编辑对材料加以归类，把同类素材放到一块。例如，凡是有关中国哲学的文章，都放在一起，一同交给负责《中国哲学》的责任编辑。责任编辑不必翻阅每本期刊，在选材编辑提供的素材中，选择需要的文章就可以了。责任编辑从素材中精选出可用的文章，交给顾问或编委，做二次精选。最后由编辑室主任定稿。制作成本也比较低。最初，选定的文章由编务用“剪刀加糨糊”的方式，贴在台版纸上，采用硫酸纸工艺，完成制版过程。印刷采用的纸张，也比较便宜；印出来装订成册。封面不做任何装饰，在大白皮上，印上刊名和分类号以及其他不可少的出版要素，就可以了。至此，全部制作过程就完成了。中心根据订户数量，决定印刷数量，不会有积压，避免了不必要的浪费。由于原版剪贴，也不需要校对。这种比较粗犷的经营方式，在中国出版界恐怕绝无仅有。尽管版面不够美观，外在质量不高，毕竟“内容为王”，仍然会被读者所认可，不愁没有销路。

五是销路畅。《复印报刊资料》制作成本比较低，价格自然也就不高。刊物虽不精美，但实用性强。尽管制作得不够精良，在市场上还是比较畅销的。比较大的图书馆或资料室，一般都是中心的订户，个人订户也不在少数。中心刊物大多数走自办发行渠道，只有少数产品通过邮局发行。中心同全国大部分图书馆或资料室都建立起联系，通过邮局邮寄“征订手册”推广产品，通过电话方式联络客户，通过邮件接收订单。至于个人订户，也可以通过电话直接订阅。中心维护了一批数量可观的忠实订户，销售情况良好。在 20 世纪 90 年代以前，许多高校教师或社会科学研究者，都是中心产品的订户。中心还成功地走向世界，打入国际市场，被誉为“中华学术的窗口”“中外文化交流的桥梁”。中心借助代理商，在国外销售。外国大学图书馆或研究机构资料室，也觉得中心的刊物很实用，有扫描中国社会科学动向的功效，因而也是忠实的订户。在国外大学图书馆里，看不到中国人民大学出版社出版的书籍，却可以看到成套的《复印报刊资料》整整齐齐地摆在书架上，不时有读者借阅。在国外，“中国人民大学书报资料中心”的名头，比“中国人民大学”还大，可以称得上人民大学的金色名片。许多外国学者，都是先知道有“中国人民大学书报资料中心”，而后才知道有“中国人民大学”。从这一点来看，书报资料中心对于提升人民大学的国际影响力，做出很大的贡献，功不可没。

书报资料中心自创立伊始，顺风顺水，产品畅销，日子过得不错。在计划经济时代，学校中其他事业单位的经费，都是上面拨下来，比较紧张；而书报资料中心的经费是自己赚的，比其他单位宽裕得多。书报资料中心曾经是人民大学最富裕的单位。人民大学在黄山以及在深圳的校产，都是中心出资置办的；出版社资金遇到困难，也曾向中心求援。“文革”期间，学术刊物大部分停办，中心自然不会有发展空间。人民大学被取消以后，中心也随之解体。1978 年人民大学复校，书报资料中心马上恢复，并且迅速发展起来。可是，好景不长，到上世纪末，中心事业发展陷入困境。由于电脑技术的普及，新一代学者做学问的方式改变了。他们喜欢在网络上搜集所需要的资料，对中心刊物的依存度，大大降低了。中心刊物提供海量信息的功能，已经被网络所取代。在这种情势下，中心出版物的订户数量萎缩得厉害。再加上呆账坏账的压力，中心的日子越来越不好过了。

我和邱金利两人，正是在中心事业发展陷入困境的时期接任的。1998 年底，学校安排我和邱金利同志到中国人民大学资料中心工作。老邱担任中心主任，我担任总编辑。总编辑一职原来由中心主任兼任，我是书报资料中心历史上第一位专任总编辑。在上任之前，主管书报中心工作的杜厚文副校长，找我俩谈话，介绍书报中心所面临的严峻形势，希望我们对中心出版物做些改造，以全新的面貌推出，尽快改变中心效益下滑的颓势。我俩带着校领导的意图到中心履职，想到应当做的第一件事情，那就是改版。至于如何改，校领导不可能给出明确的指示，只好靠自己去摸索了。

1998 年 12 月 8 日，党委副书记沈云锁同志在书报资料中心中层干部会议上，把我和老邱介绍大家，宣布学校的任命决定。我同大家首次见面，自然要发言表态。我在发言中讲了两层意思，一是勤政，做称职的总编；二是廉政，不从中心为自己捞取任何好处。我没有食言，这两条我后来都做到了。几天以后，召开中心全体员工大会。杜厚文副校长在会上，把我和老邱介绍给大家，并分析中心事业发展面临的严峻形势，希望在新班子的带领下，尽快走出低谷，再攀高峰。老邱作为新班子的核心，做了长篇发言，谈中心下一步的打算。我的发言比较短，只是表了个态度：愿意与大家共同奋斗，使中心事业再创辉煌。在张自忠路段祺瑞执政府旧址的主楼，中心给我安排一间很大的办公室。后来还给我配备手机，以便有事随时联系。除了有课之外，每天我都同老邱一同乘中心的班车，到办公室上班。在 1999 年元旦前夕，中心全体员工开迎新年联欢会，我唱了一曲《北国之春》，还得了三等奖。联欢会即将结束时，老邱建议大家同唱《团结就是力量》，会场气氛十分热烈，把联欢会开成了鼓劲会。

经过一段摸底调查，我和老邱形成一个共同看法：尽管中心一时遇到困难，仍旧存在发展空间，不必有“红旗到底能够打多久”的悲观。我们认为，中心不能过多分散精力，还得在主业上做文章，想方设法提高刊物的质量，扩大刊物的销路。我们同其他班子成员沟通，大家达成了共识。

书报资料中心原来有《复印报刊资料》系列刊，其实算不上正规期刊，只是相关资料的汇编而已。中心虽设有“编辑部”，其实并没有真正的编辑人员。编刊者做的事情，其实是图书馆报刊资料员的工作，就是把二次文献选出来，剪贴制版，印成期刊的形式出版。编刊者对稿件不做任何编辑加工，只“辑”而不“编”。编刊者的职称，也不走编辑系列，而走图书馆系列，分为助理馆员、馆员、副研究馆员、研究馆员由低到高的四个等级。采用“只辑不编”出版方式，优点是保持“原汁原味”，制作成本低；缺点则是粗放经营，没有精品，也没有编辑版权可言。在中国改革开放初期，由于市场需求量大，维系这种出版方式还不成问题；可是到20世纪末，读者的要求越来越高，就不那么受欢迎了。在效益不断下滑的情况下，改版显然势在必行。“黑白电视”迟早得被“彩色电视”淘汰。

在我任职期间，书报资料中心干成的第一件值得称道的事，就是全面改版，使中心刊物的面貌焕然一新。多年的“丑小鸭”，终于变成了“白天鹅”。由此也带来效益的提升，推动中心事业进入第二个发展期。

实施改版工程迈出的第一步，就是转变观念，强化编辑意识。由于书报中心出版《复印报刊资料》曾取得极大的成功，无形之中形成改版的思想障碍：对于实现多年的操作模式，舍不得去改。妨碍改版的思想障碍，主要有三个：一是以为“大白皮”是中心刊物的特色。仿佛谁要一改变，就会把“特色”丢掉，似乎将成为“千古罪人”。二是以为“一刀切”合理。原来《复印报刊资料》各种刊物，除了名称不同之外，大同小异，哪本刊都没有自身的特色。三是以为中心刊物“另类”，不必向其他期刊看齐。归结起来，就是一条：我们只能走“办资料”的路子，不必走“办期刊”的路子。

为了清除这三个思想障碍，中心从编辑培训入手，请新闻学院教授专门讲如何讲办期刊。我在编辑培训中，讲解办期刊的新思路，引导编辑们讨论，排除思想障碍。最终，大家达成了共识，坚定了改版的决心，明确了改版的思路。我提议，把中心刊物分成了四个类型，不再“一刀切”。第一种是学术研究类，如《哲学原理》、《历史学》、《理论经济学》等。这是中心的主打刊，占80%左右。办学术期刊的宗旨，是瞄准每一个学科新动向、新成果，为推动我国学术研究事业的发展服务。办刊宗旨是为教学与科研服务。第二种是理论学习类，如《中国共产党》、《中国政治》、《思想政治教育》等。办刊宗旨是紧跟党中央的部署，及时传达党中央的精神，反映党中央的方针政策，推广典型经验。办刊宗旨是满足党务工作者的工作需求和普通读者理论学习的需求。第三种是工作指导类，如《市场营销》、《人力资源开发与管理》、《精神文明导刊》等。办刊宗旨是针对性强，可操作性强，面向实际工作，力求把理论与实际相结合起来，为实务工作者服务。第四种是文化生活类，如《当代文萃》、《都市文萃》

等。办刊宗旨是贯彻“以优秀作品鼓舞人”的原则，突出可读性、知识性和新颖性，为普通人提供精神食粮。

根据分类指导的原则，刊物形象也做了很大的改变，不再是同一张面孔。学术研究类期刊采用淡雅的封面，其他期刊适当采用彩色封面。我提出，中心期刊的特色定位在精、新、深、美、活五个字上。精，是指精品意识。过去编资料，强调一个“广”字，力求覆盖每一个学科，但在信息化时代，“广”的职责已转移到网络，因而办期刊应当转向“精”，力求在信息传播中发挥导航作用。中心仍然沿用专家和编辑相结合的办法，力求从信息海洋当中选取最好的文章，把最好的科研成果呈现给读者。新，是指在理论、制度、学术观点上的创新。要尽量捕捉学术前沿的闪光点，以有限的版面，反映学术界最新的动态和学界新人。深，是指理论研究的深度，符合基本学术规范。观点既要有新意，也要有深度，还要体现出学术期刊的权威性。美，是指提高刊物的外在质量，把精、新、深的内容要用美的形式表达出来。最后，还有一个“活”字，包含两层意思。一是版面要活泼，内容、文字也要活泼；二是加强策划，多开展一些活动，扩大中心刊物的影响力。为了维系中心期刊的整体性，请人设计全新的企业标识，不再要求封面整齐划一。

为了使编辑队伍名副其实，必须改掉“资料员”的思维定式。为此，中心加大了编辑培训力度。每年暑假期间，中心都搞编辑培训。中心编写《编辑手册》，发给大家学习使用；购买《编辑学》教材，人手一册，供大家自学。国家出版署组织编辑资格考试，中心鼓励编辑积极参加。为了把“资料”改造成“期刊”，我对编辑提出明确的要求，逐步改掉以往“只辑不编”的做法，必须设立栏目，体现编辑意图，以方便读者阅读。中心通过与人事处协调，将职称评定从图书馆系列转到编辑系列。通过与人事处反复交涉，我为中心争取到20名高级编辑职称额度（其中含编审4名）。由于额度比较充裕，我在任期间，大部分骨干都评上了高级职称。

实施改版工程迈出的第二步，就是试点先行，形成示范效应。中心采取种种措施，鼓励编辑突破“一刀切”模式，创办出有特色的期刊，并且在办公条件、人事管理办法、营销方式等方面给予支持。在这些措施的引导下，涌现一批尝试改刊的闯将。其中有冯新民、杨正翠等“二老”（年纪皆在40岁以上），有宣小红、余洪波、熊春兰、谢雪华等“四少”（年纪皆在40岁以下）。她们敢做“第一个吃螃蟹”的人，在自己负责的期刊率先实施改版。她们摸索到成功经验，发挥了以点带面的作用。对于四个主干编辑室，我提出明确要求：至少编出一本精品期刊，全新推出。政法编辑室选择的是《中国共产党》，经济编辑室选择的是《商界导刊》，教育编辑室选择的是《家庭教育》，文史编辑室富矿不多，我把《精神文明导刊》从教育编辑室调剂来，要求办成精品刊。经过大家的努力，单一办刊模式终于被突破，创办出一批精品刊。我把这一变化叫作“种大树”。中心原来办的刊物，仿佛是一片草原，现在这片草原之上终于培植起一批大树。这些大树将撑起书报中心事业的新天地。以前中心出版物每月销量超过万册的，少之又少；现在已经出现十几种之多。虽算不上“大树”，至少算得上“小树”，不再是“小草”一棵。

实施改版工程的第三步，就是全面推开，严格管理。经过几年的积累，改造编辑队伍的任务基本完成。编辑已经适应新的办刊思路，不再有畏难情绪。全面改版的时机，已经成熟了。中心抓住时机，实施全面改版工程。2005年夏天，中心在昌平凤山举办主题为“珍视学术品牌，强化精品意识”的暑期编辑培训会议。我在讲话中就“如何提高学术期刊质量”提出六点建议和要求，启动全面改版工程。对于这项工程，编辑们都表示拥护，各部门也都积极配合，实施得比较顺利。为了配合全面改版，电子部把刊物出版后数据化处理提前，把编辑完毕的稿件先录入制版，使改版的录入成本几乎没有增加。中心加强校对组的力量，配合编辑最终定稿。中心设立质检部，对已出版期刊抽查，以求保证期刊的质量。为改版工程付出最多辛劳的还得数编辑。他们的工作量，几乎增加了一倍多，可是没有人叫苦，都觉得这份付出是值得的。在改版初期，有些编辑不太适应，便主动加班。我住在校内，时常在晚饭后到编辑部转一转，发现很晚还有人在加班，得劝她们回家。经过一段时间，编辑基本上都能胜任新的工作节奏。

经过多年的改版实践，书报中心的面貌有了大的变化，形成一支特别能干的编辑队伍。我在任期间，大约有三十几位编辑，先后晋升高级职称。有些老编辑由于受到学历限制，参加学校高级职称评审不够条件，中心就采取自行聘任的方式解决。出版署推出编辑职称评定社会化改革之后，许多编辑积极参加上级主管部门组织的职称考试，获得国家颁发的编辑证书。改版后中心经济效益大有好转，发行量大幅上升。改版前中心刊物由于粘贴制版，没有编辑版权；改版后这个问题得到彻底解决，终于有了自己的编辑版权。改版以后中心效益有大幅度提升，订户从改版前不到25000户，飙升到37655户，增长了50%。广告收入也大幅提高。在改版之前，每年广告收入还不到5万元；改版后飙升到200多万元。经过中心员工们几年的努力，终于实现由“选资料”到“办期刊”的华丽转身。

在我任职期间，书报资料中心干成的第二件值得称道的事，就是解决了中心经营身份的合法性问题。书报资料中心的前身创立于1958年，由于属于校办产业的缘故，始终没有到工商管理部门办理正规的注册手续。严格地说，多少年来，中心出版物一直都处在“非法经营”状态。幸运的是，工商管理部门从来没有来查过。显然是因为中国人民大学的名头太大，书报资料中心的名头也不小。进入21世纪以后，国家出版署推动出版体制改革，要求出版单位必须以独立法人身份经营出版行业。这样一来，就把如何解决中心经营身份合法性问题，提到议事议程上来了。中心解决这个问题，有两条路径可以选择。一是到工商管理部门申请注册，取得企业法人身份。可是，几十年都糊里糊涂地混过去了，现在再到工商管理部门注册，有点不合适。二是到国家编制申办事业法人，以事业法人的身份经营出版物。经过中心班子成员认真讨论，大家决定走第二条路，并把这道难题落实到我的头上。我想尽办法，到处找关系，终于同国家编制办建立起联系。中心多次派人到国家编制办公关，终于有了成效：书报资料中心的申请获得批准，比较顺利地取得事业法人的身份。就这样，困扰中心几十年的经营身份合法性问题，终于得到彻底解决。

书报资料中心之所以急于经营身份的合法性问题，也是形势所迫。国家出版署启动出版体制改革方案，要求大多数出版社或期刊社组建出版集团，以求提升规模效益。如果中心连经营合法身份都没有，怎么谈得上组建出版集团？出于响应出版署的号召，人民大学也有组建出版集团的意向，就是把书报资料中心同出版社整合在一起。出版社原来在工商管理部门注册过，有企业法人身份，不存在问题；书报资料中心申报事业法人成功，也算把障碍排除了。两家都是学校的下属单位，当然得尊重学校的意向；对于组建出版集团，皆没有异议。可是，“出版集团”到底是个什么概念，大家并不清楚，先得到国外考察一下。出版社和书报资料中心共同组成一个考察团，由主管副校长冯俊带队，到英国出版业实地考察。我代表书报资料中心，参加了这个考察团。

2002年3月中旬，考察团一行来到英国，访问了牛津大学出版社、剑桥大学出版社、布莱克威尔出版社，顺便也参观了大英博物馆、温莎城堡、莎士比亚故居、丘吉尔庄园、马克思墓地。我从英国回来，写了一篇文章，发表在国家出版署主办的《中国新闻出版报》2002年7月26日第4版。

英国学术期刊的集约化出版

2002年3月中旬，我到牛津大学出版社、剑桥大学出版社、布莱克威尔出版社参观访问，了解到这些出版社期刊出版的一些情况，开阔了眼界，受到了启发。他们的期刊出版方式和管理经验，对于促进我国期刊出版的改革有一定的参考价值。

宏大的期刊群落

期刊出版是英国出版社的一项重要内容，剑桥大学出版社和牛津大学出版社出版学术期刊数量都在150种左右，布莱克威尔出版社出版的学术期刊达到了600种之多。期刊的内容涵盖了人文科学、社会科学、自然科学的各个学科。期刊的性质大多是学术性的，定位在专业的读者群，一般不涉及商业性的期刊。由于定位于专业读者，因而发行量在500户到5000户之间。

出版社出版的期刊分成两种类型，一种是出版社自己出版的，一种受学会委托出版，学会向出版社支付出版费用。由于英国对期刊的管理采取登记制，而不是我国的审批制，期刊数量不受限制，所以出版社出版的期刊的种类也是变化的，有的年份多一些，有的年份少一些。学会可以自由选择出版社，因而各个出版社之间的竞争相当激烈，只有信誉好、知名度高的出版社才能赢得学会的支持。英国的期刊很多，但生存并不容易，能在期刊出版占据主导地位的只有牛津、剑桥、布莱克威尔等几家比较大的出版社。

由于学术期刊采取成本定价的方式，尽管学术期刊的订户不多，出版社还是可以盈利的。有的期刊年定价高达几百英镑，远远超出商业性期刊的价格水平。期刊也开展广告业务，但要求所刊登的广告不能违背期刊的宗旨。广告业务委托广告公司经营，刊登与否由出版社决定。期刊刊登的广告远远少于商业性期刊。期刊的开本有大小两种，一种是大 16 开，一种是大 32 开。皆采用全铜彩色封面。风格比较庄重，不像商业性期刊那样花哨。内文大都采用胶版纸，胶钉装帧，印制精美。期刊页码多少不一，有的多达数百页，形同图书；期刊多少不等，因刊而异。

学术期刊的市场虽然不大，但比较稳定，不像图书市场那样波动。近年来英国的公共图书馆用于购买图书的经费减少，用于购买期刊的经费却增加了，因此经营期刊对于出版社来说还是有利可图的。在牛津大学、剑桥大学、布莱克威尔等几家出版社中，从期刊出版中获得的利润相当可观。从期刊出版获得的利润占牛津大学出版社和剑桥大学出版社利润的 30％左右，而在布莱克威尔出版社竟高达到 75％。

精干的编辑队伍

英国出版社出版的学术期刊虽然数量很大，所用的工作人员却不多。他们采取集约化的经营方式，不像我国这样，每种期刊都设置一个多人组成的编辑部。出版社设立专门的期刊出版部，不干预其具体经营活动，由部主任负责全面管理。期刊出版部的编辑分为专职和兼职两种。专职编辑的数量很少，但素质很高，工作效率很高。牛津大学出版社和剑桥大学出版社均经营 150 多种期刊，所用专职编辑都在 30 人左右。每个人平均负责 10 种期刊，有的期刊工作量较大，但最多也不超过两个人。专职编辑其实都是策划编辑，他们负责期刊策划、组织稿件、联络作者、选稿编辑、联络专家评审（英国实行专家匿名审稿制度）、组织文字编辑对稿件进行编辑加工、终审发稿等项工作。负责文字加工的编辑都是兼职的，不算出版社的员工，他们可以为多家出版社工作，出版社按其工作的质和量付给报酬。每个专职编辑联络数个兼职的文字编辑，选优录用，负责检查他们的工作质量。除了编辑之外，期刊出版部还有负责生产和营销的人员。生产人员从事封面版式设计、联络印刷厂、监督生产流程、检查印制质量，验收产品等工作，对期刊的外在质量负责。营销人员负责市场开发工作，配合出版社的销售部寻找销售渠道，他们的任务是“把读者拉到书店”，前者的任务是“把期刊送到书店”。

专职编辑无疑是期刊出版部的骨干，必须具有高素质的人员才可以胜任。专职编辑应当有很强的策划能力，了解读者的需求，准确地把握刊物的定位，设计期刊的特色和风格；有很高学术水准，能够同作者对话，帮助作者提高论文的质量，赢得作者的信任；有很强的市场应变能力，努力寻找期刊的生存空间，掌握出版资源，适时地推出新刊；有很强的组织能力，善于协调各方面的关系，确保期刊有可靠的作者资源和社外人力资源；有很强的编辑能力，指导兼职的文字编辑完成期刊的全部编辑工作。出版社聘用专职编辑时，对求职者有两项基本要求：一是有较高的学历，至少在学士以上。许多应聘者都具有硕士学位或博士学位。二是有一定的编辑工作经历，一般不录用刚毕业的学生。

向网络出版发展

在英国，期刊向网络化发展的趋势很明显。许多期刊都开始同时出版纸质版和电子版，有些期刊即使没有出版电子版，也通过网络介绍期刊的部分内容。期刊电子版通过电子商务收费，定价比纸质版低 10%。电子版期刊销售的份额目前还不算多，大约是纸质版的十分之一。目前 IT 业不景气，电子版期刊销售也没有表现出增长的态势。由于电子版销售的额度不大，对牛津大学出版社和剑桥大学出版社的销售收入几乎没有产生冲击。期刊出版部的编辑工作主要是在网上完成的。专职编辑通过网络传递稿件。销售人员也通过网络接受订单，联系客户。由于充分利用网络的便利和快捷，工作效率大大提高。

图书与期刊互动

英国的出版社同时经营图书出版和期刊出版，可以说受到了"合则两利"的效果，二者互利、互补，有如车之两轮、鸟之两翼。图书出版首先需要大额资金的投入，先把钱变成书，然后再把书变成钱。期刊出版同图书出版正好相反，是先收到订金，然后才把期刊送到订户手里。因此，同时经营二者，对出版社的资金可以灵活运作。期刊的封面可以为图书提供宣传窗口，使出版社节省了一大笔广告费。

牛津大学出版社、剑桥大学出版社、布莱克威尔出版社都把学术图书出版作为一项主要业务，这对学术期刊出版也有好处，因为二者的作者队伍是一致的。期刊可以充分利用作者资源，提高期刊的质量和知名度，使自己在与同类期刊的竞争中处于有利位置。

牛津大学等几家出版社的学术期刊出版有一个共同的特点：集约化。我认为这样的出版方式符合社会化大生产的原则，其规模效益也是显而易见的，对我国期刊出版的改革颇有借鉴价值。我国的学术期刊出版大都是某个单位或杂志社单独经营，如果没有公费的支持，几乎无法生存。这种一家一户的"小生产"的出版方式，其落后性是不言而喻的。我们应当认真研究牛津大学出版社、剑桥大学出版社、布莱克威尔出版社的期刊出版运作模式和管理经验，加快期刊出版改革的力度，探索出一条符合我国国情的期刊集约化出版的发展道路。

考察团从英国回来，尽管已经弄清楚"出版集团"是怎么一回事，但还未来得及进入具体商谈阶段，组建之事就泡汤了。照道理讲，组建中国人民大学出版集团本来是一所大学内部的事情，不是跨单位组合，应该说问题不大，其实不然。组建集团的阻力，来自两个方面。一是来自学校。出版集团组建以后，将改变"事业单位企业化管理"的运作模式，实行企业化市场化的运作方式。出版集团将以独立经济实体身份，在文化市场上打拼。如果是这样的话，学校的控制力势必被弱化。这是学校所不愿意看到的局面。二是来自书报资料中心。出版社是单一的全面所有制单位，问题不大；而书报资料中心则是"一社两制"单位，将来组建起集团，怎么处理两种所有制之间的矛盾？组建出版集团尚未进入实质操作阶段，就在书报资料中心引发起一场风波。有一百多位"集体工"私下集会，联名上书学校，要求组建集团后，保证每个人都有工作的权利。我和邱金利、肖晓波多次同"集体工"多次对话，做大家的思想工作，力求打消大家的顾虑。我对大家说，组建集团以后，受到挑战最大的，恐怕不是"集体工"，而是"全民工"。因为他们将失掉"全民工"的身份。如果出版集团组建起来，每个员工拿的都不是铁饭碗。学校在组建出版集团时，会考虑到对员工的补偿办法，绝不能让大家吃亏。我们三人苦口婆心，做了许多工作，总算把大家躁动的情绪平息下来。风波发生以后，中心领导意识到组建集团的难度，不再抱着积极推动的态度；出版社也意识到"集体工"问题难以解决，不想背上这个包袱，也对组建集团之事消极起来。学校原来同意组建出版集团，不过是装装样子，给出版署看而已，并非出于真心。既然三方对组建出版集团皆消极对待，此事只能不了了之。

在我任职期间，中心干成的第三件值得称道的事，就是彻底解决了办公场地问题。书报资料中心原来的办公地点，在张自忠路 3 号的段祺瑞执政府旧址。这里是清政府在北京最早盖起一片洋楼群，经费来自重修颐和园剩下的银两。原来打算做陆军衙门，因清朝灭亡而未果。段祺瑞掌控北洋政府大权时，以此处为执政府。骇人听闻的"三一八"惨案，就发生在执政府的大门外。日本帝国主义侵占华北，岗村宁次曾把司令部设在这里。1951 年中国人民大学建校，主校区就是这片楼群。主校区迁到西郊以后，这里仍旧是人民大学的校产，有一些单位仍留在这里办公，其中就有书报资料中心。书报资料中心的办公机构设在主楼，而编辑部、资料室等部门，都设在辅楼。由于年久失修，辅楼已经成为危房，不能继续使用。中心编辑部只好迁出，在西郊主校区租用校医院的工字楼前楼一层十几间房间，暂时使用。中心每年都得付给校医院一笔数目不小的租金。这样一来，中心便形成一个单位、两地办公的局面，极其不方便。中心主要领导多次到学校反映情况，要求解决中心办公用房问题，却始终得不到答复。中心曾打算自筹资金盖楼，但找不到合适的地点。张自忠路 3 号属于北京市重点文物，不容许拆除翻建。

2003 年，在四季青租校舍办学的徐悲鸿艺术学院，因房主漫天要价，已经无力承受，要求迁回主校区。学校只得把原来属于校医院的工字楼，拨给徐悲鸿艺术学院使用。这样意味着，书报资料中心编辑部必须从中迁出。学校打算暂时把编辑部安排在图书馆的阅览室，因使用面积不足，加上图书馆反对，没有实现。幸好学校多年前已售出的兴发大厦回购，使中心有了比较理想的选择目标。学校原来打算把马克思主义学院安排到兴发大厦，因兴发大厦在主校区外，办学不方便，马克思主义学院不想搬家，才使书报资料中心有了可乘之机。我给校长写了一封长信，申诉要办公用房的理由。老邱也通过各种关系，呼吁学校解决书报资料中心办公用房问题。经过我们不懈的努力，终于有了结果，学校答应把兴发大厦的一部分房间给书报资料中心使用。2003 年 7 月，编辑部和资料室先迁入兴发大厦，随后中心办公机构、销售服务部、计财部等部门也迁入。书报资料中心终于不再是“流浪部落”，有了一个比较像样的办公场所。我从 1998 年底任职，四年多的时间里，都得赶车到张自忠路 3 号上班，下班经常被堵在路上，很晚才能到家。现在不必再受奔波之苦了。我家住在学校校园里，到兴发大厦很方便，骑自行车几分钟就搞定了。

书报资料中心的主要部门搬到兴发大厦以后，办公条件有极大改善，但还没有到位。仍有一些部门，还留在张自忠路 3 号，未能完全解决两地办公问题。2007 年中国人民大学文化大厦落成，学校希望书报资料中心作为一家文化产业入住。中心租用了两层楼，精装修后入住。除了库房和个别部门外，大部分部门都集中在文化大厦。从此，中心基本上解决了两地办公问题，有了一个永久的、比较像样的办公场所。搬入文化大厦以后，大家相当高兴。有的同志打趣地说：“我们终于可以像‘白领’一样，体面地在写字楼里上班了。”

在书报资料中心任职期间，我作为主要经营者之一，有三点感受。第一，要有主见，不能随波逐流。经营者对于不同的意见，不能不听，也不能全听。他对于自己认准的事情，要敢于做主，坚定不移地把它办成。我在书报资料中心实施改版，反对者大有人在。他们强调，中心的刊物与其他刊物不同，没有改版的必要；中心刊物低投入、高产出，走出成功之路，改版是选择失败。我多次与有不同看法的人交流，打消他们的顾虑。我强调，中心刊物与其他刊物固然有别，但绝非另类，而是同类中的特殊。尽管特殊，也必须遵循办刊的一般规则。中心以往的成功，乃是适应了当时的市场需求，不等于还适应现在的市场需求。如果一味守旧，不思改进，势必被市场所抛弃。在改版取得成功的事实面前，最初反对改版的人，放弃了自己的看法。

第二，要敢于管理，不能放任自流。经营者是一个团队的管理者，他必须负起管理者的责任来，不能容忍歪风邪气。书报资料中心实施全员聘任上岗制度以后，有位编辑不能胜任编辑岗位工作，编辑室主任没有聘用她，交由中心另行安排工作。这位失掉编辑岗位的同志，竟然让她的先生到编辑部兴师问罪。我到编辑部检查工作，正好赶上此事。这时，我作为主要负责人之一，绝不能退缩，必须冲在前面。我严厉申斥此人的行为，甚至说出有些过火的话。我说："我若再年轻几岁，非揍你一顿不可！"我指示编辑部同志打电话通知学校保安人员，前来将此位胡闹者驱赶出去。我当场宣布：对那位未被聘用的编辑做下岗处理，必须写出深刻的检讨，否则不再聘用。事后，那位编辑冷静下来以后，按照我的要求，检讨自己的错误。他的先生也主动找到我，检讨自己的错误做法，还表示佩服我"是一条汉子"。倘若我当时示弱，恐怕收不到这种效果。

第三，要唯实，不能唯上。经营者一手托两家，既要对上级负责，也要对员工负责。不能一手软，一手硬。对于上级的意思，不能不听，也不能全听。不听，那是失职；而全听，则会失败。如何拿捏好分寸，不是一件容易的事情。每个中层干部，恐怕都会遇到上级的意思与单位的实情发生冲突的时候。当我遇到这种冲突时，选择的不是唯上，而是唯实，绝不一味地迎合上级的意图。校领导多次提议，希望中心把某些中心并不需要的人，安置到中心工作，都被我拒绝了。我的回应是：按照中心的规定，进人必须经过考试和基层考核，不能个人说了算。我所在的哲学院调来一位骨干教师，一位副校长找到我，希望把她的配偶安排在中心工作，我同样表示拒绝。我对这位一位副校长说，中心员工隐性过剩的问题相当严重，无力安排多余人员。经沟通，这位副校长对我的难处表示理解，没有为难我。

第四，要走在员工的前面，不能跟在员工的后面。经营者作为领导者，要求员工做到的事情，自己必须首先做到。我提出"精、深、新、美、活"的工作要求以后，各个编辑室的积极性被调动起来了，纷纷策划活动，主办与本编辑室相关的研讨会。这些会议与我所学专业不相干，我可以用"自己专业不熟悉"为理由，拒绝出席。但我不能这样做，因为这将伤害员工的积极性。我尽可能参加各个编辑室主办的各种类型的研讨会，并且在出席前做足"功课"，力求在会上拿出有质量的发言。我所参加过的研讨会，涉及法学、金融学、教育学、政治学、行政学、商品贸易学、文学、广告学、精神文明、政治思想教育、党的建设、人力资源管理等方方面面。由于担任书报资料中心总编辑这个角色，要求我不能只做专家，必须学会做个杂家。

2004 年 6 月，书报资料中心领导班子换届，我和老邱、李明霞留任，肖晓波调信息学院任分党委书记，邱海平不再“双肩挑”，回经济学院做专职的教授。新一届领导班子由六人组成：邱金利继续担任中心主任，我继续担任总编辑，李遵清任分党委书记，高自龙任副主任兼副总编，徐芳任副主任（挂职），李明霞继续担任副书记。“班长”依然是邱金利。按照常规，我不应该进入新一届班子，因为我当时已经 57 周岁，距 60 岁解职不满 4 年，也就是干不完这一届。在学校领导班子讨论中心换届人选时，主管中心工作的副校长冯俊说：“在人民大学里，恐怕找不出比邱金利与宋志明更合适的人选，我建议保留二人的职务。”校领导采纳冯俊的建议，把我俩继续留在中心继续任职。在新一届班子中，有三位老人，有三位新人，需要重新整合。令人遗憾的是，整合得不够成功，常常出现分歧。有人甚至经常到校领导那里，反映一些不实之情。2007 年初，校领导不让冯俊再主管书报资料中心，改为抓教学，让另一位党委副书记接替他主管书报资料中心。这位副书记很快启动中心班子调整进程。台面上的理由是：我和老邱年纪已大，不宜再留在领导岗位。这条理由，其实站不住脚。校方明明知道，我留任时已经超龄，这条理由如果成立，当时为什么留任？说我超龄，合乎事实；可是，老邱并没有超龄呀！完全可以干到本届正常换届。校领导之所以急忙让我俩下台，真实的原因，恐怕是因种种原因，失去对班子的信任，只是不好明说而已。

我和老邱召开书报资料中心中层干部会议，通报了学校调整中心领导班子的决定。我深情地对大家说：“天下没有不散的筵席，我到了该跟同志们说再见的时候了。感谢同志们多年来对我工作的大力支持！我刚到中心时，在座大部分人都三十几岁，现在都四十几岁了。你们把一生中最好的时光，都献给了中心事业。我谢谢你们！”我讲话完毕，有些同志已经哭出了泪水。我们在一起打拼了近十个年头，的确结下深厚的感情，如今即将分手，不能不动情。谭嗣同在就义前，留下诀别诗：“有心杀贼，无力回天，死得其所，快哉快哉！”在员工代表大会上，我仿照谭嗣同的绝命诗，发表了这样的告别词：“有心干事，无力回天。退得其所，快哉快哉！”主管中心的那位副书记找我谈话，告知我因年龄关系被免职。我坦然面对，没有怨言，表示接受。我表态说：“到点下课，天经地义，我没有什么想不通的。我终于可以‘一肩挑’，不必‘双肩挑’了，这是一件好事。”

2007年7月，书报资料中心新一届领导班子成立。盛希贵任中心主任，孟捷任总编辑，李遵清任分党委书记，高自龙和呼延华任副主任兼副总编，李明霞任分党委副书记。老邱不到退休年龄，继续留在书报资料中心，不担任任何职务，到年龄退休。我离开中心，回哲学院做专职的教授。我十余年“双肩挑”生涯，终于完结了。

（三）做学问

在“双肩挑”十余年的时间里，我忙里偷闲搞科研，也有一些收获。累计发表文章80多篇。出版或主编专著7部，其中有《陈献章·王守仁·李贽》，台湾商务印书馆1999年出版；《贺麟新儒学思想研究》，天津人民出版社1998年出版；与梅良勇合著《冯友兰学术思想评传》，北京图书馆出版社1999年出版；与李新会合著《墨子》，香港中华书局2001年出版；与孙小金合著《20世纪中国实证哲学研究》，中国人民大学出版社2002年出版；与刘成有合著《批孔和释孔——儒学的现代走向》，上海华东师大出版社2004年出版；与吴潜涛共同主编《中华民族精神论纲》，中国人民大学出版社2006年出版。

出版、主编或参编教材4部，其中有与向世陵、姜日天合著中国人民大学硕士研究生系列教材《中国古代哲学研究》，中国人民大学出版社1998年出版；21世纪通识教育系列教材《中国传统哲学通论》，中国人民大学出版社2004年8月出版。主编高校教材《马克思主义哲学原理》，中国统计出版社2002年出版。参加方克立主编的《中国哲学与辩证唯物主义》的编写，高等教育出版社1998年出版。

资料整理完成3部，出版2部。已出版的有谢幼伟著《现代哲学名著述评》重版与注释，山东人民出版社1997年出版；还有马一浮著《复性书院讲录》重版、标点与注释，山东人民出版社 1998 年 8 月出版。王星拱著《科学方法论》重版与注释，我已经完成，书稿交给山东人民出版社，因出版社原因，至今尚未出版。

主持的课题有：国家社会科学基金年度一般项目（批准文号 96bzx042）“五四：批孔与释孔——中国现代哲学思潮的演化”，结项日期为 2001 年 6 月 20 日；教育部人文社会科学“九五”规划项目第二批立项（博士点基金）“20 世纪中国实证哲学思潮的回顾与前瞻”（批准文号 98jby720008），结项日期为 2003 年 12 月；国家社会科学基金年度一般项目“现代新儒学的走向”（批准文号 03bzx026），结项日期为 2007 年 8 月；哲学院“211”项目子项目“中华精神与凝聚力研究”，结项成果为与吴潜涛共同主编的《中华民族精神论纲》；人文学院“211”项目子项目“孔学与中国人的精神世界”，结项成果为与许宁合著《孔学与国魂》。

获得的奖励有：1997 年 9 月中华人民共和国新闻出版署第三届国家图书奖《国学大师丛书》获提名奖，《熊十力评传》为其中一本；1999 年参编《中国哲学与辩证唯物主义》获第七届“五个一工程奖”图书奖；2000 年《贺麟新儒学思想评传》获中国人民大学优秀科研成果一等奖；2000 年《中国古代哲学研究》获中国人民大学优秀教学成果一等奖；2000 年研究生课程设置获中国人民大学教学成果一等奖，获北京市教育成果二等奖；2003 年《从批孔到释孔的转折》获中国人民大学优秀科研成果奖；2004 年享受国务院授予的政府特殊津贴；2005 年《儒道价值观比较研究》获《社会科学战线》2004 年度优秀论文特等奖。

在这十余年的论著中，主要话题有两个。一个话题是中国现代哲学研究，尤其是现代新儒家研究。《20 世纪中国实证哲学研究》是《现代中国哲学思潮》中一个专题的展开。《贺麟新儒学思想研究》、《冯友兰学术思想评传》、《批孔和释孔——儒学的现代走向》、《现代新儒学的走向》等书，是我在博士论文基础上，关于现代新儒家的深入研究。另一个话题是中国古代哲学宏观研究。《中国古代哲学研究》和《中国传统哲学通论》，都属于这一类。这种研究为我后来撰写《薪尽火传：宋志明中国古代哲学讲稿》打下了基础。

十、收获季

2007年8月28日，我被免去书报资料中心总编职务。12月23日，中国人民大学颁发2006—2007学年校长字123号文件，正式公布。新学期开学以后，我终于卸下经营者的担子，回到哲学院，可以一心一意地搞教学和科研了。我告别“双肩挑”，回归“一肩挑”。

（一）重返第一线

我回到哲学院不久，校领导决定将中国哲学教研室成建制地从哲学院转入国学院，我也随之成为国学院的教授。不过，我只给国学院本科生做了一次讲座，未承担过任何一门课程。我仍在哲学院指导研究生，承担哲学院的教学任务。我回归哲学院本科生课堂，在第一线再次讲授专业基础课“中国哲学史”。

1974年，我在吉林大学哲学系参加《中国哲学史》编写，算起来我与这门课程相伴已经30多年了。说心里话，我对中国哲学史学科是有感情的，希望能为这门学科的建设尽点力。对于这门学科的现状，我觉得还有改进的必要。目前出版的中国哲学史方面的教材，大概有十几种，我读后觉得存在着三点遗憾。第一，不够“中国”。有些编写者似乎自信心不足，习惯于按照国外的模式来写，没有充分反映出中国哲学的独到精神、独到韵味。第二，不够“哲学”。有些编写者似乎只是把古人的言论编纂在一起，并不做思想的提炼。据有人统计，有些教材引用的原文，篇幅甚至超过全书的三分之一。第三，不够“历史”。有些编写者选择的人物众多，似乎想把所有有点哲学言论的人都一网打尽，结果弄得篇幅冗长，无法展现哲学思想的发展脉络。

以往“中国哲学史”这门课程，讲两个学期，8 个学分，通常由两位教师分别讲授。一人讲授从先秦到汉唐这一段，4 个学分；另一人讲授从宋明到近代，也是 4 个学分。我觉得这种划分不合理，无法反映出中国古代哲学作为断代史的完整性，有调整的必要。我对课程体系做出改革，把整个中国古代哲学史作为一段，一个学期讲完；把中国近现代哲学史作为另一段，也一个学期讲完。教研室同意我的改革方案，同意我按照新的课程设计，给 2006 级本科生讲授“中国古代哲学史”，安排另一位教授接着我，讲授“中国近现代哲学史”。

2008 年，我年过花甲，重新为本科生讲课，已是满头白发了。同我最初讲这门课程相比，最大的不同之处在于，我已经树立起学术自信心。1987 年我初讲这门课时，尚处于学术上的耕耘期；2008 年重讲这门课时，我已进入学术上的收获季。由于在中国哲学史领域浸淫几十年，我已经形成一套自己关于中国哲学史的看法。重讲这门课时，我不傍依任何版本的中国哲学史教材，只讲自己的研究成果，把自己认为可以站得住脚的观点，讲给学生听。我不理会各种名目的所谓“范式”，采用自己的方式讲授中国哲学史。我重新设计课程大纲，提交给学校教务处；我边讲边修改，终于形成一种关于中国古代哲学史的一家之言。

我的听课对象，主要是哲学院 2006 级本科生，有两个班。一个是普通班，有彭宇哲、赵洋、黄嘉琦、冯佳欣、黄星、吕梦楚、吴丹、邢凯、万美文、伊凡、陶乐、朱玮琼、冯原、吴振宇、高明元、熊臻宇、胡宇、王婉秋、王园园、李依蔓、彭振、孙琦子、张婉月、赵晓伟、李时凯、刘成泽、高翠婷、杜瑶砾、曾宗耀、陈蕾、王艳丽、陈芸颖、詹杰、潘梦阳、陈治宇、黄心哲、郑力文、余玉斌、古丽南·胡斯曼等 39 人。一个是国防班，有徐相、姜泓伸、赵超、魏子昂、郭自强、郎耀辉、茶忠祥、张永昌、杜彦霖、梅浙赣、周惟亮、杨昊、蒋晓龙、柯萌、范乐乐、孙鹏凯、耿仁杰、王家亮、吴致洲、樊士诚、席圣金、吕猛、李亚磊、张广强、徐健峰、白雪松、李兴、周翌、肖永亮等 29 人。两个班加在一起，有 68 人之多。除了这两班本科生外，还有许多旁听生。其中有哲学院的硕士生，有到人民大学进修的访问学者，有哲学院的青年教师，还有一些从外校赶过来的学生。听课的人把教室坐得满满的，这是任何一个主讲教师喜欢看到的情形。同学们听课很认真，课堂气氛很好。

我尽量讲好每一节课，力求做到深入浅出，用自己的方式把中国哲学的精蕴表达出来。每次讲课结束，同学们都报以热烈的掌声。陈治宇同学建议把讲课录音整理成书，我接受了她的建议，遂着手写作《宋志明中国古代哲学讲稿》一书。同学们利用暑假时间，把我的讲课录音整理成文字。其中第一章、第二十一章由陈治宇同学整理，第六章、第七章、第八章由李依蔓同学整理，第二章、第三章由张婉月同学整理，第十九章、第二十章由杨昊同学整理，第四章、第十八章由黄心哲同学整理，第十四章、第十五章、第十六章由李兴同学整理，第十一章、第十五章由古丽南·胡斯曼同学整理，第四章、第九章、第十二章、第十三章、第十四章由冯佳欣同学整理。我在同学们所整理的初稿基础上，做了比较大的修改，逐渐成书。我感谢同学们的热情，感谢同学们的辛勤劳动，感谢同学们让我体味到教学相长的快乐！

《宋志明中国古代哲学讲稿》一书脱稿后，北京师范大学出版社愿意出版，纳入“京师大讲堂”丛书。这套书已经出版了几本，主标题都是四个字。为了同其他书保持风格一致，编辑建议我的书，也以四个字作为主标题，以“宋志明中国古代哲学讲稿”为副标题。哪四个字合适呢？我想了很久，觉得“薪尽火传”四个字比较合适。我使用“薪尽火传”一词做书名的主标题，有两层意思。一层意思是就书的特点而言的。我以“薪”比喻古人留下的文本，也就是思想材料；以“火”比喻思想内涵。讲哲学史，主要讲的不应该是“薪”，而应该是“火”。可是，现有的中国哲学史版本，似乎只讲“薪”，而不讲“火”，讲不出哲学道理来。我力求改变这种讲法，把讲述重心，从“薪”移到“火”上。古人留下的文本，作为“薪”，乃是用来传递“火”的。“薪”虽尽，“火”犹在。不过，“向者之火非今日之火”。讲者所要表达的，显然不是“向者之火”，而是“今日之火”，这才叫作“传”。讲者应当从古人留下的“薪”（文本）中，讲出“今日之火”，方能体现古为今用的宗旨。另一层意思是就我自己而言的。我已年过六旬，快要退休了。我自己作为“薪”在讲台上燃烧的时日不多了；我希望能在燃尽之时，可以通过学生把“中国哲学之火”传递下去。

2010年3月《薪尽火传：宋志明中国古代哲学讲稿》由北京师范大学出版社出版。这是我重返本科生教学第一线的一项重要收获。我从2008年到2013年，连续六年讲的课程，都是这本书的内容。我依据本书的内容，2009年申报中国人民大学教学改革项目，获得批准，还得到5000元的资助。经过几年的摸索，我终于摸索到一种关于中国古代哲学史的言说方式。我讲的中国古代哲学史课程，被访问学者录音带回去，影响力已经超出中国人民大学的范围。《薪尽火传：宋志明中国古代哲学讲稿》一书，被一些高校当作本科生教科书使用。华东师范大学陈卫平教授把这本书戏称为"宋版书"。我也尝试用此书申报教育部评奖，但没有获得成功。在申报送审过程中。第一关在哲学院顺利通过，第二关在学校因书名为"讲稿"，在专家评审会议上遇到麻烦。有人以为"讲稿"当属于教材，不在评奖范围之内；有人以为，虽有"讲稿"字样，也不能算教材。后一种意见占了上风，还是通过了。报到教育部，在评审专家眼里，一看书名就算不上阳春白雪，自然不会投赞成票。落选在所难免。对于我来说，能不能评上奖，倒是无所谓；能出版我已经心满意足了，也算是对我几十年努力的一种认可。

重返教学第一线以后，除了为本科生讲授中国古代哲学史之外，我还做了四次规模比较大的讲座。第一次在2007年6月，为国学院学生讲《国学哲理精神》。讲稿整理成文，收入《在人大听国学》一书。此书由张志伟、干春松主编，南昌江西人民出版社2009出版。第二次在2008年9月28日，那一天是孔子诞辰纪念日。国学院、孔子研究院主办中国人民大学"孔子文化月"，我应邀演讲，题目是《孔学要义》。听众以本校学生为主，也有从外校赶来的。校刊对我的讲座做了报道，还刊发了比较详细的摘要。讲稿整理成文，以《孔学钩玄》为题，发表在冯俊主编的《哲学家2008》，人民出版社2009年出版。第三次在2011年3月16日，地点在公共教学一楼1602教室。我为"中国人民大学通识教育大讲堂"讲2011年度第一次讲座，副校长杨慧林主持。讲的题目是《论国学的含义与构成》，讲稿整理成文，发表在《浙江社会科学》2011年第2期。第四次在2011年4月22日，地点是人文楼6层会议室。我为弘愿宗教学术讲座第十五讲做专题讲座，题目是《佛教怎样融入国学》。听众主要是本院学生，也有从外校赶过来的人。讲稿整理成《论佛教与国学的融通》一文，发表在《江汉论坛》2011 年第 9 期。

中国人民大学校领导以行政的手段把中国哲学室教研室从哲学院调到国学院，却不能把两个单位整合在一起。国学院原来有教职工 20 多人，院长由校长兼任，常务副院长来自历史学院。常务副院长主持日常工作，大部分教师原来都从事历史专业。中国哲学教研室 6 人，人数相当于原来国学院的三分之一。整合的难度在于各自的治学思路不同。原来的国学院，其实就是第二历史系，做学问特别看重文物训诂，走的是古文经学的路子；而中国哲学教研室做学问特别看重义理诠释，走的是今文经学的路子。“道不同不相为谋”，古文经派怎么可能同今文经派整合在一起呢？对于他们的路子，我们不认同；对于我们的路子，他们也不认同。中国哲学教研室只是把编制从哲学院转移到国学院，教师仍承担哲学院的教学和科研任务，就连使用的办公室，还是原来在哲学院的办公室。学校领导大概也发现把两个不同类型的团队整合在一起，似乎不可能，遂于 2008 年 9 月，又将中国哲学教研室的编制转回哲学院，只把杨庆中一人留在国学院。我们“走”了一年多，又“回到”了原点。不过，我个人在国学院期间颇有收获，那就是顺利地晋升为二级教授。

2008 年，教育部实行高校职称系列评级改革，对教授职称做了细化，分为四个级别。最低一级为四级教授，由低而高，依次是三、二、一级。理科一级教授的资格很明确，就是两院院士。一级教授的基本工资，比正部长还高出 50 元，以表示国家对人才的尊重。由于没有明确的标准，文科暂不评一级教授，二级教授为最高等级。人民大学实施教授评级，拿出评级细则。细则中有关于评为二级教授的硬性规定，就是任教授满 13 年。此外，还有弹性规定：如果成绩突出，可以宽限到 12 年。所谓“成绩突出”，具体是指在学校规定的“最优期刊”上发表论文 10 篇以上，其中至少有一篇在《新华文摘》上全文转载。幸亏我这些年虽然“双肩挑”，但没有放弃科研，否则我将被挡在二级教授的门外。我在 1996 年评为教授，到 2008 年已满 12 年，按硬性规定还差一年，但符合弹性规定。我在学校规定的“最优期刊”上，发表的论文有 24 篇，《新华文摘》全文转载的论文 4 篇，远远超过学校细则中的规定。这次教授定级，看重的是资格，与职务无关。大部分处级以上中层干部都不够资格，没有办法搞猫腻，所以“公开、公平、公正”原则贯彻得比较好。评二级教授的名额，在全校有限制，而在各学院则没有限制。只要申请人资格够，无论在哪个学院，都可以评上。

国学院申报二级教授的人选，有张立文、黄克剑、王子今、宋志明四位。张立文1985年评为教授，是国务院学位办聘任的博士生导师，不必经过评审，可以直接定为二级教授。黄克剑和王子今都在1995年以前评为教授，完全符合条件。我任教授年限虽差一年，但因“成绩突出”，符合弹性条件，故而也顺利过关。中国人民大学首批评定的二级教授，全校总共67名，分布并不均匀。有的学院人数比较多，有的学院一个也没有。哲学院有8名教授评上二级，国学院有4名教授评上二级，占的比例都比较大。我在教授定级评审中，几乎没有遇到什么障碍，比我当年晋升教授顺利得多了。

（二）视频公开课

2011年，我有幸登上一个特殊的讲台。这个讲台设在“没有围墙的大学”里，教授不必同学生面对面，而是借助音频和视频手段，同网友交流。这就是讲授中国大学视频公开课。

视频公开课发端于西方的所谓“慕课”，英文为MOOCs。第一个字母“M”，是Massive的缩写，表示“大规模”，意思是听课者众多，不限于坐在教室中的学生；第二个字母“O”，是Open的缩写，表示“开放”，意思是教学形式公开化；第三个字母“O”，是Online的缩写，表示“在线”，意思是学习过程在网上完成，不受时空限制。“慕课”的接受方式有限制，需要到开课学校注册。把这种限制去掉，视频课件制成以后，直接放在网络上，供网友随意观看，就变为视频公开课了。2011年这种教学方式问世以后，被誉为“印刷术发明以来教育最大的革新”，誉为“未来教育的曙光”，在全球范围内迅速推广开来。一些中国门户网站把西方国家录制的视频公开课放到网上播出，受到网友的热捧。教育部意识到，在这块新的教育阵地上，不能只有外国教师的声音而没有中国教师的声音，决定拨出巨资，开发中国大学视频公开课。

2011年春季，教育部号召全国“985”或“211”大学申报课程项目，从中选出一部分制作中国大学视频公开课。教育部选择的条件很高，既要求有学术性，又要求通俗易懂，有可接受性。各个大学踊跃申报，报上来的课程有几百门。教育部从中选出一百门左右，责成选中的学校自行制作成光盘送审。教育部组织专家评审，责成高教出版社配责任编辑把文字关。审查以后，淘汰不合格的课程，选出可以播出的课程，分批上线。中国人民大学上报了8门课程，在教育部初审通过了5门。其中哲学院有两门，一门是我报的《中国传统哲学通论》，另一门是臧峰宇报的《当代哲学热点问题》。马克思主义学院、历史学院、国学院各有一门。

7月，在暑假期间，学校教务处委托网络学院着手制作视频公开课光盘。在制作前，教务处出面，请来中央电视台“百家讲坛”制作组成员一位女同志，同大家座谈，提醒大家在录制中应当注意的事情。她建议，在画面上最好不用课件，有适当的板书，效果可能更好。因为主讲人面对课件讲课，会分散网友的注意力，以至于跟不上主讲人的思路。有些必要的课件，可以在后期制作中加上，但不能出现在有主讲人的画面中。我觉得她讲得很有道理，遂把原来准备好的课件，一概弃之不用。

为了录制视频公开课，我做了非常认真的准备。我讲的课，最初设计为6节，每节课50分钟左右。7月下旬，网络学院通知我到录像厅录制。为了形成课堂效果，请来30几位同学，把录像厅的座位坐满，配合我录制。在录制前，录像师为我做了简单的化妆，便“粉墨登场”了。在这种场合，与其说是讲课，不如说是表演。我既要讲清楚内容，掌握好进度，也有注意自己的表情，还得适当运用一点肢体语言。虽然有讲稿，但不能低头看，得完全凭记忆用口语流利表达。每节课结束前，有对话环节，要现场回答同学提问。同学提什么问题，事先没有设计；对于同学提出的问题，我事先自然没有准备，全凭现场发挥。6节课要在一天内全部完成，上午录制3节，下午录制三节，都需站着讲。我使出浑身解数，力求把每节课录制成功。在录像师以及在场同学的共同努力下，录制进行得很顺利，一次通过，没有返工。这一天下来，我真的很累。幸亏我平时注意锻炼身体，否则会吃不消的。

现场录像只是第一个环节，第二个环节是摄制组加工整理。他们要删去一些不必要的镜头，处理掉讲课人的口误，把主讲老师的话整理出来，制成文字，配到画面上。用行话来说，这整理出来的文字，叫作唱词。唱词必须与画面匹配，并且准确无误，最后需由主讲教师修改定稿。这是一项细致的工作，来不得半点马虎。唱词还得接受教育部组织的专家审查和责任编辑的验收，搞不好可能被枪毙。我十分认真推敲每句话，尽可能纠正口误。不过，说出去的话，修改是不可能的，只能做适当的删除处理。删除也不能太长，因为太长将损害连贯性。我用了几天时间，终于把唱词搞定了。

人民大学承担的 5 门课程全部录制完成后，送教育部审查。几个月过去后，教育部把审查结果反馈回来：4 门课程通过，1 门课程被枪毙。通过的课程，还需根据专家和责任编辑提出的意见，做进一步的修改，然后分批上线播出。第一批上线的课程，全国只有 20 门。其中有我讲的课程，而且是人民大学唯一被选中的课程。教育部召集课程首批上线播出的 20 位主讲教师以及摄制组负责人到高等教育出版社开会，布置最后定稿的要求。根据教育部的要求，我把课程的名称定为“薪火传承·中国传统哲学通论”，课程推荐词是：

> “智山慧海传真火，愿随前薪做后薪。”这是冯友兰先生的宏愿，也应该是每个中国人的宏愿。我们怎样才能传承中国传统哲学之火？关键在于把握哲学精神、宇宙论、本体论、方法论、知行观、价值观六个接点。

按照教育部的要求，即将上线的课程，首先得在本校网络上播出，听一下学生的反应。我讲的课程在人民大学内部网播出后，反应还不错。11 月 9 日，我主讲的中国大学视频公开课“薪火传承·中国传统哲学通论”第 1 至 3 讲在网易、爱课程、中国网络电视台同时上线播出，在网民中引起很大反响，点击率比较高。过了不久，第 4 至 6 讲也接着播出。

对于我主讲的课程，大多数网友表示满意。在“课堂互动”中，署名熊航的网友写道：“宋老师用最通俗简单的语言向我们呈现了中国哲学的概貌，既是一次科普，又是带有专业性的学术解读，中国哲学的特征、精华、发展路径都能通过短短的六节课得到了解。通过学习这个课程，我最大的感受就是，作为一个中国人，我们应该对中国哲学有所了解、应该发扬和传承中国哲学。”也有的网友吐槽，署名 c. c. ng 的网友写道：“我第一节还没有完便没有继续看下去了，因为我觉得宋教授似乎在推销他写的书，不只一本，而是两本!”

媒体对我主讲课程的评价也不错。《法制晚报》记者以《中国大学公开课，北大最受欢迎》为题报道说：

> 记者从教育部获悉，由北大、清华等高水平大学建设的首批 20 门“中国大学视频公开课”正式上线。
>
> 从今天开始，亿万网民可以在互联网上免费观看这些大学知名教授授课的视频。
>
> 今天上午，记者点开爱课程网的网站，凌晨就上线的 20 门课共 55 个视频已经被放置在主页上，在网站的右侧还有一个课程人气排行榜。
>
> 北京大学邓小南与阎步克教授的“中国古代政治与文化”处在点击排行第一名的位置，紧随其后的是中国人民大学宋志明教授的“薪火传承·中国传统哲学通论”，北京师范大学于丹教授的“千古明月”排在第三位。爱课程网的工作人员王女士告诉记者，这些视频一上线就有很高的人气，排行榜都是根据点击量自动生成的。

教育部对我主讲的课程显然也比较满意，希望我再增加 6 节课，使内容更丰富一些。我接受了这个任务，准备再录制 6 节课。1 至 6 节已经从哲学精神、宇宙论、本体论、方法论、知行观、价值观等六个角度，对中国传统哲学做了全面的论述，不可能按照这个思路再讲下去，必须换个思路，并且必须同前 6 节相衔接。我想了许久，终于找到“接着视角讲思潮”的路径。第 7 节是“先秦道家哲学”，第 8 节是“先秦儒家哲学”，第 9 节是“先秦墨家哲学”，第 10 节是“魏晋玄学”，第 11 节是“中国化佛学”，第 12 节是“宋明理学”。后 6 节录制完成后，顺利通过审查，很快也上线播出。12 节全部完成，原来的课程推荐词已经不适用了。我重新写了课程介绍：

> 本课程分为上编和下编。上编六讲是关于中国传统哲学的主干的讲法，可以说是大通论；下编六讲是关于中国传统哲学枝杈的讲法，可以说是小通论。中国传统哲学的主要思潮是先秦道家哲学、先秦儒家哲学、先秦墨家哲学、魏晋玄学、中国化佛学、宋明理学。

2012年4月26日教育部发文，我主讲的《薪火传承·中国传统哲学通论》被纳入“中国大学精品视频公开课”。由于我主讲的视频公开课比较成功，《中国大学教学》杂志特约我写篇文章介绍经验，发表在《中国大学教学》2012年第1期。

视频公开课“中国传统哲学通论”建设的经验与体会

“中国传统哲学通论”原为面向中国人民大学全校本科生的素质教育课程，比较受欢迎。申报教育部2011年精品视频公开课有幸通过。2011年7月，由中国人民大学网络教育学院录制成视频公开课，共六讲，经专家和编辑严格审查，亦获得通过。12月，第一批中国大学视频公开课在爱课程、网易、中国网络电视台上线，共20门。本课程为其中之一。上线后，网友反应热烈。教育部通知再续制6讲，现已完成送审。两期制作加在一起，共计12讲，涵盖了中国传统哲学的主要内容。

如何建设视频公开课，是我头一次遇到的问题。没有经验，只能在干中摸索。在摸索过程中，有一些粗浅的体会，愿与大家分享。

一、找准定位

视频公开课的关键词是“公开”二字。讲授视频公开课，不在大学的教室里进行，而在录音厅进行；所面对的“学生”，不是平时自己所熟悉的同学，而是不曾谋面的网友。这种特殊的定位，决定授课方式与课堂教学有所不同。如果不注意到定位的特殊性，简单地把大学的课堂教学搬到网络上，恐怕不会收到理想的效果。网友不受课堂纪律约束，不可能把他们组织到课程教学过程中去，只能设法把他们吸引到教学过程中，也就是通常所说的“吸引眼球”。能否吸引眼球，是衡量视频公开课是否成功的第一条标准。

为了适应视频公开课的特殊定位，我在原课程的前面加上了修饰语，改称“薪火传承·中国传统哲学通论”。为了增强吸引眼球的效应，我在设计本课程时，适当地采取一些积极修辞的手法。我在写推介词的时候，也没有采取消极修辞的写法，尽量写得生动一些。我引用了冯友兰先生的诗句，这样写道：

“‘智山慧海传真火，愿随前薪做后薪。’这是冯友兰先生的宏愿，也应该是每个中国人的宏愿。我们怎样才能传承中国传统哲学之火？关键在于把握哲学精神、宇宙论、本体论、方法论、知行观、价值观六个接点。”

在努力吸引眼球的同时，还需要注意到，视频公开课毕竟是一门大学的课程，并不是普通的电视节目，不能与“百家讲坛”画等号。它的定位，主要不是吸引眼球，而是传授知识。它的受众，不是休闲者，而是学习者。满足学习者的求知需求，才是视频公开课的主要目的。视频公开课的定位，应当以大学生为服务主体，以传承知识、启迪智慧、提升素质为主要教学目的，不能一味追求吸引眼球。不能以点击率作为课程质量的尺度。在讲授过程中，力求生动活泼、引人入胜，但不能哗众取宠，不能过分地使用肢体语言，还要保持课堂应有的严肃性。

本课程原为大学通识课程，讲授 36 学时。改为视频公开课之后，显然不能讲这样多课时。本着“少而精”的原则，把 36 课时压缩为 6 讲，每讲 50 分钟左右。由于大量压缩课时，原来的讲义几乎不能用。我在保持原稿基本观点的情况下，重新撰写讲义。第一讲是“哲学精神”，有总论的性质；其余 5 讲皆为专题或分论的性质，分别是第二讲“宇宙论”，第三讲“本体论”，第四讲“方法论”，第五讲“知行观”，第六讲“价值观”。6 讲相互联系，希望能用最简短的时间，帮助学习者全面了解中国传统哲学的总体画面。

二、厚积薄发

“中国传统哲学通论”这门课程，与“中国古代哲学史”课程涉及的内容虽然一致，但不是一回事。后者是关于中国古代哲学的叙述，侧重于“史”；前者是关于中国古代哲学的论述，侧重于“论”。后者关乎“薪火传承”中的“薪”，讲究历史性；前者关乎“薪火传承”中的“火”，讲究思想性；后者属于“厚积”，前者属于“薄发”。论从史出，没有后者做基础，前者是无法讲清楚的。“薄发”应当以“厚积”为前提，我建设视频公开课“中国传统哲学通论”，首先从深入研究中国哲学史入手。

近年来，我为我校本科生主要开出两门课程：一门是“中国哲学史（古代）”，面向哲学院本科生，是一门专业基础课；另一门是“中国传统哲学通论”，面向全校哲学专业以外的本科生，是一门通识课。在讲授“中国哲学史（古代）”这门课程的基础上，我写了一本书，书名是《薪火传承：宋志明中国古代哲学讲稿》，由北京师范大学出版社 2010 年出版。在讲授“中国传统哲学通论”这门课的基础上，我也写了一本书，书名是《中国传统哲学通论》，中国人民大学出版社 2004 年出版第 1 版，2008 年出版第 2 版。这两部书的基本观点是一致的，但表现手法不一样。《讲稿》采取宏观、中观、微观相结合的方法，个案研究占有相当大的篇幅；《通论》采取宏观与专题相结合的方法，不做个案研究。建设视频公开课“薪火传承·中国传统哲学通论”，依旧采用《通论》的处理方式。

建设视频公开课“薪火传承·中国传统哲学通论”，我指导思想是：绝不讲那些人云亦云的套话，只讲我之所思、我之所想、我之所见，摒弃那种陈旧的、学究式的讲法，力求做到用母语表达中国传统哲学的内涵。为了达到这样的教学目的，我在“厚积”方面，做了三件事。

第一，破除对中国哲学合法性的质疑。近些年来，哲学界曾流行一种观点，有人对中国哲学的“合法性”表示质疑。他们理由是：“哲学”一词来自西方，只有西方人才有哲学可讲，而中国人根本就没有哲学可讲。我认为这是十足的糊涂观念。以“合法性”评判哲学，非常荒唐。其实，对于哲学来说，根本就不存在合法不合法的问题。合法性可以用于讨论政治，用于讨论法律，但不能用于讨论哲学。有如我们可以讨论鸟的飞翔性，但不能讨论狗的飞翔性。为了破除这种糊涂观念，我在第一讲专门论述“哲学是复数而不是单数”的道理。

自然科学是单数，全世界有一部物理学就够了，不必加前缀。讲哲学不行，一定有前缀，如地区，如国别，如学派。迄今为止，世界上还没有出现一种全人类都认同的哲学。世界上有只是科学的科学，但没有只是哲学的哲学，因为哲学既有人类性，还有民族性。科学则不然，只有人类性而没有民族性。大家都知道，哲学的原初义，叫作“爱智慧”。我的理解是：示爱的主体是多元的，不是一元的。西方人可以用弹吉他的方式爱智慧，中国也可以用唱山歌的方式爱智慧。哲学既是时代精神的精华，也是民族精神的精华。所谓中国哲学，就是中华民族爱智慧的独到方式，就是我们先哲创立的关于世界观的学问。讲“中国传统哲学通论”，首先必须把这一点讲清楚，树立复数的哲学观，改变单数的哲学观。如果不树立复数的哲学观，“中国传统哲学”也就无从谈起了。

第二，纠正“讲中国哲学不够中国”的倾向。由于哲学观不够端正，一些研究者即便不怀疑中国哲学的合法性，讲法也有问题，那就是借用外来的学术话语讲中国哲学，因而没有办法把中国哲学讲清楚。某些研究者往往采用外来的方法、外来的问题裁剪中国哲学史，因而不可能不失落中国哲学自身。长期以来，中国哲学史研究似乎靠两个拐棍支撑着艰难前行，一个是苏联教科书的方法，一个是西方哲学史的方法。我们似乎还没有学会用中文讲哲学，以前用俄语来讲，近年来有些人喜欢用英语或别的外语来讲，就是不讲中文，不讲母语。如果不纠正这种倾向，恐怕永远不能真正进入我们先哲的精神世界。

第三，纠正以引证代论证的倾向。由于受到一元化话语的限制，研究者无法形成自己的哲学见解，更不可能用自己的哲学思考同前人沟通，建造属于自己的精神世界。我觉得研究哲学史不是简单地复述或报道前人的哲学思想，而应当以推动哲学发展为目的，因而必须采用史论结合的方法。从这个意义上说，只有具备哲学素养的人才能研究哲学史，记者写不出哲学史来。由于一些人哲学素养不够，自己不会哲学地思考，没有自己的哲学见解，只能靠堆积史料。有些书部头很大，其实多为引文，或者把古文作一些简单的梳理，归纳为几条，或者把古文翻译成现代汉语，只讲知识，不讲思想。我们从中看不出作者本人有怎样的哲学见解。这样的著作，缺乏哲学性，缺乏思想性，缺乏理论性，起不到哲学理论思维训练的作用。我在建设视频公开课的时候，尽量避免出现大段引文的情形，力求用自己的话，把道理讲充分、讲透彻。

三、深入浅出

视频公开课所面对的受众，比在校的非哲学的本科生更广。因此，建设这门课程，重点显然不能放在“厚积”方面，更要放在“薄发”方面。所谓“薄发”，也就是贯彻深入浅出的原则，让受众接受起来减少难度。我的具体做法，有以下三条。

（一）通俗性。讲哲学不能不使用术语。如何使不熟悉哲学术语的受众接受这些术语？这是一件比较困难的事情。不过，用日常用语把哲学术语的意思讲清楚，也不是不可能的。本课程的第三讲是“本体论”，我在交代“本体论”观念时，没有引经据典，而是采取讲故事的方式来处理。

在印度哲学史上，有这样一个故事，生动地表明了印度哲学家对本体问题的关注。

有位老师讲：世界漂在水上。

他的学生追问：水怎样存在？

老师答：水盛在一个巨大的水盆中。

学生追问：水盆怎样存在？

老师答：水盆驮在大象的背上。学生还想继续追问，老师制止了他，接着说：大象是终极本体，不能再追问了。

我从这个故事中得出的结论是：尽管“本体论”这个哲学术语是西方哲学家提出的，但关于本体论的研究，却不是西方哲学的专利。世界上任何一种哲学理论形态都要研究本体论问题，这是由哲学的学科性质决定的。哲学作为一门关于世界观（含人生观）的学问，以包括人在内的世界总体为研究对象。然而人作为研究者，无法把自己同这个总体分开，不可能以世界总体为观察的对象，只能以哲学理念的方式把握和理解世界总体。本体论就是关于这种哲学理念的说明和论证。这样一讲，受众很容易理解“本体论”是什么意思了。

（二）系统性。视频公开课“中国传统哲学通论”设计为6讲。6讲之间是有内在联系的，构成一个完整的系统。6讲是关于中国传统哲学宏观的讲法，其中第一讲“哲学精神”可以说是“宏观中的宏观”。在这一讲中，我把中国哲学精神概括为自强不息、实事求是、以人为本、辩证思维、内在超越、有容乃大等6条。第二讲“宇宙论”是对自强不息哲学精神的初步展开，绍述先哲关于人之外的宇宙的看法，突出传统哲学在宇宙论方面注重动态的特色。第三讲“本体论”是对自强不息哲学精神的进一步展开，介绍先哲关于人天总体的哲学思考，突出传统哲学在本体论方面注重有机联系的特色。第四讲“方法论”是辩证思维哲学精神的展开，绍述先哲丰富的辩证法思想，说明传统哲学宇宙论、本体论、方法论之间的相关性。第五讲“知行观”是对实事求是哲学精神的展开，说明传统哲学在知识论态度上的独到之处。第六章“价值观”是对自强不息、以人为本、内在超越哲学精神的展开，说明传统哲学以真、善、美、圣、群等五个价值目标为归宗。

（三）启发性。“中国传统哲学通论”是一门素质教育课，而不是哲学专业基础课。这门课程的教学目的，既要传授知识，也要启迪智慧，因而突显出启发性，十分必要。我的做法是，每讲之后，留下一些时间，请到场的同学即兴提出问题，我即兴现场解答，形成讲者与受众之间的互动。对于受众可能提出的问题，可以事先有预想、有准备，但不事先设计，完全采取开放的提问方式。对于一些尖刻的提问，我也不回避，直抒己见，尽量圆满作答。回答问题时，采取谈话的方式，不盛气凌人。这种问答方式放在课程最后比较合适；如果放在中间，容易破坏课程的完整性和系统性。这种对话式的教学方式，收到比较好的效果。有的网友反映，听问答比听正课更受益。

由于我主讲视频公开课比较成功，促成我在2012年荣获第八届北京市高校名师奖。2011年，我荣获中国人民大学2010年度先进工作者称号，哲学院为我申报参评第七届北京市高校名师奖，在教务处未获通过。我主讲的视频公开课上线播出以后，2012年哲学院再次为我申报第八届北京市高校名师奖，在教务处顺利通过。教务处报到北京市教委参评第八届名师奖的人选共计4名，除了我是普通教师外，其余三人都有职务在身。其中有一位是常务副校长，有一位是某学院的分党委书记，有一位是某学院的副院长。北京市教委在全市高校范围内，计划评出100位名师。在评审过程中，有一个环节是请同学们参与听课，现场给出评价。我们4名候选人按照通知的要求，自定题目，如期到北京师范大学现场给同学们讲课20分钟，听听同学们的评价。我觉得，选择的题目不能太难，得保证非专业的本科生能听得懂；但也不能太浅，得使学生听后觉得有收获。不做到这两条，恐怕难以赢得同学的好评。我讲的题目是《中国哲学的起步》，核心观点是中国哲学产生于公元前5世纪，也就是春秋末年。支持核心观点理由有三条。第一，由于牛耕和铁制农具的使用，中国生产力水平发展到可以产生哲学的水平；第二，由于中国社会发展，从“王国时代”趋向“帝国时代”，为中国哲学产生提供了政治方面的语境；第三，由于甲骨文、金文的出现，由于六经文本的出现，为中国哲学的产生提供了文化方面的语境。我事先准备好课件，在现场掌握好进度，刚好在20分钟之内把内容讲完。

我不知道学生具体的评价情形，但知道结果是顺利通过。北京市教委通过官方网站发布评选结果，评出第八届北京市高校名师奖获得者名单，全市共计98名。在人民大学参评的4位候选人当中，宋志明、袁卫、张杰当选，只有一名教师不幸落选。当选者没有奖金，只拨给5万元作为科研经费，算是鼓励。不过，这5万元当中，只有1万元可用于报销旅差费，4000元可用作报销劳务费，剩下的36 000元，只能作“信息传播费”使用。三项费用必须在半年之内花完；如有剩余，不再拨付。我把所谓“信息传播费”，全都给了人民大学出版社，用作《中国古代哲学研究方法新探》一书的出版补贴。

由于我主讲视频公开课比较成功，引起一些网站对我的关注。零极限健康静心网首席执行官、知名作家吴云艳女士，专门率队到我的办公室采访录像，准备做成节目放到网上播出。该网站在国学栏开辟“宋志明·自媒体”，专门报道关于我的照片、著作、学术活动、学术观点。吴云艳将采访整理成文，发表在零极限健康静心网上和《生活健康》杂志上。

中国专家文化整理工程白话文化系列讲坛

〈白话文化国学讲坛〉访谈录之二

宋志明：哲学是思维的学问

——访中国哲学史学会副会长、中国人民大学哲学教授宋志明

吴云艳：宋教授，您提过一个说法：哲学是没有围墙的大学。这是怎么样的一种理念呢？

宋教授："没有围墙的大学，似曾相识的师生"是我提出的一个理念。哲学应当是一个没有围墙的学问，而不仅仅是某一个专家的学问；我们每个人都需要哲学。哲学实际是关于"世界观"的学问，而不是关于"世界"的学问；世界不能成为你的观察对象，因为世界是无限的，你不可能站在世界之外"观"这个世界；所以，不能把哲学误以为是观察世界的学问。

因为每个人都有"观"，每个人都可以是一个观者，这个观者是多样的，"观"的方法，也是多样的。所以哲学没有一个统一的说法、统一的定义。哲学，按照古老的意思，就是"爱智慧"。

吴云艳：为何叫爱智慧？是爱好智慧吗？

宋教授：是的。智慧就是人天性的体现，追求天性就是爱智慧，追求一种精神生活。爱，就是"追求"的意思；爱智慧，就是把智慧当成我们的追求目标。但是，谁也没有占有智慧，谁也不能把哲理都穷尽了，那是个对哲学的误解。所以，从这个意义上来说，哲学应当是每个人都关注的学问，和每个人的身家性命、生存方式、精神愉悦、价值取向、知识获得都是密切相关的。所以，哲学应该是受众最广大的一个学科。

人跟动物的一个区别就是，动物只有物质生活和生理生活，没有精神生活。人之所以是人，就在于他是一个智慧的获得者、思维的获得者；而思维的获得，离不开哲学。哲学就是一门思维的学问。爱智慧就是爱思维、爱思考。在思考的过程中，建立起我们每个人生命的意义与价值的世界，这样你活得才充实、才踏实；否则你无法解释我为什么要活着的问题。

所以，学好哲学最大的功用，就是不会自杀。哲学家大概很少有自杀的，

因为他看透了自杀这东西。所以，哲学是化解我们精神痛苦的一个最理智的途径。在这个意义上，哲学有和宗教相类似的功能。

哲学，纠正偏差的人生价值观

吴云艳：您觉得哲学跟价值观之间的关系是什么？

宋教授：哲学是价值观的一个理论基础。价值需要靠一个理论来支持，而哲学则为价值观提供了理论的论证。你凭什么说你的价值观是健康的，别人的价值观不健康呢？你需要勇敢地找出理由；而哲学就是要提供这样的一个理由。这个理由，不仅要说服别人，也要说服自己。

吴云艳：宋教授，我们知道，每个人的人生价值体系，是主导人行为甚至主导人的命运的。那如果说，一个人因为他的价值体系出现了问题而导致他命运不顺的时候，他是不是应该跳出问题本身的纠结，而能从哲学角度去思考他的价值观是否出现偏差，并去改进价值观呢？

宋教授：当然是这样的。有人称之为哲学的心理医疗工程。台湾有类似的研究，比如创建哲学诊所，对你的人格做出分析，帮助人解决一些困惑。作为一个哲学家，不是你改变观念，但如果你觉得我说的有道理，你不妨接受；如果你觉得没有道理，也可以反驳嘛！正是在这样的一个探讨过程中，人们心灵的纠结就化解了。

成功的哲学价值观

吴云艳：宋教授，在当今社会，人人都渴望成功；很多人因为不能实现自己成功的目标而纠结。您的哲学诊所是否能从价值观层面，帮助那些艰难地奋斗、在走向成功路上的人们？

宋教授：所谓成功，其实是人为自己设定的一种价值目标。有的目标是你可以通过努力得到的，比如我要做一个正直的人，比如孟子讲，这就好像弯腰给一个老人捡个树枝一样。但是，有的目标，不是你努力就可以得到的，比如“挟泰山超北海”，你无论如何都做不到。所以，人的人生价值定位要正确，要明白自己什么能做、什么做不到。

哲学家会帮助你分析：什么是成功。比如，是不是你当大老板就算是成功呢？如果你以为算的话，那你的价值观，肯定就出现问题了：因为你为自己设定了一个不现实的目标。当你实现不了这个目标时，就陷入苦恼中；因为你无论如何努力，都不一定能达到目标。换句话说，你能否实现当大老板的目标，虽然和你个人的努力有关系，但不光跟个人的努力有关。人的成功，有努力的成分，还有机遇的成分，这个机遇不取决于你；但你要发现机会，不错过机会，这个取决于你。但如果你没有这个灵感，机会在你面前，你也抓不到啊！一个人不可能永远没有机会的。

哲学家会告诉你：你要得到成功，首先基于你对成功怎么理解？对于任何人来说，成功就在于做一个正直的人，做一个“上无愧于天，下无愧于地，无愧于父母兄弟”这样一个正直的人；这是一个你可以实现的目标。人的价值目标，首先是道义的目标；你偏离了这个目标，你就价值错位了！这不是道德说教。没有任何一个人是绝对的失败者；你觉得失败，是因为你的参照物有问题。你价值错位了，就容易失败！

人的生存目标不能只为小我着想，人是有社会责任的。所以人要敞开心灵。即便没有实现我们预期的目标，但我对这个社会尽了责任，我的人格就得到了成长，那我的人生应该是成功的；因为我磨炼过，我奋斗过，我努力过了。如果人用一种“只问耕耘，不问收获”的心态做事，反而容易顺其自然，容易捕捉到机会，容易获得成功。如果你总在考虑我能不能成功的问题，一是可能定位出现问题，二是可能方法使用不得当。也可以说，当你该尽力的时候，你没尽力；而你没尽力时，又抱着一种主观的想法，总觉得我一定能行，那你肯定不行！没有一个人是随随便便就成功的。你看那些成功人士表面光鲜亮丽，但你没有看见他“走麦城”倒霉的时候。所以说，没有一个人是绝对的失败者，也没有一个人是绝对的成功者。这不就化解了人的心结吗？从思想方法和价值定位给人一点劝谕，可以帮助人们从不良的情绪困惑中摆脱出来：这就是在“哲学诊所”得到“心灵诊疗”作用。

当代大学生的价值观是怎么错位的？

吴云艳：宋教授，我想请您用您刚才“哲学诊所”的概念，再分析一下当代大学生的案例。现在的年轻人，尤其刚毕业的大学生，他们每天都想得到所谓的“机会”；频繁地跳槽，以为另一个“机会”可以给他多带来几百上千的收入而轻率地放弃眼前的工作“机会”，理由就是要“生存”。但事实上他们用这种状态去寻找生存机会，反而陷入恶劣地生存的状态，内心十分纠结。

我们在招聘大学生的过程中，普遍发现大学生面试最关注的是能拿到多少钱，很少谈他能给用人单位带来什么价值。很多大学生希望用人单位给他提供安全感，而他并不关注自己是否给用人单位提供安全感。这种现象，是不是价值错位呢？

宋教授：这肯定是价值错位。也就是说，你其实把自己定位成了一个索取者。而事实上你首先应该是一个奉献者，在奉献中得到你应该得到的那一份。在今天市场化的社会环境中，不考虑现实的待遇是不可能的；但是作为求职者，你不仅要考虑自己，也要考虑别人。尤其不要一亮相，就是一个自私自利的人。当然，现在很多大学生很懂技巧，也很会掩饰。但说到底，还是要考虑你对别人的价值。否则，即便你侥幸地得到，也会很快地失去。

（三）笔耕的果实

不再“双肩挑”以后，我在教学方面，进入了收获季节；在科研方面，也进入了收获季节。从 2008 年到 2013 年，我发表论文近百篇，平均每年将近 20 篇；出版专著或教材 7 部，除了 2011 年外，每年至少一部面世。

2008 年的收获，是在中国人民大学出版社出版了我的两部大学教材。第一部大学教材是《中国传统哲学通论》（第 2 版）。这本教材的第一版于 2004 年出版，已售罄。第一版只有 150 页，比较单薄。中国人民大学出版社希望我增加一些篇幅，修改后出第二版。我在基本保持原有架构的情况下，每章都增加了一些内容，另外增加第九章“中国哲学的近代转向”。第九章的第一节是“本体论转向：从应然到实然”，第二节是“发展观转向：从健动到进化”，第三节是“知行观转向：从价值到知识”，第四节是“人学观转向：从子民到国民”。修改后字数增加到 249 000 字，篇幅增加到 212 页。这部教材出版后，曾申报北京市优秀科研成果。初审通过，因为是教材的缘故，终审时没有通过。此书 2012 年被北京市教委评为北京市精品教材，给予的奖励是科研经费 5000 元。此书“再版后记”写道：

> 从 1974 年我在吉林大学哲学系参加《中国哲学史》教材编写算起，我学习和研究中国哲学已经 30 多年了。这期间我先后撰写几本中国哲学方面的书，发表百余篇论文，还参与几部教材的编写，算是有了一点点成果。30 多年间，中国社会发生了巨大的变化，中国哲学研究领域也发生了巨大变化。在我学习、研究、讲授中国哲学的过程中，有收获，也有困惑。说老实话，我在相当长的时期是缺乏学术研究自信心的，写东西常常是跟着“潮流”走，跟着“权威”走，说别人说过的话，说言不由衷的话，以求稳妥，生怕坏了“规矩”、违背了“原理”。其实，这也是不得已而为之，因为如果不这样做，恐怕连发表的机会都没有。这样写出来的东西，稳妥倒是稳妥了，也都顺利地变成了铅字，可是，到底有什么学术价值？着实困惑不解。冯友兰先生在 20 世纪 80 年代重写《中国哲学史新编》时，曾反省依傍别人的沉痛教训。大贤如冯先生尚不能免俗，何况愚钝之我辈！冯先生说得好：“路是要自己走的；道理是要自己认识的。学术上的结论是要靠自己的研究得来的。一个学术工作者所写的应该就是他所想的。不是从什么地方抄来的，不是依傍什么样本摹画来的。”党的十一届三中全会以后，邓小平同志发出思想解放的号召，开创了中国哲学研究的新局面，我也因之获益，逐渐树立起学术研究自信心。我研习中国哲学这么多年，自以为还有点理解，有点心得，遂写出这本书。本书虽然纳入“21 世纪通识教育系列教材”，但确实是我之所思、我之所想、我之所见、我之想说、我之想写。尽管许多看法并不成熟，也未必正确，我还是不揣简陋，奉献给读者，以求教正。
>
> 本书没有采取以往中国哲学史“个案—断代—通史”的写法，而是以中国传统哲学整体为研究对象。我所理解的中国传统哲学，是指从先秦到清代这段中国哲学史。本书力图从总体上概述中国哲学的精神、总体发展历程、哲学基本问题、宇宙论、本体论、思想方法论、知行观、价值观。

本书侧重于“通”，没有逐一介绍每个哲学家的思想，只选取他们有代表性的观点予以绍述。本书力图尽量做到史论结合、论从史出，但以论为主；也尽量避免大段引文，以求行文通畅，故称“通论”。本书从宏观的角度立论，恐怕难以照顾到每一位哲学家思想体系的完整性。本书引用哲学家的思想材料，是为了给本书的论点找根据，因而出现了重复引用的情况，敬希读者见谅。

本书2004年出版之后，得到读者的认可，我感到一丝欣慰，也感到了一些不安。由于我在中国人民大书报资料中心担任总编一职，需要到办公室上班，因而只能利用业余时间写作。限于时间仓促，许多问题思考得不够充分、不够深入，致使本书存在着许多不尽人意的地方。我从总编岗位上退下来以后，有了比较充裕的时间，终于可以对本书作一些修订了。这次修订增加了绪论，依据我在《中国哲学史》2005年第4期上发表的《关于中国哲学研究的几点看法》一文写成；还增加了第九章“中国哲学的近代转向”，依据我在《中国人民大学学报》2004年第6期上发表的《论中国近代哲学的转向》一文写成。其他各章也作了一些修改，纠正了一些错误，增加了一些篇幅。

十分感谢本书的责任编辑易雪和杨宗元同志，由于她们付出许多辛劳，为本书增色颇多。

十分感谢本书的策划编辑李艳辉同志，她拿出上乘的策划方案，并且提出再版的建议，使本书能够得到进一步的完善。

第二部大学教材是《中国现代哲学通论》，被纳入“21世纪哲学系列教材”。全书335 000字，281页。此书以旧著《现代中国哲学思潮》和多年积累的讲义为基础，重新编纂修订而成。旧著《现代中国哲学思潮》是两个人合著的，此教材是我独立完成的。

全书以“绪论：中国哲学的新阶段”为开篇，讲述五个话题。第一个话题是“现代哲学学科意识的自觉”，包含“现代意识的自觉”和“哲学学科意识的自觉”两个小话题。第二个话题是“思想资源”，包含“固有的资源”和“外来的资源”两个小话题。第三个话题是“基本格局”，对现代新儒家思潮、中国实证哲学思潮、中国马克思主义思潮分别作了概述。第四个话题是“主要问题”，认为中国现代哲学发展围绕“人生价值观念如何树立”“科学知识如何获取”“中国社会如何改造”等三个主要问题展开。第五个话题是“理论特色”，把中国现代哲学的特色概括为“时间短促，内容丰富”“思想交锋，论战频仍”“融会中西，综合创新”等三点。

第一章“现代新儒家思潮”由七节组成。第一节“概述”讲述“现代新儒家思潮的起因”“现代新儒家思潮的发展历程”“现代新儒家的类型”三个话题。第二节“梁漱溟”讲述梁漱溟的“大生命”的本体论 、“三量说”的认识论、“三路向”的文化观以及“求诸内”的价值观 。第三节“熊十力”讲述熊十力的“体用不二”论 和“性体呈露”说 。第四节“唐君毅”讲述唐君毅的“道德自我”本体论和心灵九境说。第五节“牟宗三”讲述牟宗三的道德的形上学和“内圣开出新外王”说。第六节“冯友兰”讲述冯友兰的“理世界”本体论和人生境界说 。第七节“贺麟”讲述贺麟的“心理合一”本体论和新式儒者人格论。

第二章“中国实证哲学思潮”由五节组成。第一节“概述”论及发展历程、学术特色、相关的社会思潮三个话题。第二节“胡适”，小标题是（一）关注工具理性；（二）经验主义的实在论；（三）工具主义的真理论；（四）实证主义的方法论 。第三节“丁文江”，小标题是（一）发动科玄论战；（二）科学万能论；（三）论科学与人生观的关系；（四）唯觉主义与存疑主义。第四节“张东荪”，小标题是（一）质疑唯觉主义；（二）非存在的感相与潜在的条理；（三）直观的格式与判断的格式；（四）经验的概念；（五）以心为本位的中间阶段论 。第五节“金岳霖”，小标题是（一）批评主观主义 ；（二）所与是客观的呈现 ；（三）纳所与于意念图案 ；（四）思议原则和归纳原则；（五）真假的定义和标准。

第三章“中国马克思主义哲学思潮”由六节组成。第一节“概述”论及马克思主义传入中国、中国选择马克思主义哲学的逻辑必然性、中国马克思主义哲学思潮的发展历程三个话题。第二节“李大钊和陈独秀”，小标题是（一）李大钊接受唯物史观的思想底色；（二）李大钊对唯物史观的理解；（三）陈独秀对唯物史观的理解。第三节“瞿秋白”，小标题是（一）马克思主义在中国的第二次传播高潮；（二）瞿秋白对马克思主义理论体系的新认识；（三）瞿秋白对辩证唯物主义的理解和绍述。第四节“李达和艾思奇”，小标题是（一）马克思主义在中国的第三次传播高潮；（二）李达对马克思主义哲学的规范化理解；（三）艾思奇对马克思主义哲学的通俗化推广。第五节“郭沫若和侯外庐”，小标题是（一）郭沫若用唯物史观研究传统学术思想；（二）郭沫若对儒学的同情了解；（三）郭沫若对儒学的分析批评；（四）侯外庐的儒学研究 。第六节“毛泽东”，小标题是（一）迈入中国化的新阶段；（二）毛泽东思想的哲学创新；（三）中国哲学的现代变革。

全书在“结语：续写当代中国哲学的新篇章”中提出，当代中国哲学应当接着现代中国哲学讲 ，选择以下五个接点。第一，适应现代化，走自己的路；第二，适应全球化，拓宽发展空间；第三，坚持正确方向，把握发展契机；第四，回应中国实证哲学，化理论为方法；第五，回应现代新儒家，化理论为德性。

附录“中国近现代哲学研究的新进展”介绍研究视角的创新、现代新儒家研究的创新、中国实证哲学研究的创新、中国马克思主义哲学研究的创新等四个方面的情况。此书“后记”写道：

> 从 1979 年算起，我学习、研究和讲授中国现代哲学已经有二十多年了。这本书汇集了我多年积累起来的一些浅见。
>
> 1979 年，我考上吉林大学哲学系首届硕士生，攻读中国哲学专业，就开始学习和研究中国现代哲学。我的硕士论文的题目是“新理学简论”，以冯友兰的新理学为研究课题，开始步入中国现代哲学的研究范围。1983 年，我又考上中国人民大学哲学系首届博士生，专业依旧是中国哲学。我的博士论文的题目是“现代新儒家研究”，以梁漱溟、冯友兰、熊十力、贺麟等人的现代新儒学思想为研究课题。研究的对象虽然增加了，但仍未超出中国现代哲学的范围。
>
> 1986 年，我尚未毕业，就以博士生的身份为哲学系本科生讲授“中国

现代哲学”这门课程。这是我第一次讲授中国现代哲学。在听过我的课的学生当中，有的已经当上教授了。毕业留校以后，我多次为本科生讲中国现代哲学，为研究生讲中国现代哲学专题研究。二十多年来，我研究的课题大部分都属于中国现代哲学的范围。已出版的著作主要有《现代新儒家研究》、《现代中国哲学思潮》（与赵德志合著）、《熊十力评传》、《贺麟新儒学思想研究》、《冯友兰学术思想研究》（与梅良勇合著）、《20世纪中国实证哲学研究》（与孙小金合著）、《批孔和释孔——儒学的现代走向》（与刘成有合著）等，发表的论文也有数十篇之多。本书是对我多年的研究所做的一个总结。也许本书的一些观点不见得正确，但敢说都是我独立思考的结果，都是“自得之见”。我没有傍依任何学术权威，更不是从别人那里“拷贝”来的。既然是“自得之见”，难免有偏颇之处，敬祈读者教正。

本书是关于中国现代哲学的“通论”，不是“通史”。一般来说，通史的写法大都是按时间顺序叙述的，本书没有采取这种叙述方式，故称为“通史”不合适。本书把从1919年到1949年的中国哲学史看成一段完整的断代史，从整体的角度来把握，将主要内容概括为中国马克思主义哲学思潮、现代新儒家思潮、中国实证哲学思潮等三大思潮，对每一思潮分别加以绍述，故称“通论”。

十分感谢本书的策划编辑李艳辉同志，她的雅意使本书获得出版机会。

十分感谢本书的责任编辑胡明峰、杨宗元同志，他们的辛勤劳动，为本书增色颇多。

为了便于教学，该书的每一章都提炼出“本章要点”。书中穿插编入“资料卡片”，还配有主要哲学家的照片。温海明帮助我把该书的目录译成英文。该书已经走进一些大学的课堂，用来做哲学专业硕士生的教材。该书在国外也有影响。韩国江原大学哲学科教授、韩国中国现代哲学研究会会长将此书译成韩文，即将出版。俄国中国学专家风玲将此书译成俄文，即将出版。

2009年的收获，是在北京师范大学出版社出版专著《现代新儒学的走向》。全书236 000字，302页，是我主持的2003年国家社会科学基金年度一般项目的最终成果。批准文号为03bzx026，2006年12月12日上报结项，结项证书号是20070360。2007年结项通过后，我联系北京师范大学出版社出版。出版社同意出版，既不向我要出版补贴，也不支付稿酬。我答应了出版社提出的条件。在全国社会科学基金规划办官网上，我对此书的内容做了这样的介绍：

关于现代新儒家思潮的研究已经有20多年的历史了，尽管取得了丰硕的成果，但也需要加大研究深度。第一，目前的研究尚处在“照着讲”的阶段。本项目力图改变这种状况，在充分吸收已有成果的基础上，实现从“照着讲”到“接着讲”的转型。本项目的写作风格，不再以“述”为主，而是以“论”为主。研究者力求在弄清楚每一位现代新儒家主要人物的思想状况的基础上，捕捉他们提出的具有普适性的问题意识，并且针对这些问题提出研究者自己的看法，形成超越现代新儒家的新结论。实际上，现代新儒家已经成为历史，而现代新儒学仍然在发展。我们不必拘泥于现代新儒家的讲法，也不必以“现代新儒家”自诩，但应当大胆地探索现代新儒学，找到更新的讲法，从而推进社会主义精神文明建设。从“照着讲”转向“接着讲”，是本项目在研究方法上的创新，也突出的特色之一。运用这种新的研究方法，形成许多新的观点。例如，研究者认为现代新儒学思潮的起因是对五四时期批孔思潮的反弹，既有国内背景，也有国际背景；儒学作为中华民族文化的基因，是催生现代新儒学思潮的内在原因；现代新儒学思潮的发展历程分为五四时期的草创、30—40年代的理论建构阶段、50年代以后内地的“批孔”和港台新儒家活跃、从70年代开始的学风转折等四个阶段；现代新儒学的表现形态有狭义新儒家、广义新儒家、儒家解释学三种。

第二，目前关于现代新儒家的研究尚处在个案研究的阶段。本书试图有所突破，实现从个案研究到综合研究的转型，实现从人物研究到专题研究的转型。研究者不再把视角限制在每一位思想家身上，而是把现代新儒家看作是完整的历史文化现象，并且对其作宏观的研究，概括出现代新儒家代表人物的理论特色，找到他们之间的内在联系，指出他们的学术成就和思想限制，贯彻人物与思潮相统一的原则。例如，本书以本体论向度为专题，在逐一论述了梁漱溟的生命本体论、熊十力的体用不二论、冯友兰的“理世界”本体论、贺麟的“心理合一”本体论、牟宗三的道德的形上学之后，着重分析他们之间内在的逻辑联系。

第三，目前对于现代新儒学多只作哲学史的研究，并不做哲学研究。本书试图改变这种情况，着眼于对其作哲学的研究，努力寻求超越现代新儒家的途径，从培育中华民族精神的新视角推进儒学的现代转化。在最后一章“民族精神向度”中，研究者在总结现代新儒家的理论思维成果和理论思维教训的基础上，从培育中华民族精神的角度对儒学作了新诠释。主要观点是：（一）儒学内通心性，外透天道，旁彻物情，合内外，一天人，是天人性命一贯之学，是内圣外王之道，是大家公认的中国传统文化的主干。它奠定了中华民族精神的基调，对中华民族精神的形成和发展所产生的影响，是其他任何学派所无法比拟的。（二）儒家把“道”视为意义世界的终极依据，视为价值的本源，把求道当作终极的价值目标。在儒学中，道是真实的本体，求道也就是求真。儒家求道、求真、求诚的价值本体论培育了自强不息的中华民族精神。求真是对终极价值的关切，然而真善美是相互联系在一起的，求真必然涉及求善和求美。善是对道德价值的关切，美是对艺术价值的关切。儒家强调真善美的统一，培育了讲道德、重教化的中华民族精神。儒家所向往的理想人格是圣人，而所向往的理想社会是大同之世。儒家成圣与合群的价值取向培育了团结统一的中华民族精神。儒家提出“以人为本”的理念、“以和为贵”的理念、“以礼为序”的理念，并且最终都要落实到“经世致用”上。“仁”“和”“礼”“用”四个字相互联系，构成儒家系统的关于如何培育中华民族精神的理念体系。（三）儒学是中国传统文化的主干，也是中华民族精神的主要培养基，在中华民族精神的形成过程中曾经起了非常重要的作用。民族精神是一个动态的概念，是民族性与时代性的统一。诚然，当代的中华民族精神与以往相比，有了崭新的内涵，但是今日的中国毕竟是昨日的中国的继续和发展：我们不能割断历史。在当今时代，我们培育和弘扬伟大的中华民族精神，仍需要从儒学中吸收精神营养。

《现代新儒学的走向》，由六章组成。第一章“现代新儒学思潮”分为“现代新儒学思潮的起因”“现代新儒学思潮的发展历程”“现代新儒学思潮的表现形态与走向”等三节，概述五四新文化运动以来现代新儒学思潮发展变化的总体情况。第二章“现代性向度”分为“儒学与市场经济”“儒学与工具理性”“儒学与民主法制”等三节，专题论述现代新儒学思潮在现代性向度上的理论进展。第三章“全球化向度”分为“儒学与西方近现代哲学”“儒学与全球伦理”“新儒学与后现代视角”等三节，专题论述现代新儒学思潮在全球化向度上的理论进展。第四章“本体论向度”分为“生命本体论”“体用不二论”“‘理世界’本体论”“‘心理合一’本体论”“道德的形上学”等四节，专题论述现代新儒学思潮在本体论向度上的理论进展。第五章“价值论向度”分为“内在的取向”“超越的境界”“新式的儒者”“内在与超越的统一”等四节，专题论述现代新儒学思潮在价值论向度上的理论进展。第六章“民族精神向度”分为“民族精神的目标定位”“民族精神的培育理念”“儒学与精神文明建设”等三节，研究者从培育中华民族精神的新视角对儒学的现代价值做出新的诠释。

本书既是对五四以来现代新儒学思潮的总结，也是对这一思潮发展走向的前瞻。本书作为对现代新儒家的哲学史研究，对于中国哲学史学科建设具有学术价值；本书作为对儒学现代转化的哲学研究，对于提高理论思维能力具有理论意义。本书的针对性强，具有实践价值，有助于人们正确认识儒学与现时代的关系，有助于社会主义精神文明建设。本书的一些主要观点，或者在许多学术研讨会上宣讲，或者以论文的形式公开发表，在思想界颇有影响。

从 1980 年撰写硕士论文《新理学简论》开始，到此书出版，我研究现代新儒学历时近 20 年。取得的成果有硕士论文《新理学简论》，1982 通过答辩；博士论文《现代新儒家研究》，中国人民大学出版社 1991 出版；《熊十力评传》，江西百花洲文艺出版社 1993 出版；《贺麟学案》（《现代新儒家学案》之一），中国社会科学出版社1995出版；《贺麟新儒学思想研究》，天津人民出版社1998出版；《冯友兰学术思想评传》（与梅良勇合著），北京图书馆出版社1999出版；《批孔和释孔——儒学的现代走向》（与刘成有合著），上海华东师大出版社2004出版。《现代新儒学的走向》是最后一本。《黄河科技大学学报》2013年第2期发表了一篇题为《宋志明对新儒学的认识与探索——基于“五个向度”的考察》一文，评述《现代新儒学的走向》一书。作者周良发（1979—），六安人，讲师，博士，在安徽理工大学思政部任教。我与作者不认识，没有任何来往。

2010年的收获有两项。一项是在北京师范大学出版《薪尽火传：宋志明中国古代哲学讲稿》。纳入“京师大讲堂”丛书，全书400 000字，443页，内容前文已述。另一项是旧著《熊十力评传》在南昌百花洲文艺出版社再版。该出版社在未同我联系的情况下，自行推出该书第二版，我是从网上得知消息的。出版社没同我打招呼，也没有付给我稿酬。接受我的委托，我的维权律师将这家出版社告上法庭。出版社接到法庭的通知，终于坐不住了，派人到我的办公室，表示赔礼道歉，承诺支付稿费和样书，希望庭外和解。我同意了他们的请求，从法庭撤诉。我收到样书才知道，所谓再版，不过是把开本从32开改为16开、精装改为简装而已，内容一个字都没有改，并不是名副其实的再版。这次纠纷发生以后，出版社没有同我结怨，还答应修改后再出新版。他们把清样寄给我，我对引文重新校对，改正已发现的错误，寄回出版社。新版于2015年推出。

2011年，我申请国家社会科学基金年度一般项目成功。项目名称是“中国古代哲学研究方法新探”，批准文号是11BZX037，计划2014年12月30日完成。我提前半年完成，已经结项。2014年书稿交由中国人民大学出版社进行编辑加工，2015年出版。我在书稿的“内容简介”中写道：

> 哲学史以“哲学”为主语，是从属于哲学的二级学科。在哲学成为独立学科之前，可以有学术思想史书写，但没有哲学史书写。在蔡元培、胡适、冯友兰等人的努力下，中国哲学史学科初步建立起来。从1949年到1978年，由于受到“两军对战”模式的干扰，学科建设落入低谷。1978年以后开始复苏，迎来学科建设的春天，冯友兰著《中国哲学史新编》和冯

契著《中国古代哲学的逻辑发展》为标志性成果。质疑“中国哲学合法性”对学科建设造成负面影响。复数哲学观、中国哲学特色观、中国哲学精神观为方法论前提。语境中求因、文本中寻理、问题中明变为方法论原则。具体方法有三观结合法、集约拓展法和比较评判法。

书稿的“自序”是这样写的：

这是我退休之后付梓的第一本书，可以说是我数十年从事中国哲学史研究，在方法方面的一些经验之谈。

我从1973年开始涉足中国哲学史研究领域，到2013年退休，刚好40年。在这40年间，我发表250余篇文章，出版了30几本书。其中关于中国古代哲学通史的著作，主要有《中国传统哲学通论》，中国人民大学出版社2004年第1版、2008年第2版、2013年第3版；《薪尽火传：宋志明中国古代哲学讲稿》，北京师范大学出版社2010年出版；《中国古代哲学发微》，中国人民大学出版社2013年出版。我算是以一己之力完成了中国哲学通史的梳理。虽说不上成绩斐然，毕竟也有一些自己的心得。本书当然吸收了前贤和时贤的成果，并且从中获益匪浅，但不傍依任何人的现成说法，故谓之《新探》。这个“新”字，未必妥当，严格地说，应称为“我探”，因为在别人眼里，可能算不上新。本书所写的，皆是我之所思、我之所想、我只所见，不迷信任何所谓“范式”。“学术乃天下之公器，非可得而专也。”对于本书的一家之言，你可以认同，也可以反对。无论认同，还是反对，我都感谢你！

自从步入中国哲学史研究领域，我就时常受到方法上的困扰。我看了许多关于中国哲学史研究方法的论著，参加了多次关于中国哲学史研究方法的研讨会，虽有些启发，但仍旧感到茫然。是冯友兰先生的一番话使我茅塞顿开。他老人家在《中国哲学史新编》第一册的“自序”中写道：“路是要自己走的；道理是要自己认识的。学术上的结论是要靠自己的研究得来的。一个学术工作者所写的应该就是他所想的。不是从什么地方抄来的，不是依傍什么样本摹画来的。”我对冯先生这段话的理解是：研究方法与研究过程或研究内容是统一的，没有什么抽象的研究方法。你还没有“研究”，怎么谈得上“方法”？脱离研究过程，侈谈所谓“方法”，所谓“范式”，恐怕徒劳无益，自误亦误人。实际上，研究方法需要研究者在研究实践中去摸索。自己摸索到的方法，才是最有用的方法。通俗地讲，也可以叫作“摸着石头过河”。

研究方法总是同研究内容、研究过程结合在一起的，没有什么脱离研究内容和研究过程的、屡试不爽的、现成的研究方法。每个研究者都有自己的研究方法，甚至每个研究课题都有独特的研究方法。这种可操作的研究方法，是研究者在研究过程中，“摸着石头过河”摸索出来的。当然，他可以学习和借鉴别人的方法，但是学习和借鉴不能代替自己独立探索。想从别人那里找到现成的方法是不可能的。抱有这种念头的人，恐怕已陷入方法论的误区，只能被“方法论的焦虑”折磨得焦头烂额，不会有什么收获。鲁迅先生说过，从事文学创造的作家，不一定先要把《写作方法》《创造大全》之类的书都读透了之后才动笔，而是在创造过程中体味自己适用的写作方法。从事中国哲学史研究，道理恐怕也是如此。“绣出鸳鸯与君看，不把金针度于人”，这并不意味着绣花师傅太保守、太小气，因为“金针”确实难对不知者道。徒弟要想掌握刺绣的方法，只能在刺绣的实践中去摸索，用心揣摩师傅的绣出的“鸳鸯”，不能指望师傅告诉你绣出鸳鸯的现成方法。方法不完全是学来的，更重要的是靠自己去“悟”。借用《坛经》上的话说：“如人饮水，冷暖自知。”如果指望从别人那里得到现成的方法，恐怕只会落得邯郸学步者的结局。邯郸学步者觉得邯郸人走路的方法好，就去学，结果没有学会，竟连自己原来走路的方法也忘记了，最后只得狼狈地爬出邯郸城。

关于中国哲学史研究方法，本书批评了两种错误倾向：一种是教条主义之风，另一种是虚无主义之风。

一些以“学术警察”自居的人，极力鼓吹“两军对战”模式，可以说是教条主义之风的典型表现。教条主义者从苏联哲学界搬来“两军对战”

模式，打着马克思主义旗号，强行推广，害苦了中国哲学史研究者。在“两军对战”模式的误导下，中国哲学史研究者唯一能做的事情，仿佛就是给古代哲学家制造一顶“唯物论者”或“唯心论者”的帽子。这种“研究”，完全脱离了中国哲学史的实际，谈不上有什么学术含量。道理很简单，使用外来的问题和外在的方法剪裁中国哲学史，怎么可能呈现中国哲学史的真实情况？世界是从来就有的？还是上帝创造的？这是西方人才会有这样一种困惑，是在基督教占统治地位的语境中才会提出的问题。中国古人从来没有上帝创世说的观念，根本就不可能这样提出问题。也许有人会说，在中国古代也有类似创世说的传说，如盘古开天地、女娲造人等，但那只是小说家言，不能作为一种非常严肃的学术观点写入中国哲学史。我们不能用看待西方近代哲学家的眼光去看待中国古代哲学家，不能武断地把古人近代化或现代化。众所周知，中国古代哲学属于前近代的哲学理论形态，因而中国古代哲学家不可能像西方近代哲学家那样自觉而清晰地意识到思维与存在的关系问题，更不可能依据这一问题的理解来构筑学说体系。从20世纪50年代初到70年代末，教条主义者长期掌控话语权，致使中国哲学史事业跌入低谷。如果不刹住教条主义之风，不搬开这块大石头，中国哲学史事业便无法走出低谷。《新探》之所谓“新”，主要是针对陈旧的教条主义话语方式而言的。

虚无主义之风是近些年刮起来的，具体表现就是质疑“中国哲学合法性”。以“合法性”评判哲学，十分荒唐。哲学本来就是无法无天的学问，根本不存在合法与否的问题。世界上没有“只是哲学的哲学”，只存在着“带前缀的哲学”，如中国哲学、欧洲哲学、阿拉伯哲学、印度哲学等。哲学是个复数，而不是个单数。各种哲学话语方式可以有相似性，但不具有相同性，怎么可能判定某种哲学合法，某种哲学不合法？合法性可以用于政治，用于法律，但不能用于哲学。有如我们可以讨论鸟的飞翔性，但不能讨论狗的飞翔性。不承认“中国哲学合法性”，等于说根本没有中国哲学史这么一回事，等于说研究中国哲学史无异于画鬼。一个无故怀疑“父母合法性”的孩子，肯定是不孝之子；一个无端质疑“中国哲学合法性”的人，岂不等于置身于中华民族之外？倘若不刹住这股虚无主义之风，研究中国哲学史从何谈起？所以，必须澄清虚无主义迷雾。《新探》之所谓“新”，也可以说就是对虚无主义之风的回应。

关于中国哲学史研究方法问题，乃是我数十年的心结，觉得有许多话要说，如鲠在喉，不吐不快。2011 年，我以“中国古代哲学研究方法新探”为题，申报国家社会科学基金年度项目，有幸获准立项，遂有本书写出。2012 年，我获得北京市第八届高校名师奖，北京市拨给我一笔“信息传播费”，可以用于出版补贴，遂有本书出版。

十分感谢中国人民大学出版社帮助本书出版，十分感谢策划编辑和责任编辑，由于他们付出许多辛劳，为本书增色颇多。

叹曰：

智潭慧海索玄珠，

格物致知贵自得。

鸳鸯绣出堪赏目，

金针还须多琢磨。

在“中国古代哲学研究方法新探”项目研究进行过程中，我发表了一系列关于中国哲学研究方法论方面的文章。其中主要有《论哲学三义与三性》（《江苏行政学院学报》2011 年第 2 期）、《百年中国哲学史研究回顾》（《高教理论战线》2012 年第 12 期）、《宏观·中观·微观——中国哲学史教学范式新探》（《中国大学教学》2013 年第 3 期）、《中国哲学史学科建设的回顾与前瞻》（《江汉论坛》2013 年第 8 期）、《了解胡适与重写中国哲学学术史》（《河北学刊》2013 年第 4 期）、《中国哲学史学科发展的引擎——简论张岱年横向研究进路》（《中州学刊》2013 年第 6 期）、《“中国哲学合法性”解疑》（《中国哲学史》2013 年第 4 期）、《论重写中国哲学史的方法》（《河北学刊》2014 年第 1 期）、《中国哲学史学科的奠基石——重读冯友兰著两卷本〈中国哲学史〉》（《社会科学战线》2014 年第 2 期）、《论两军对战模式及其危害》（《学术界》2014 年第 1 期）、《从小语境看哲学家个性特质》（《湖湘论坛》2014 年第 2 期）、《晚年定论谱新篇——冯友兰著〈中国哲学史新编〉解析》(《中州学刊》2014年第3期)、《论文本与中国古代哲学的沿革》(《江汉论坛》2014年第7期;《新华文摘》2014年第21期全文转载)、《独辟蹊径吐心声——冯契著〈中国古代逻辑发展〉解析》(《东岳论丛》2015年第1期)。

2011年,我还意外地拿到国家社科基金后期资助项目。项目名称是"中国近现代哲学四论",批准文号为11FZX010,计划2011年12月30日完成。我并未申报后期资助项目,这是意料之外的收获。2011年,我撰写的《中国近现代哲学四论》脱稿,申报"国家哲学社会科学成果文库"。文库所接受的书稿,标准很高,数量很少,全国大概在50本左右。报上来的书稿很多,竞争十分激烈。在评审时,我的书稿初审通过。初审通过的书稿,还有哲学院退休教授宋希仁著《马克思的伦理思想研究》。到终审时,评委们觉得一个单位选入两本不合适,应该拿掉一本。结果是宋希仁教授入围,我被淘汰出局。评委们觉得我的书稿写得不错,淘汰有些可惜,遂建议社科规划办将其纳入国家社科基金后期资助项目。规划办接受评委的建议,使我获得"后期资助"。我按计划如期完成,审查顺利通过,书稿转交中国社会科学出版社出版。

2012年,我以"中国古代哲学话题更新"为题目,申报中国人民大学哲学院"985"项目,获得通过。哲学院从"985"工程拨款中,拨给我4万元,作为科研资助。我把这笔款当作出版补贴,在中国人民大学出版社出版了《中国古代哲学发微》一书,算是结项成果。全书306 000字,312页,我在"内容简介"中写道:

> 本书从不同侧面阐述中国哲学特有的话题以及阐述这些话题的特有方式。中国古代哲学是一段完整的断代哲学史,以春秋末年即公元前5世纪为起点,以1840年鸦片战争为终点。第一个阶段是奠基期,即先秦时期,以"百家争鸣"为基本特征。第二个阶段是发展期,从西汉到唐末,以"三教并立"为基本特征。第三个阶段是高峰期,从北宋到清末,以"理学行世"为基本特征。本书把"话题更新"落实到有代表性的哲学家身上,以老子、庄子、孔子、孟子、荀子、墨子、韩非、董仲舒、王充、王弼、

郭象、中国佛教、周敦颐、二程兄弟、张载、朱熹、陆九渊、王阳明、王夫之、戴震为个案，论述每位哲学家所采用的特有论述方式。他们都是有原创力的思考者，都在为中国哲学大厦添砖加瓦，他们不断地更新哲学话题，丰富着中国哲学的内容。

这本书在我近年来发表的 30 多篇论文的基础上，编纂而成，分为 5 个单元。第一个单元是“总论篇”，论及关注民族性、提倡多元化、寻求新视角、哲学三义与三性、中国哲学精神、中国哲学基本问题、中国哲学主要问题、中国哲学世界观维度、中国哲学本体论思路、中国哲学关注人生的特色、中国哲学主流价值取向、中国哲学主流义利观等 12 个话题。

第二个单元是“分期篇”，把中国古代哲学概括为三大阶段。一是奠基期，中国哲学的发端；二是发展期，三教并立与话题更新；三是高峰期，宋明理学的新话题。

第三个单元是“奠基期个案篇”，评述先秦时期七位主要哲学家。一是“老子：天道学进路”，围绕“如何以道释物?”“如何以道看人?”“如何以道治世?”三个话题展开论述。二是“庄子：道的本根性”，围绕“怎样看待道与物同在?”“怎样看待道对于人的价值意义?”“怎样以道应世?”三个话题展开论述。三是“孔子：人道学进路”围绕“如何从天道学转向人道学?”“如何从‘无知之行’转向‘有知之行’?”“人道学的内涵是什么?”“如何把握中庸之道?”“理想社会何在?”五个话题展开论述。四是“孟子：从人性善到求放心”，围绕“怎样看待人性?”“人性善的根据是什么?”“怎样求得人性善?”三个话题展开论述。五是“荀子：明于天人之分”，围绕“如何以礼治国?”“为何施行教化?”“天人关系怎样?”三个话题展开论述。六是“墨子：人天学进路”，围绕“何谓人的本质?”“如何看待人际关系?”“人格的担保何在?”“知识何以可能?”三个话题展开论述。七是“韩非：建构治道学”，围绕“如何以理解道?”“如何看待人与人的现实关系?”“怎样建构治道学?”三个话题展开论述。

第四个单元是“发展期个案篇”，评述汉唐时期代表性突出的哲学家或哲学思潮。一是“董仲舒：‘大一统’视野中的天人学”，围绕“如何以天论人?”

“如何以天论政?”“如何制约君权?”三个话题展开论述。二是“王充：批判思潮中的天人学”，围绕“天在人上还是在人外?”“天是自然还是神秘的?”“认知的途径何在?”“福德为何不一致?”四个话题展开论述。三是“王弼：名教出于自然”，围绕“名教的根基何在?”“何为万有的本体?”“如何把握本体?”三个话题展开论述。四是“郭象：名教即自然”，围绕“如何回应有无之辩?”“本体如何为人所用?”“如何处理名教与自然关系?”三个话题展开论述。五是“中国佛教：创造性诠释”围绕“怎样理解般若学的理论核心?”“怎样诠释本体的总体性?”“怎样悟得佛性?”三个话题展开论述。

第五个单元是“高峰期个案篇”，评述宋代以后八位代表性突出的哲学家。一是“周敦颐：儒学的新动向”，围绕“精神安顿是否有儒家模式?”“何为儒家式精神世界的本体论依据?”“何为儒家的精神安顿方式?”三个话题展开。二是“二程：体贴天理”围绕“礼教的根基何在?”“如何从天理看人性?”“如何成就儒者?”三个话题展开论述。三是“张载：太虚即气”。围绕“万物真实性的依据何在?”“如何从气本论看人性?”“何谓天人合一?”三个话题展开论述。四是“朱熹：理气合论”，围绕“怎样看待理事关系?”“怎样看待理气关系?”“怎样看待一多关系?”三个话题展开论述。五是“陆九渊：本心即天理”，围绕“理在天上还是在心中?”“务外还是内省?”两个话题展开论述。六是“王阳明：本体工夫合论”，围绕“何为儒学本体论的核心?”“怎样把知行统一起来?”“怎样把本体工夫统一起来?”三个话题展开论述。七是“王夫之：天下惟器”，围绕“如何摆正道器关系?”“如何摆正两一关系?”“如何摆正知行关系?”“如何摆正理欲关系?”“如何摆正理势关系?”五个话题展开论述。八是“戴震：气化流行”，围绕“何谓形而上?”“在知识论上天人怎样合一?”“理欲是否兼容?”三个话题展开论述。

通过此书编纂，我把自己多年来研究中国古代哲学的思路梳理了一下，大体上归结为三条。

第一，努力捕捉中国哲学特有的话题。中国哲学史的主词，毫无疑问应当是“中国”二字。可是，长期以来中国哲学史界似乎忽略了这一点。非但中国哲学史界，似乎整个中国社会科学界都忽略了中国社会科学所应体现的“中国性”（或称民族性）。我在“关注民族性”中，批评了这种情形，呼吁大家关注中国学术自身的话题，不要只做西方学术话语的追随者。单数的哲学观也是妨碍人们捕捉中国哲学特有话题的思想障碍，我在“提倡多元化”中，驳斥“哲学只有一个”的谬见，强调中国哲学有自身特有的话题，回应某些人对于“中国哲学合法性”的质疑。“寻求新视角”谈我关于中国哲学世界化和现代化的看法。“哲学三义与三性”阐述我的哲学观和哲学史观。在“中国哲学精神”中，我把中国哲学精神概括为自强不息、实事求是、辩证思维、以人为本、内在超越、有容乃大等六条。“中国哲学基本问题”把中国哲学的基本问题归结为天人关系问题。“中国哲学主要问题”把天人关系、两一关系、知行关系、义利关系四个问题视为中国哲学主要问题。“中国哲学世界观维度”“中国哲学本体论思路”“中国哲学关注人生的特色”“中国哲学主流价值取向”“中国哲学主流义利观”等从不同侧面阐述中国哲学特有的话题以及阐述这些话题的特有方式。

第二，努力抓住中国哲学自身发展的逻辑进程。目前见到的中国哲学史教材，基本上是按朝代更迭表述的。我觉得这样处理不大合适。朝代更迭对哲学思想发展固然有影响，但没有必然的联系，哲学不会因朝代更迭而马上改变。书写中国哲学史，不一定非得按照朝代更迭的顺序，应当抓住中国哲学自身发展的逻辑进程。我认为，中国古代哲学是一段完整的断代哲学史，以春秋末年即公元前 5 世纪为起点，以 1840 年鸦片战争为终点。古代中国哲学历史跨度比较大，大约 2400 年，可以细分为三个阶段。第一个阶段是奠基期，即先秦时期，以“百家争鸣”为基本特征。“奠基期：中国哲学的发端”论述了这一阶段的语境、文本和话题。第二个阶段是发展期，从西汉到唐末，以“三教并立”为基本特征。“发展期：三教并立与话题更新”论述了这一阶段的语境、文本和话题。第三个阶段是高峰期，从北宋到清末，以“理学行世”为基本特征。“高峰期：宋明理学的新话题”论述了这一阶段的语境、文本和话题。

第三，努力提炼每个哲学家提出的特有话题。我觉得，仅概括出中国哲学一般性的话题还不够，必须把“话题更新”落实到有代表性的哲学家身上。“总论篇”选择宏观的视角，“分期篇”选择中观的视角，而后三篇则选择微观的视角。“奠基期个案篇”以先秦时期的老子、庄子、孔子、孟子、荀子、墨子、韩非为代表，论述每位哲学家所谈论的特有话题。“发展期个案篇”以汉唐时期的董仲舒、王充、王弼、郭象为代表，论述每位哲学家所谈论的特有话题。由于佛教涉猎范围太广，没有以人物为个案，而以思潮为个案，题为“中国佛教：创造性诠释”。“高峰期个案篇”以宋代以后的周敦颐、二程兄弟、张载、朱熹、陆九渊、王阳明、王夫之、戴震为代表，论述每位哲学家所谈论的特有话题。真正有代表性的哲学家，其实都是中国哲学史上里程碑式的人物。他们对于前此的哲学家，或接着讲，或对着讲，或改变话语方式，绝不仅仅照着讲。他们都是有原创力的思考者，都在为中国哲学大厦添砖加瓦。他们不断地更新哲学话题，丰富着中国哲学的内容。这种话题更新构成他们之间内在的、本质的联系，哲学史研究者应当对此做出有说服力的解释。从这个意义上说，所谓哲学史就是哲学家不断更新哲学话题的历史。只有把握住这一点，才能体现出哲学史的历史性，才不会把哲学史写成封神榜或点鬼簿。那些只会照着讲而没有更新哲学话题的学者，可以写进学术史，但不必写进哲学史。

2012 年，我的另一本专著《中国近现代哲学四论》，在中国社会科学出版社出版。全书 475 000 字，412 页。我原来为硕士生讲授中国现代哲学专题研究，后来这门课改为中国近现代哲学专题研究，扩大了范围，遂有此书的写出。在我出版的几十本书中，可以称得上代表作的，其实只有两本。一本是《薪尽火传：宋志明中国古代哲学讲稿》，再一本就是此书。前书讲的是中国哲学在古代发展的情形，可谓是关于“前天”的陈述，此书讲的是中国哲学在近现代发展的情形，可谓是关于“昨天”的陈述。两书皆以“中国哲学”为主语，构成前后相继关系，合在一起，算是我完成了对中国哲学的全方位的综合研究。在中国哲学史界，以一己之力从头到尾写完中国哲学通史的人不多。除了冯友兰和冯契外，我还没有发现第三个人。

我把中国哲学史划分为三个段落：第一段为古代，从公元前 5 世纪到 1840 年鸦片战争为止；第二段为近代，从 1840 年到 1919 年为止；第三段为现代，从 1919 年到 1949 年为止。在古代，哲学尚未成为一门独立的学科，是一种包罗万象的学问。对于这一段，可以做广义的哲学史陈述。在近代，哲学发展已经超越古代，表现出近代精神，但仍未成为独立学科。对于这一段，可以做专题性的思想史陈述。在现代，哲学已经成为一门独立的学科，可以做狭义的哲学史陈述。由于第二段具有过渡的性质，难以独立成书，故而与第三段合在一起讲。

《中国近现代哲学四论》一书由四个部分组成，共计十二章。第一个部分“总论：中国哲学新形态”由两章构成。第一章“在近代中国哲学实现转型”分为三节，第一节“语境的变迁”讲述“千年未有之变局”“新式学人的出现”两个话题。第二节“资源的扩大”讲述“西学东渐”“西方哲学东渐”“中西哲学会通”三个话题。第三节“话题的更新”讲述“中国向何处去”“客观世界如何解释”“知识系统如何更新”“人格观念如何更新”四个话题。

第二章“在现代中国哲学成为独立学科”分为五节。第一节“学科意识”讲述“现代意识的自觉”和“对哲学的新认识”两个话题。第三节“多种资源”讲述“固有的资源”“外来的资源”两个话题。第二节“基本格局”讲述“现代新儒家思潮”“中国实证哲学思潮”“中国马克思主义哲学思潮”三个话题。第四节“主要问题”讲述“人生价值观念如何树立”“科学知识如何获得”“中国社会如何改造”三个话题。第五节“理论特色”做出三点概括：一是“时间短促，内容丰富”，二是“思想交锋，论战频仍”，三是“融汇中西，综合创新”。

第二部分“近代专论：中西会通”由四章构成。第三章“关注进化发展”分为五节。第一节“历史观转向”，做专题综述。第二节“康有为的‘三世进化’说”讲述“生平与著述”“从进化审视历史”“从进化展望大同”三个话题。第三节“严复的‘天演之学’”讲述“生平与著述”“进化的哲学意涵”“以天演论醒世”三个话题。第四节“章太炎的‘俱分进化论’”讲述“生平与著述”“进化与革命”“进化的二向度”三个话题。第五节“孙中山的‘突驾’论”讲述“生平与著述”“进化与天然力”“进化与人为力”三个话题。

第四章“审视客观世界”分为六节。第一节“本体论转向”做专题综述。第二节“康有为的元学”讲述“‘元’为万物之本”“‘元’为价值的依据”两个话题。第三节“谭嗣同的‘以太—仁’说”讲述“生平与著述”“‘以太—仁’为本体”“‘仁—通—平等’的诉求”三个话题。第四节“严复的‘质力相推’说”讲述“本体不可思议”“非质无以呈力”“非力无以呈质”三个话题。第五节“章太炎的二重本体论”讲述“前期的‘阿屯’说”“后期的‘真如’说”两个话题。第六节“孙中山的进化本体论”讲述“进化的物质过程”“进化的精神层面”两个话题。

第五章“知行观念更新”分为五节，第一节“知行观转向”做专题综述。第二节“谭嗣同的‘贵知’说”讲述“贵知不贵行”“转业识成智慧”两个话题。第三节“严复的‘实测’说”讲述“从‘夸多识’到‘尊新知’”“倡导经验原则”“倡导逻辑原则”三个话题。第四节“章太炎的‘贵行’说”讲述“恃革命开民智”“行先知后说”两个话题。第五节“孙中山的‘知难行易’说”讲述“知行的新内涵”“知行关系新探”“知行分任说”三个话题。

第六章“人格观念更新”分为六节，第一节“人性观转向”做专题综述。第二节“康有为的‘大同博爱’说”讲述“求乐免苦”“博爱之德”“大同之道”三个话题。第三节“谭嗣同的‘冲决网罗’说”讲述“仁以通为第一义”“冲决伦常之网罗”两个话题。第四节“严复的人学思想”讲述“自强保种”“合群之道”“鼓民力开民智新民德”三个话题。第五节“梁启超的新民说”讲述“生平与著述”“从维新吾民做起”“破除心奴”“树立公德意识”“培养独立自由人格”“发扬冒险尚武精神”六个话题。第六节“孙中山的国民说”讲述“从进化的维度看”“从互助的维度看”“从大同的维度看”三个话题。

第三个部分“现代专论：综合创新”由四章构成。第七章“现代新儒家思潮（上）”分为三节。第一节“概述”讲述“形成原因”“发展历程”“基本类型”三个话题。第二节“冯友兰的新理学”讲述“生平与著述”“‘理世界’本体论”“人生境界说”三个话题。第三节“贺麟的新心学”讲述“生平与著述”“‘心理合一’本体论”“新式儒者人格论”三个话题。

第八章“现代新儒家思潮（下）”分为四节。第一节“梁漱溟的新孔学”讲述“生平与著述”“‘大生命’的本体论”“‘三量说’的认识论”“‘三路向’的文化观”“‘求诸内’的价值观”五个话题。第二节“熊十力的新唯识论”讲述“生平与著述”“‘体用不二’论”“‘性体呈露’说”三个话题。第三节“唐君毅的超越论”讲述“生平与著述”“‘道德自我’本体论”“心灵九境说”三个话题。第四节“牟宗三的存有论”讲述“生平与著述”“道德的形上学”“内圣开出新外王”三个话题。

第九章“中国实证哲学思潮”分为五节。第一节“概述”讲述“发展历程”“学术特色”“相关的社会思潮”三个话题。第二节“胡适的实用主义思想”讲述“生平与著述”“关注工具理性”“经验主义的实在论”“工具主义的真理论”“实证主义的方法论”五个话题。第三节“丁文江的唯科学主义思想”讲述“生平与著述”“发动科玄论战”“科学万能论”“论科学与人生观的关系”“唯觉主义与存疑主义”五个话题。第四节“张东荪的多元主义认识论”讲述“生平与著述”“质疑唯觉主义”“非存在的感相与潜在的条理”“直观的格式与判断的格式”“经验的概念”“以心为本位的中间阶段论”六个话题。第五节“金岳霖的客观主义知识论”讲述“生平与著述”“批评主观主义”“所与是客观的呈现”“纳所与于意念图案”“思议原则和归纳原则”“真假的定义和标准”六个话题。

第十章“中国马克思主义哲学思潮”分为六节。第一节“概述”讲述“马克思主义传入中国”“中国选择马克思主义哲学的逻辑必然性”“中国马克思主义哲学思潮的发展历程”三个话题。第二节“李大钊和陈独秀对唯物史观的传播与理解”讲述“生平与著述”“李大钊接受唯物史观的思想底色”“李大钊对唯物史观的理解”“陈独秀对唯物史观的理解”四个话题。第三节“瞿秋白对辩证唯物论的传播与理解”讲述“生平与著述”“马克思主义在中国的第二次传播高潮”“瞿秋白对马克思主义理论体系的新认识”“瞿秋白对辩证唯物主义的理解和绍述”四个话题。第四节“李达和艾思奇对新哲学的绍述与推广”讲述“生平与著述”“马克思主义在中国的第三次传播高潮”“李达对新哲学的规范化理解”“艾思奇对新哲学的通俗化推广”四个话题。第五节“郭沫若和侯外庐对新哲学的学术运用”讲述“生平与著述”“郭沫若对儒学的同情与批评”“侯外庐的儒学新论”三个话题。第六节“毛泽东哲学思想的中国特色”讲述“生平与著述”“迈入中国化的新阶段”“毛泽东思想的哲学创新”“中国哲学的现代变革”四个话题。

第四个部分“余论：续写新篇”由两章组成。第十一章“接着讲”分为“接着主线讲，坚持正确方向”“回应中国实证哲学，化理论为方法”“回应现代新儒家，化理论为德性”三节。第十二章“讲新意”分为“适应现代化，走自己的路”“适应全球化，拓展发展空间”两节。

此书虽然名为《四论》，实则主要是两论：一是我关于中国近代哲学的看法，二是我关于中国现代哲学的看法。

对于我来说，2013 年既是最后一个工作年，也是一个丰收年。这一年我有三本书付梓。第一本是教材《中国传统哲学通论》（第三版），中国人民大学出版社 1 月出版。与第二版相比，此版修改的幅度比较大。字数从原来的 249 000 字，增加到 332 000 字；页码从原来的 212 页，增加到 273 页。全书做了新的编排：“绪论”没有变化，各章重新编为 3 个部分。第一部分“总论编”含“精神特质”“发展历程”“基本问题”三章。第二个部分“专题编”含“宇宙论”“本体论”“方法论”“知行观”“价值观”“近代转向”六章。第三个部分“思潮编”是新加上的，由“先秦道家哲学”“先秦儒家哲学”“先秦墨家哲学”“魏晋玄学”“中国化佛学”“宋明理学”六章构成。

第二本是专著《孔学与国魂》，与许宁合著，河北大学出版社 4 月出版。250 000字，322 页。这部书能够写成，主要工作是陕西师范大学许宁教授做的。他在我的一本几万的小册子《中华儒学源流》的基础上，写出初稿，经我加工修改，最后由他定稿于 2005 年。此书的内容简介是我写的。

> 孔子奠立中国人精神世界的根基，孟子高扬人文精神，荀子依据理性原则设计规范，汉代经学家确认正统精神，东汉末年社会批判思潮对正统精神加以反思，唐代儒者对正统精神加以改铸，宋明理学家搭建起中国人精神世界的架构，清代儒者做出必要的调整，元清两朝皆认同中国人共有的精神世界。孔学对中国人精神世界的影响力，不会因时代的变化而消失。

此书的《自序》也是我写的。

> 2003 年，哲学系、中文系、历史系合在一起，共同组建中国人民大学人文学院，于是我有了双重身份：既是哲学系的教师，又是人文学院的教师。两方面分配给我的科研任务，我都不能拒绝，都得很好地完成。哲学

系派给我的任务是同吴潜涛共同担任“211工程”子项目“中华民族精神研究”的负责人，人文学院通过孔子研究院派给我的任务是担任“211工程”子项目“孔子与中国人的精神世界”的负责人。我和吴潜涛组织多人共同编写的《中华民族精神论纲》，2005年结项顺利通过；我和许宁两人共同撰写的《孔子与中国人的精神世界》，结项也在同年顺利通过。《孔子与中国人的精神世界》一书的基本观点是我提供的，而执笔者则是许宁，最后由我修改定稿。在哲学系的帮助下，《中华民族精神论纲》被纳入《中国人民大学“211工程”建设成果》，2006年由中国人民大学出版社出版；而《孔子与中国人的精神世界》一书，却没有这么幸运。由于人文学院解体，孔子研究院又不是独立的实体，因而无法在出版方面获得支持，拖至今日，仍未付梓。今年适逢孔子研究院建院十周年，准备出版一套《中国人民大学孔子研究院·中国哲学研究文集》，以志纪念。此书终于得到面世的机会。

孔学在中国已有数千年的文化存在，这是一个不争的事实。可是，孔学的价值究竟在哪里？却是一个因时而异、常讲常新、纷无定论的活话题。由于每一时代的人，所处的语境不一样，评价的尺度自然也就不一样。在古代中国，孔学很风光。借用鲁迅的话说，帝王们用种种白粉，把孔子打扮起来，抬到了吓人的高度。神圣化是那个时代评判孔学的基本维度。在现代中国，孔学遭到厄运。1919年以后，随着封建帝制的覆灭，孔学失掉了神圣的光环，成了口诛笔伐的对象，妖魔化成为这时评判孔学的基本维度。十一届三中全会以后，进入新的历史时期，人们对孔学的认识，既超越了神圣化维度，也超越了妖魔化维度，开辟了理性化的新维度。这一维度就是本书写作时所遵循的指导原则。

从理性化的维度看孔学，会发现它是一份培育中华民族精神、建设中华民族共有精神家园、建设体现社会主义核心价值观的和谐社会的思想资源。儒家提出“以人为本”的理念，把重人思想与奋斗精神、经世态度紧密结合在一起，提倡自强不息、开拓进取的精神。这种理念培育了中华民族积极进取、坚韧不屈的人格品质，激发了民族成员努力开拓、勇于创造的旺盛斗志。依靠这种民族精神的支撑，中华民族创造出灿烂的文明、优秀的文化，始终保持着强盛的生命力、创造力。儒家提出“以和为贵”的理念，不仅有利于形成良好的社会环境，使每个民族群体中的成员自觉地加强道德修养，保持与外部世界的和谐统一，而且影响着每个成员在实际生活中的行为方式，使人们认识到在维系社会群体和谐中自己应承担的责任与义务，因而能做到各司其职，各负其责，形成一种亲和力，从而提升全民族的综合实力。儒家提出“以礼为序”的理念，确立仁义礼智信等道德规范，为中华民族广大成员所认同，影响久远，对于中华民族的形成和发展具有重要意义。儒家提出“经世致用”的理念，强调在现实世界中提升道德品格，达到理想境界；主张在人生实践中自强自立、奋发有为，成就理想的人格。并由此培育出中华民族注重人生价值、敢于担纲、负重致远、刚毅进取、自强不息，谦恭有礼，不为人先，吃苦耐劳、勤俭持家、求真务实、厚德载物、忠恕之道，利群爱国、乐观向上等一系列优秀民族精神。孔学以积极的处世态度、入世的精神以及讲求奉献的价值取向，教育并鼓舞着一代代华夏子孙发奋进取，在现实人生中成就了无数功业，为中华民族的生存与发展提供了强大的精神动力。

本书定稿于2005年，几年过去了，但我们的基本观点没有大的变化，因而没有做大的修改，仍按原稿出版，只是将书名改得更为简洁一些，题为《孔学与国魂》。孔学与中国人精神世界之间的关系问题，乃是一个大题目。本书只是作了初步的探索，充其量算是一家之言。其中多有舛谬，敬祈读者不吝赐教。

此书系中国人民大学孔子研究院资助出版，自然没有稿酬。河北大学出版社给了我们300册书，算是对作者的酬劳。我和许宁各得到150册书。

第三本是专著《国学十八讲》，人民日报出版社5月出版。240 000字，263页。这是一部通俗读物，汇集我多次公开讲座的讲稿，编纂成书。全书分为三个单元。第一个单元有“国学讲什么”“国学中的哲理”“孔学要义”“讲儒学的新思路”“《孙子兵法》今读”“佛教怎样融入国学”等六讲。第二个单元有“精神的传承”“宇宙的奥秘”“本体的考量”“辩证的智慧”“知行的研讨”“价值的导向”等六讲，皆根据我2011年7月第一次录制中国大学视频公开课的唱词整理成文。第三个单元有“先秦道家的说法”“先秦儒家的说法”“先秦墨家的说法”“魏晋玄学的说法”“中国化佛学的说法”“宋明理学的说法”等六讲，皆根据我2011年10月第二次录制中国大学视频公开课的唱词整理成文。我在此书的“自序”中坦言：

> 本书是讲出来的，不是写出来的。既然是“讲”，就要讲真话，讲我自己关于国学的真实看法，讲我想说的话，绝不傍依任何人。我的讲法可能是错误的，但绝不是抄来的。我讲的基本观点，是我治中国哲学数十年来积累的一些心得，并非一时心血来潮，随便说出来的。由于听我讲学的受众大都对中国古代思想不熟悉，我必须讲得通俗一些，尽量采用口语化的表述方式，少引经据典，力求做到深入浅出、通俗易懂。这种讲法的优点是容易接受，缺点是深度不够，论证不够充分。我在整理成文的时候，增加了一些思想材料，纠正了一些口误，梳理一下思路，力求矫正口述中缺点，但仍感不到位，希望读者见谅。本书系应邀讲学，脱口而出，是名副其实的急就章。

我原拟书名为《国魂学演讲录》，责任编辑觉得书生气太重，改为现书名。她还在封皮上写上宣介词：“教育部列入‘中国大学精品视频公开课’；聆听名师妙语·感悟国学之道。”为了通俗，她把我在讲座时与听众的互动对话，全都删除了，我觉得比较可惜。如果加上互动对话，可能更有现场感。

在我发表的文章中，影响最大的，并不是大块学术论文，而是2010年12月1日发表在《光明日报·国学版》上的一篇短文，只有几千字，题目是《儒释道互补与心态和合》。这篇文章被几十家网站转载。尤其令我想不到是，此文竟被编入高中升学考试复习资料之中，被许多名校用作高考备考试题使用。

《儒释道互补与心态和合》试题

吉林省实验中学

2010—2011学年度高一上学期期末质量检测

语文试题

命题人：张悦　姜巍　杨连信　张国红　周海燕　审题人：张悦

第Ⅰ卷　阅读题

一、现代文阅读（9分，每小题3分）

阅读下面的文字，完成1—3题。

儒释道互补与心态和合

对于和合文化，可以从多角度来解读。有人从中读出一种文化战略，有人从中读出一种社会理想，都讲出了一番道理。我别出心裁，想把和合文化解读为一种健全的心态。在我看来，“和合”一词中的“合”，应该是指人的多种精神诉求的集合。道理很简单，只有在具备两个以上要素的情况下，才能谈得上“合”；倘若只是单一要素，根本就谈不上“合”了。多种要素凑在一起，有可能发生冲突，也未必就一定发生冲突。即便发生冲突，也未尝不可以化解。成功地化解冲突，便进入了“和”的状态。所谓“和”，应该是指多样性的统一，是指冲突的化解。显而易见，这种意义上的“和”，有别于“同”，故而孔子力主“和而不同”。要想把人的多方面的精神需求统一起来、协调起来，进入“和”的心态，绝非易事，仅靠一种学说，显然也是不可能做到的，必须综合运用多种学说。在传统文化资源中，对于和合心态的养成，儒释道三家都是不可或缺的元素。三教分别满足中国人精神生活中某方面的需要，帮助人们养成和合的心态。

儒家的精神趣旨，可以概括成三个字，那就是“拿得起”；用两个字来概括，那就是“有为”；用一个字来概括，那就是“张”。儒家主张立德、立功、立言，主张干事，主张积极有为。道家的精神趣旨是“想得开”；用两个字来说，叫作“无为”；用一个字来说，叫作“弛”。道家的趣旨与儒家似乎相反，实际上互为补充。学会紧张，是一门学问；学会放松，同样也是一门学问：对于人来说，都是不可缺少的。佛教精神趣旨是“放得下”。用一个字来说，那就是“空”。用佛教的术语说，“放得下”就是看破红尘，把精神追求的目标定位在彼岸的极乐世界。

儒道两家是中国固有的学问，主要是讲人生哲学。儒家告诉人如何堂堂正正地度过一生，道家则告诉人如何轻轻松松地度过一生，至于人死后怎样，两家都不怎么在意。佛教是从印度引入的学问，主要是讲人死哲学。佛教为人设计了“终极关怀”之所，标示出超越的精神取向，告诉人如何干干净净地辞别尘世。人死哲学与人生哲学似乎相反，唯其如此，才构成互补关系：倘若悟不透死，焉能悟透生？综合运用儒释道三家学问，连生死大关都能勘破，还不算是心态和合吗？儒道互补，讲出“张弛和合学”；儒释道互补，进一步讲出“生死和合学”：三教共同培育和合心态。

1. 关于“和合”文化，下列说法正确的一项是（3分）

A. 作者把“和合”文化解读为一种健全的心态，认为它涉及人的多种精神诉求。

B. 多种要素凑合在一起是“合”，只有“合”而不发生冲突才能进入“和”的状态。

C. 孔子力主“和而不同”，强调的是多种学说的统一，即多样性的整齐一致。

D. 儒讲“拿得起”，道说“想得开”，佛言“放得下”，三者都属于和合心态。

2. “在传统文化资源中，对于和合心态的养成，儒释道三家都是不可或缺的元素。”下列各项不能作为这一说法依据的是（3分）

A. 儒释道三家可以说是各有各的精神旨趣，看上去有很多对立之处，但在精神实质上互为补充。

B. 学会紧张，是一门学问；学会放松，同样也是一门学问：对于人来说，都是不可缺少的。

C. 儒释道三教是中国传统文化资源中很重要的组成部分，能分别满足中国人精神生活中某方面的需要。

D. 人的精神需求是多方面的，要把它们统一协调起来，进入“和”的状态，不能仅靠一种学说。

3. 下列表述，符合原文意思的一项是（3分）

A. 中国固有的学问，向来只是研究“生”，不研究“死”，而佛学的引入则作了必要的补充。

B. 人只有一种精神诉求是一种不健全的心态，所以才需要“和合”文化，才需要儒释道三家的互补。

C. 儒释道三家互补，缺一则“互补”之说即无从谈起，当然也就无法达到所谓心态的和合。

D. 综合运用儒释道三家的学问，能够明“张弛”之道，能够破“生死”玄关，达成心态和合。

我在事业上进入了收获季，而在年龄上却临近了退休季。这似乎验证了《易经》讲的哲理：物极必反。《乾》卦“九五”的爻辞是“飞龙在天”，标志着事业发展到了顶点；接下来的“上九”，爻辞则是“亢龙有悔”，意味着盛极而衰。2012年8月，我到了二级教授该退休的年龄。哲学院以工作需要为理由，多次向学校打报告，希望学校对我能够延聘一段时间。学校在没有对哲学院的报告做任何批复的情况下，突然通知我办理退休手续。哲学院得知后到人事处交涉过多次，依然不能改变结果。我只能按学校规定办理退休手续。可是，哲学院已经把我下学期的课程任务下达了，换人已经来不及，哲学院只能采用自聘的办法解决问题。哲学院希望我再工作一年，我表示同意。从2012年9月开始，我在学校开始领取养老金，收入大幅度下降。我在职期间，各项工资收入加在一起，在15 000元左右；现在领取养老金，每月大概在6500元左右，还不到原工资收入的一半。退休以后，原有的基本工资和薪级工资照发，生活补贴减少，岗位工资全部停发。在哲学院聘用期间，全年只发给劳务费60 000元，税后我只得到48 000元。2013年6月底，春季学期结束，哲学院聘期已满。这样，我在中国人民大学长达27年的工作之旅，终于画上了句号，尽管说不上圆满。不过，退休也挺好。与世无争，不再有任何工作压力，可以安安稳稳、消消停停地过日子了。

回首往事，我的感悟是：

· 无论境遇如何，总会有路可走。

· 抓住机会不放，就是人生慧解。

· 走在自己踩出的路上，脚步特别踏实。

附　　录

一、《中国哲学史》（古代）课程大纲

课程编号：101336

课程类别：专业基础课

授课对象：哲学专业

开课学期：第 1 学期

学　　分：4 学分

主讲教师：宋志明

指定教材：宋志明著《新尽火传：中国古代哲学讲稿》，北京师范大学出版社，2010 版；

张立文主编《中国哲学史新编》，中国人民大学出版社，2007 版。

考核方式：平时作业（10 分）、期中开卷考试（20 分）、期末闭卷考试（70 分）。

教学目的：

系统了解中国古代哲学的基本内容、发展历程、主要哲学家的理论体系，掌握中国哲学的基本精神和理论特质，接受哲学思维训练，提高理论思维能力和研究能力。继承中国文化的优良遗产，推动现代中国文化事业的发展，建设中华民族共有精神家园，推进社会主义精神文明建设。掌握中国哲学的研究方

法，把握核心话题的转换、人文语境的转变和诠释文本的转换，形成哲学理论工作者必须具备的知识结构和创新能力。

课程简介：

本课程讲授从先秦时期开始到1840年鸦片战争为止中国古代哲学发展的历史，分为4编21章。总论编宏观绍述何谓哲学、何谓中国哲学，概述中国哲学的基本问题、中国哲学的发展历程、中国哲学精神。上编原创期绍述中国哲学的奠基：先秦百家哲学。首先绍述中国哲学的由来：在春秋时期的无神论思潮的基础上，哲学取代原始宗教成为意识形态的主流。然后分节绍述道家、儒家、墨家、名家、法家的哲学思想。中编发展期绍述中国哲学的演化：汉唐三教并立。首先概述语境的转换、文本的转换、核心话题的转换，然后分节绍述经学思潮、玄学思潮、中国佛教思潮、中国道教思潮的发展情况，评述董仲舒、王充、王弼、裴颌、郭象、华严宗、禅宗、葛洪、司马承祯的哲学思想。下编高峰期绍述中国哲学的定形：宋元明清理学行世。首先概述语境的转换、诠释方式的转换、核心话题的转换，然后分节绍述早期理学家的哲学思考、朱熹理学、陆王心学、张载的气本体论、王夫之的道器论以及戴震、颜元的哲学思想。

讲授内容：

总论：中国哲学概况

第一章　中国有自己的哲学

第一节　哲学三义

哲学与智慧。关于世界观的学问。哲学处于科学与宗教之间。

第二节　哲学三性

人类性。时代性。民族性。哲学是人类的公产。哲学是时代精神的精华。哲学是民族精神的精华。中华民族精神现象学。中华民族共有精神家园的发展史。

第三节　中国哲学的“合法性”问题

错误的提问方式。用现代中国人能懂的语言表述中国哲学的精义。反对食洋不化和食古不化。

第四节 中国哲学的发展前景

现时代的中国哲学是随着中国的现代化进程发展的，理所当然应成为现代化事业的思想动力和精神支撑。

第二章 基本问题

第一节 回到中国哲学自身

第二节 哲学基本问题的普遍性与特殊性

正确理解哲学基本问题。不能简单套用唯心唯物的研究模式。

第三节 天人关系是中国哲学的基本问题

问题的由来。老子选择“天”为切入点，从正面扬弃原始天命观。孔子选择“人”为切入点，从侧面突破原始天命观的限制。

第三章 主要内容

第一节 总体格局

第二节 主要阶段

第三节 主要问题

天人关系。两一关系。知行关系。义利关系。

第四节 儒家哲学的发展历程

第五节 道家哲学的发展历程

第六节 佛教哲学的发展历程

第四章 精神韵味

第一节 自强不息

自强不息是中国哲学中最基本的精神，是中国哲学的第一原理。先哲留给我们的十分宝贵的文化遗产。自强不息支撑起中华民族积极进取、乐观向上的精神境界。

第二节 实事求是

代表了先哲在知识论方面的基本态度。实践哲学的品格。

第三节 辩证思维

与注重发展、注重有机联系的宇宙观相联系，中国传统哲学中的辩证思维比较发达。传统辩证法的三种类型。

第四节　以人为本

把世界观问题与人生观问题合在一起讲，强调天人合一，讲究实事求是，注重人生实践，从而铸就了“以人为本”的基本精神。

第五节　内在超越

贯彻以人为本的原则，表明基本的价值导向。寻求安身立命之地，造就理想人格。

第六节　有容乃大

可以同任何优秀的外来思想资源融会贯通，善于吸收一切人类文明的成果，不断地丰富发展中国哲学的内涵。

必读文献：

1. 中国学术的界说、演替和创新——兼论中国学术史思想史、哲学史的分殊　张立文　中国人民大学学报 2004. 1。
2. 论中国传统哲学的主要问题　宋志明　教学与研究 2007. 11。
3. 西方话语霸权下中国哲学学科合法性之反思　李景林　学习与探索 2003. 2。
4. 中国哲学文化生态模式的理论特质及后现代意义　李翔海　中国哲学史 2004. 3。
5. 20 世纪二三十年代中国哲学史研究模式论述　曹树明　中国哲学史 2007. 2。
6. 哲学史类型与中国思想的叙述方式　景海峰　中国人民大学学报 2004. 3。

选读文献：

1. 何为中国哲学与中国哲学何为　张法　天津社会科学 2004. 3。
2. 西方思想界如何看待“中国有无哲学”的问题　苗润田　河北学刊 2004. 3。
3. 20 世纪中国哲学的定位与重构　陈俊民　陕西师范大学学报 2003. 1。

4. 中国哲学术语系统的形成与发展　程志华　中国哲学史 2007. 2。

5. 论中国哲学学科存在的合法性危机——关于中国哲学学科的知识社会学考察　彭永捷　中国人民大学学报 2003. 2。

思考题：

1. 中国传统哲学的特点是什么？
2. 佛教对中国哲学的发展有何影响？
3. 你怎样看待中国传统哲学发展的基本线索？
4. 述中国哲学发展阶段。
5. 简述儒家思想的发展历程。

上编原创期：百家争鸣

第五章　原创期概述

第一节　产生哲学的语境

中国哲学脱胎于原始宗教即天命观。从殷人“每事卜”到周人“以德配天”。春秋时期的无神论思潮。哲学取代原始宗教成为意识形态的主流。

第二节　中国哲学的起步

道家对天命观的正面突破。儒家对人道的高扬。墨家的非命思想和天志思想。人为哲学思考的重心。

第三节　主要话题

核心话题：天人关系。衍生话题：群己之辩和治乱之辩。

儒家理想的仁德理念和群体主义。道家理想的自然理念和个体主义。墨家从现实出发的兼爱诉求。法家从现实出发的法治诉求。

第四节　主要学派

儒家：孔子、孟子、荀子。正义导向。“张”的宗旨。道家：老子、庄子。公平导向。“弛”的宗旨。墨子和后期墨家。功利导向。兼爱哲学。名家：公孙龙、惠施。逻辑哲学。法家：商鞅、申不害、慎到、韩非。效率导向。专制主义。政治哲学。

第六章　道家的天道学

第一节　老子哲学

一、其人其书

二、以道论物

三、以道看人

四、贵柔守雌

五、以道救世

第二节　庄子哲学

一、其人其书

二、齐物论

三、逍遥游

四、应世之道

第七章　儒家的人道学

第一节　孔子哲学

一、其人其书

二、从天道转向人道

三、从“无知之行”到“有知之行”

四、仁学与礼学

五、中庸之道

六、大同之世

第二节　孟子哲学

一、其人其书

二、仁政说

三、人性善

四、天道诚

五、求放心

第三节　荀子哲学

一、其人其书

二、礼法并用

三、化性起伪

四、天行有常

五、物理可知

第八章　墨家的人天学

第一节　墨子其人其书

第二节　赖其力而生

第三节　兼相爱交相利

第四节　从人学到天学

第五节　知识论初探

第九章　名辩思潮与名家出场

第一节　名辩思潮的活跃

第二节　惠施的“合同异”说

第三节　公孙龙的“离坚白”说

第十章　法家的治道学

第一节　早期法家的探索与实践

第二节　韩非的法治理论

一、其人其书

二、以理解道

三、以计算之心相待

四、法术势结合

必读文献：

1. “生”“命”“性”“道”：对先秦人文意识嬗变的一种解释　黄克剑　哲学研究 2005. 12。

2. 老子之人文自然论纲　刘笑敢　哲学研究 2004. 12。

3. 中国哲学的认识主体修养论　许全兴　哲学研究 2006. 8。

4.《道德经》与关联性宇宙论　安乐哲、郝大维　求是学刊 2003. 2。

5. 西方学术背景下的魏晋玄学研究　汤一介、胡仲平　中国哲学史

2004. 1。

6. 孔子“知”论及其现代价值　孙熙国、孟洁　文史哲 2003. 1。

选读文献：

1. 试论荀子哲学的特质及其对儒家道统之意义　陆德斌　孔子研究 2003. 2。
2. 损益两卦何以深受古人青睐　郑万耕　北京师范大学学报 2004. 6。
3. 道与气的哲学　李申　哲学研究 2005. 12。
4. 论先秦黄老学对百家之学的整合　白奚　文史哲 2005. 5。
5. 道家的人生若梦与海德格尔的迷失　那薇　社会科学论坛 2003. 2。

思考题：

1. 中国哲学是如何产生的？
2. 老庄思想有何异同？
3. 孔孟荀之间的区别与联系是什么？
4. 墨子哲学的特色是什么？
5. 公孙龙基本观点是什么？
6. 法家哲学的特色是什么？

中编发展期：三教并立

第十一章　发展期概述

第一节　语境的变化

一、汉初的选择

从“得天下”到“平天下”。大一统体制的确立。寻求与此相应的精神纽带。

二、魏晋的转型

超越的形上诉求。

三、唐代的定格

哲学与神学的纠葛。三教并立：以儒治国，以道治身，以佛治心。

二、佛性内在

三、顿悟成佛

第十五章 道教哲学

第一节 总览泛观

一、从道家到道教

二、中国特色

三、演化过程

第二节 葛洪与外丹学

一、其人其书

二、道即是玄

三、成仙的途径

第三节 司马承祯与内丹学

一、其人其书

二、内在诉求

三、修炼的步骤

必读文献：

1. 汉武帝是否独尊儒术？——兼论思想方法诸问题 周桂钿 中国社会科学院研究生院学报 2003. 2。
2. 论天人合一 宋志明 学习与探索 1998. 4。
3. 魏晋至唐初易学演变与发展的特征 刘玉建 周易研究 2003. 4。
4. 董仲舒政治哲学的核心——大一统 周桂钿 中国哲学史 2007. 4。
5. 唯识论的知识可能性和可靠性思想探源 林国良 中国哲学史 2007. 3。
6. 华严宗体用论及其对理学的开启 张晓剑 学术月刊 2008. 10。

选读文献：

1. 道教与中国传统天文学关系考略 盖建民 中国哲学史 2006. 4。
2. 慧能与马祖禅教学精神之比较研究 伍先林 中国哲学史 2006. 3。
3. 试论道教与道家相因又相异的文化个性 蒋艳萍、郑方超 船山学刊 2004. 1。

4. 试析帛书《黄帝内经》“道生法”思想的内涵及意义　荆雨　中国哲学史 2005. 4。

5. 试述唐宋间“疑孟”“非孟”思想　龚来国 史学月刊 2003. 10。

思考题:

1. 为什么说体用关系问题是这一时期的核心话题?

2. 董仲舒是怎样看待“天”的?

3. 王充哲学的特色是什么?

4. 玄学怎样处理名教与自然的关系?

5. 华严宗怎样体现出中国特色?

6. 禅宗怎样体现出中国特色?

下编高峰期：理学行世

第十六章　高峰期概述

第一节　新的语境

第二节　文本以及讲法的转换

第三节　新的话题

第四节　发展历程与学派分殊

第十七章　宋明理学的草创

第一节　开山者周敦颐

一、其人其书

二、出佛入儒

三、出道入儒

四、从治国到治心

第二节　奠基者程氏兄弟

一、其人其书

二、天理的发现

三、人性的新解

二、太虚即气

三、天地之性和气质之性

四、天人合一

第二节　王夫之的道器论

一、其人其书

二、天下惟器

三、合二以一

四、行可兼知

五、理寓于欲

六、理势合一

第二十一章　清初朴学

第一节　明清之际的学术转型

第二节　戴震的哲学思想

一、其人其书

二、气化流行

三、血气心知

四、理存乎欲

五、中国古代哲学的终结

必读文献：

1. “性与天道”问题与宋明理学的分系　向世陵　中国人民大学学报 2003. 4。
2. 顾炎武与中国学术传统　周可真　中国哲学史 2003. 2。
3. 陆九渊心学源流辨析　刘宗贤　孔子研究 2005. 3。
4. 儒学正统的重建：王船山思想的特质与定位　陈来　中国文化研究 2004. 4。
5. 朱熹《四书》学与儒学工夫论　朱汉民　北京大学学报 2005. 1。
6. 程朱的“格君心之非”思想　李存山　中国社会科学院研究生院学报 2006. 1。

选读文献：

1. 阳明之教法与王学之裂变　钱明　孔子研究 2003. 3。
2. 清初学术的两次转变及其思想史意义　李海生　学术月刊 2003. 4。
3. “以实药其空”：颜元哲学的创建机制及其对理学的批判　魏义霞　中国哲学史 2007. 2。
4. 张载的鬼神观　张丽华　中国哲学史 2006. 2。
5. 陈献章读经以求诸吾心的思想　蔡方鹿　社会科学战线 2008. 4。

思考题：

1. 为什么说理事关系问题是这一时期的核心话题？
2. 怎样看待天理的本体论意义？
3. 朱熹怎样处理理气关系？
4. 怎样看待致良知之教？
5. 元气本体论的基本观点是什么？
6. 戴震怎样处理理欲关系？

必读书目：

1. 冯友兰：《中国哲学简史》，北京：北京大学出版社，1985。
2. 冯契：《中国古代哲学的逻辑发展》（上中下三册），上海：上海人民出版社，1983—1985。
3. 复旦大学哲学系中国哲学教研室编：《中国古代哲学史》（上下册），上海：上海古籍出版社，2006。

选读书目：

1. 宋志明：《中国传统哲学通论》，北京：中国人民大学出版社，2004。
2. 冯友兰：《中国哲学史新编》（一至五册），北京：人民出版社，1982—1987。
3. 张岱年：《中国哲学大纲》，北京：中国社会科学出版社，1982。
4. 辛冠洁等主编：《中国古代著名哲学家评传》（三卷四册、续编四册），济南：齐鲁书社，1980—1981。
5. 方立天：《中国古代哲学问题发展史》，北京：中华书局，1990。

6. 张立文主编：《玄境——道学与中国文化》，北京：人民出版社，1996。

7. 张立文主编：《圣境——儒学与中国文化》，北京：人民出版社，2005。

二、《国学十八讲》答问（选）

第四讲　讲儒学的新思路

问：现在有一些人提倡青年人晨读，继承我们的传统，培养我们的阳刚之气，您对这种晨读的事情怎么看呢？

答：儒学的复兴采取什么样的形式，我觉得这个应当是我们自己去把握。儒家讲的安身立命，是要你自己安身立命。所以，你不要变成一个信徒，受别人影响。别人爱怎么说就怎么说，大主意还得你自己拿。这样的公益事业当然是有益无害，但是我觉得它不太可能成为弘扬儒学的一个主要手段，你可以选择，也不可以不选择。官方对这种做法，既不支持也不反对。但是没人给他们支持，也搞不成。他们现在的经费，都是靠捐款，所以活得也挺艰难。他们现在影响也挺大，因为他们也有很可爱的地方，他们充满着宏道的精神。还有一种极端派，就是把儒学打造成一种宗教，我看是有点剑走偏锋了。有的人把儒家讲得比民主法制还好，说什么我们中国人早就超越了民主法制，现在政治儒学还要复兴，我看那是有点痴人说梦话了。

第七讲　精神的传承

问：宋老师，您好！我想提一个问题。您刚才谈到"以人为本"的时候，我就想到中国有一个古人，叫作屈原。他写了一篇很著名的《天问》，涉及宇宙论、本体论方面的问题。但是，在我看到的中国哲学史中，很少会把屈原当成一个哲学家来看待，请问这是为什么？谢谢！

答：你这个问题比较容易回答，因为屈原只有《天问》，没有"天答"。他只是提出了若干问题，但是对这些问题，他没有展开来说。在中国哲学史上，倒是有一位哲学家试图回答《天问》提的问题，他就是柳宗元，写了一篇文章叫作《天对》。他认为，天就是一个无限性的存在，也是主张一种动态的宇宙观。关于"天"的话题，中国哲学家没有完全把它忽视掉，只是不把它作为一个单独的理论问题、脱离开人来考虑，这就有别于古希腊人“论自然”的传统。关于自然的话题，中国哲学只是涉及了，但没有专门化。这个是我对你的回答。

问：宋老师，您好！刚才听您讲课，很受启发。我想问这样一个问题。您刚才讲到中国哲学史的写作，从冯友兰先生开始，到现在有很多人用不同的方法写了不同版本的中国哲学史，对于这些书，是否有一个比较客观的评价标准呢？哪一本比较准确地反映了中国哲学的一些基本的思想呢？谢谢！

答：应该说有一个客观的哲学史，但这个客观的哲学史其实我们没有办法再现。所以，任何版本的中国哲学史是研究者所写的，而任何研究者写的书都避免不了“解释学的偏差”。我们学习中国哲学，不能指望有谁能够再现、重现那个原原本本的哲学史，而是把传统的哲学资源，作为我们的精神材料来用，打造自己的精神世界。这样学习和研究中国哲学史，就叫作“古为今用”。

第八讲　宇宙的奥秘

问：宋老师，您好！刚才您讲到《老子》文本中有这样一句话，叫做“天下万物生于有，有生于无”。在郭店楚简的版本中，没有中间那个“有”。这个问题，您怎么看？再就是，随着一系列出土文物的出现，有些学者认为，这些出土文物能够改变中国学术史的状况，您怎么看？谢谢！

答：不断有出土文物出现，很正常。我们不能因为有一个什么文本的出现，就把《老子》基本的概念给推翻了，孤证是不能立论的。“天下生于无”“生于朴”“生于道”，这不是老子偶尔的言论，而是一贯的思想。郭店的墓主，其实是一个儒家，那个出土的《老子》是一个简本，更不完全。所以你不能把郭店当作唯一的版本，还有好多《老子》版本呢。在马王堆出土的两个版本中，都有“有”字。我们不能仅仅抓住一点，不计其余，武断立论。我们对出土的文献要重视，但并不能因为有一个出土的文献出现，就把以前一切的观念都颠覆掉。我觉得有一点小题大做。我们还得尊重通行本。现在已经出现的四五个《老子》版本，证明通行本大体上是站得住脚的。

第九讲　本体的考量

问：宋老师，您好！听了您的讲座很受启发。我心中一直有一个问题想问。中国哲学是我们中华民族的优良传统，至于如何把它的时代价值开发出来，这是包括您在内的所有研究中国哲学的专家，都很感兴趣的问题。最近看到很多现代新儒家关于中国传统哲学能焕发出时代价值的探索，我想问一下：您认为现代新儒家是否能够代表中国传统哲学在当代的焕发？如果说能的话，您的理由是什么？如果不能的话，您认为中国哲学与当代发展的契合点在哪里？谢谢！

答：你这个问题比较宏大。涉及的第一个问题是：对现代新儒家我们该怎么看？我认为，现代新儒家有一个重大的理论贡献，就是对中国哲学表示一种肯定的态度，用他们的话说，叫作“同情的理解”，叫作“表示敬意”，这个应该说是他们的功绩。他们肯定中国哲学的价值，那是针对西化派而言的。如果全盘西化是可能的，中国岂不就被否定掉了吗？也对那些“左”的话语而言的，反对把中国哲学看成思想包袱。但是，现代新儒家并没有解决如何把中国传统资源现代化的问题。他们在肯定中国哲学的时候，也有一些看法，现在看来是偏激的。比如说“内圣开出新外王”，好像“科学”“民主”能从我们儒家学说中开出来似的，这是一个文化决定论的观点。“民主”“科学”不是从传统中“开”出来的，是我们从西方学来的，这是一个不争的事实，你改变不了这一点。那么，如何推动中国传统哲学向现代转化呢？这里有一个立场问题。我觉得，应该站在现时代的立场上。我们不能把中国哲学看成是一个不变的道统，没有那么一个“统”。“人弘道，非道弘人。”孔夫子这个话是对的，是我们在弘道，不是道在弘我们。现代新儒家有一个很重大的失误，那就是“道弘人”，而不是“人弘道”。我们应当站在当下的理论语境当中，从古人那边拿来对我们有用的东西，而不是要我们复归到古人那里去。你回不去了，永远不可能回到古人那里。所谓继承传统，那是一个创造性的发挥。至于怎样结合我们的语境发展古人的思想，这个工程应当说刚刚起步。就连杜维明都很悲观，他认为这个过程至少得一百年，他也不认为他的老师牟宗三把这个问题解决了。现代新儒家只是提出了这个问题，至于怎么样解决问题，我们可以有多种角度去探索，不能把他们一些具体的说法看成是不刊之论。应当承认，他们的态度是值得我们学习的，就是不能砸碎一切，不能全盘否定，不能搞民族文化虚无主义。至于如何建立起一种新的中国哲学，这个还是任重道远的事情，有待于你们来努力。一百年以后，我肯定赶不上了。

问：宋老师，您好！我有个问题。中国哲学中有这么一个观念，叫作“体用无二，显微无间”。我想问的问题是：中国哲学中有没有脱离了“用”的纯粹本体论？

答：我刚才已经讲了，从中国哲学自身来说，没有这样一个传统。“体用无二，显微无间”是一个主流的观点，不过这个主流的观点有一个正、反、合的发展过程。在原始统一阶段，在先秦时期，认为体用无二，没有意识体用之间有矛盾。但是，如果仅是停留在原始的统一，就没有发展可言，必须得突破这个原始的统一才行。于是就有了魏晋玄学。魏晋玄学强调的是体用有别。所谓“名教出于自然”，意味着名教是名教，自然是自然，自然是高于名教的，那不就是有别嘛！你不能指望一个人完全被动地恪守规则，而是要造就完人，要在世界观上解决问题。“体用有别”的思想，那就意味着体用有二，意味着可以讲形而上学。佛教般若学肯定彼岸，否定此岸，讲的就是纯粹的本体论。但是，进一步发展，慢慢地又回到了“体用无二，显微无间”。由于有这么个过程，所以不能一般地讲中国有没有“体用有二”的思想，我觉得“体用无二”是一个主流的观点，但是正是因为有相反观点的刺激，才有原始的完满，上升到更高程度上的完满。

问：我认为，文明也好，文化也好，在特定的时代都有其载体。人肯定是一种载体，书也是一种载体。我们现在看到，基督徒代表了基督教文化，佛教徒代表佛教文化，那么现代的中国，特别是五四以后，“文革”以后，谁来代表儒家文化呢？儒家文化的载体是什么呢？如果没有载体，那么儒家所讲的那些道德的教化、伦理的教化，在市场经济的今天，如何起到道德调节的作用呢？

答：关于这个问题，我以前发表过一篇文章，讨论儒家文化的载体问题。我觉得，以前有一个误解，认为儒家文化的载体，就是那个君主制度。这种看法是片面的。儒家文化的载体，应当说有三个：一个是君主专制；另外一个是家庭，我们的家庭伦理是中国最能体现儒家伦理的；再一个就是人的内心世界，儒学作为一种本体论的理念，一种关于人之所以成为人的探讨，在人的内心世界还是有根的。所以，并不能因为君主专制被否定，便把儒家的另两条根全都否定了。儒学在中华民族是有根基的，在家庭伦理是有根基的，在人的内心世界是有根基的。我选择了这样一种信念，就是找到一种精神动力。儒家做一个正人君子的信念，对每个人来说，都是有一种激励的作用。在这个意义上，儒学并没有因为封建制度被推翻，说儒学变成了“花果飘零”，有一点过分和夸张。儒家思想在中国人构成的民族群体中，应该说根深蒂固的。至于说儒家思想现在没有一个代表人物，它是否就能够运转，我觉得这也不能够成为问题。这涉及人与文化之间的关系。我认为，人是主体，文化是人选择的对象，文化总是被人所利用，而人不能成为被文化支配的对象。我们不一定打出“新儒家”的旗号，但是“新儒学思想”应该说是可以讲，并且有多种讲法。不能因为时代的变迁，儒学就被抛弃。无论时代怎么变迁，人还是家庭的成员，还是要寻找安身立命之地、精神依托之所、精神家园的所在。因此，儒家仍然是一种可供选择的向度。当然，你可以选择，也可以不选择，因为现代文化是多元的文化。你可以选择成为基督徒，也可以选择成为儒学的接受者或认同者。不过，即便做儒学的接受者，也不是全盘接受，而是根据时代需要，做出一些筛选。儒学作为一种资源，它有恒常的价值，并不是说古人某种具体的讲法，有恒常的价值。古人有些讲法已经过时了，例如“君叫臣死，臣不敢不死”，现在根本就没有君臣了，这个话不就成废话了吗？任何文化对人来说，只是一种资源，不可能简单地复兴。现代人不可能回到古人的世界，但可以利用古人留下的思想材料，来建造属于自己的精神世界。

第十讲　辩证的智慧

问：感谢宋老师给我们讲了精彩的中国古代哲学方法论课程。我的问题是：由于中国传统哲学方法论博大精深，讲究经世致用，我们可以说传统哲学方法论也是国学的一部分。在“国学热”的当下，我们如何使用传统哲学方法论，更好地解决中国当下社会发展中存在的问题？比如贫富悬殊问题、发展与环境的问题、社会阶层固化的问题等。谢谢宋老师！

答：中国的辩证法思想的方法论，只是一个指导性的原则，不是一种能够解决现实问题的灵丹妙药。我们从“合二而一”“一分为二”并重的观点中，可以受到启发。比如在处理人与环境之间关系的问题上，目前流行一个词叫做“环境友好”，这就是一种和谐的观念，一种对传统哲学智慧的开发。这种观念怎么来的？那是现代人在被自然界教训以后得来的。近代以来，人不再像古代人那么谦和，变得十分狂妄。一会儿声称“征服自然”，一会儿声称“知识就是力量”。以为自己有力量了跟谁干？跟大自然干嘛！那就是战天斗地。这个观念，现在看来是落后的，因为人跟环境不应该成为敌对的关系，而是“合二而一”的关系。现在讲“发展的可持续性”，讲“环境的友好”，出现一群环保主义者，恐怕不是什么崭新的观念，因为中国哲学中早就有类似的观点。开发传统哲学思想资源，可以帮助人们重新认识人与自然的关系，化解人与自然之间的敌对关系，寻找到一种平衡点，达到一种和谐状态。“一分为二”与“合二而一”并重的思想，是中国哲学的精髓，是一个值得发扬光大的传统。

第十一讲　知行的研讨

问：宋老师，您好！在最开始的时候，哲学都是富贵人的学问，都是一些地位显赫的人去研究哲学，西方哲学、中国哲学都是这个样子。每种哲学都面临着一个重大的问题，即大众化的问题。关于马克思主义哲学，在新中国成立之前艾思奇曾经写了《大众哲学》，使马克思主义哲学能够在很短的时间内为广大民众所了解。我想，中国哲学肯定也面临着这样一个问题，不能光成为象牙塔里面哲学家们的盛宴，或者高等学校的学生自己独自享受的盛宴。那么，如何使中国哲学实现大众化呢？我想，宋老师肯定有这方面的思考，学生想听听您在这方面的见解。

答：我不太同意你做这样的概括。中国哲学从来不是西方人所说的那种“闲暇的学问”。在西方，有“哲学起于闲暇”“哲学起于好奇”之类的说法，中国哲学恐怕不是这样。中国哲学在起步的时候，就是为了解决中国实际的政治问题，思考如何使混乱的局面得到摆脱的问题。中国哲学起步于春秋时代，而春秋时代是一个“天下无道”的时代。如何变无道为有道？这是哲学家关切的现实问题。中国哲学为什么重“行”？因为它在起步阶段，没有把哲学看成是“闲暇的学问”，并非出于好奇，不是这样。所以，中国哲学在起步阶段就有亲近民众的倾向。在中国哲学中，不光讲官方的话语，也有对大众精神安顿的关切。比如，孟子讲：“富贵不能淫，威武不能屈，贫贱不能移。”对于这三句话，你仔细体会体会，第一句话“富贵不能淫”，显然是对富贵者讲的，那后两句话呢？都是对小人物讲的。只有对贫贱者才能说“贫贱不能不移”，而对于富贵者来说，岂不是废话！“威武不能屈”那也是对小人物讲的，对大人物不存在这种问题。如何把中国哲学精神传达到民众层面，应该说哲学家早就努力在这样做。所以，对于中国哲学来说，并不存在着一个脱离群众然后再回到群众中的问题。中国哲学这种优良传统被教条主义者破坏了，马克思主义哲学也被他们曲解了，所以才出现你提出的问题。目前我们在课堂上讲的马克思主义哲学原理，是不是符合马克思主义哲学的真精神，我还拿不准。我们现在讲的哲学原理，其实就是苏联的哲学教科书。能否把苏联的哲学教科书等同于马克思主义哲学的范本，恐怕不尽然。如果苏联哲学教科书的马克思主义理论水平真的很高，苏联共产党也不会垮掉。苏联哲学教科书到底算不算马克思主义哲学？恐怕还得两说着呐！我觉得，马克思主义的哲学一些基本的提法，跟教科书中的提法差别很大。我只认同马克思在费尔巴哈论纲讲的那十几条，那才是马克思主义哲学的真精神，可惜苏联哲学教科书体系没有按照那个思路来写。马克思主义哲学如何大众化的问题，何为马克思主义哲学精神的问题，我觉有重新思考的必要。至于苏联哲学教科书能否体现马克思主义哲学真精神，我现在还不能下结论，只是有些怀疑。中国哲学有任何外来哲学所不可比拟的优势，那就在于它扎根于我们民族的生活实践。我们学习中国哲学，并不是要求把古人的某些言论都一字不漏地背诵下来。如果不同我们当下的实践相结合，背诵下来也没用。借用孔夫子的话说，“诵诗三百”，你得善于“授之以政”，善于“使于四方”。我们不能把中国哲学看成某种教条的汇编，而应当利用古人留下的思想材料，来打造属于我们自己的精神世界。这恐怕才是大众化、民族化、时代化的题中应有之义。

第十二讲　价值的导向

问：首先，我谨代表自己对宋老师精彩的讲课表示感谢。宋老师，今天您对中国哲学的宇宙论、本体论、方法论、知行观、价值观，以比较宏观、言简意赅、条分缕析的方式表达出来，展示了中国哲学的精神。有一种观点认为，中国哲学是一种政治哲学或者是伦理哲学，是一种强调践行入世、经世致用的哲学。在当代，马克思主义已经成为主流意识形态的时候，中国哲学似乎已被领导人的哲学思考所吸纳。比如说，构建和谐社会理论或科学发展观理论，都已经吸收了一部分中国哲学精华。我的问题是：当下的中国哲学发展的近况怎么样？发展到哪种程度？或者说，它主要的理论是什么？

答：我很愿意回答你这个问题。我认为，中国哲学跟马克思主义哲学相比较，其中一个最大的区别在于，马克思主义哲学是批判的，革命的，以“破坏”为主导，主张“砸碎旧世界”；而中国哲学则是一种“建设”的哲学。在过去革命为主导的年代，二者之间的兼容性不明显，而在当今建设为主导的年代，二者之间的兼容性越来越突出，中国哲学中有些话语融入中国化的马克思主义哲学中。在当今时代，马克思主义哲学展现的空间，不是缩小了，而是扩大了。在战争年代，中国哲学的精神资源可以被暂时遗忘掉，而现在则越来越被重视。比如说自强不息，已经写进党的文献，十六大文献中关于民族精神，第一条就是它。再比如说和谐社会建设，也是如此。和谐的理念哪来的？来自于中国哲学文献，而不是马克思主义哲学文献。马克思主义哲学主要讲如何砸碎旧世界，至于如何建设新世界，所论不多。今天我们的任务是建设新世界，其中包括精神文明建设。对于我们精神文明的建设来说，中国哲学有着一个无法取代的位置。精神文明跟物质文明有一个很大的区别，物质文明你可以引进，精神文明是没办法引进的，你必须利用本国的思想资源来建设。当然，可以借鉴外来的思想资源，但不能仅靠外来的思想资源。我们现在强调马克思主义应当时代化、中国化、大众化，这个是对的。我们不需要什么原原本本的马克思主义，那是教条主义的错误说法。我们不会讲也讲不出来原原本本的马克思主义，也许德国人能讲，但我们讲不出来。我们不能离开我们的语境，离开我们的哲学传统。

至于中国哲学的现状，我既抱着希望，又不很满意。对于中国哲学的价值，自近代以来处于被否定的位置。这种否定由来已久，不是一天两天，从康有为就开始了。从他的《新学伪经考》算起，已经一百多年了。在“左”的话语支配下，更加剧了这种倾向。想在短时期内就把它扭转过来，那是不现实的。那种鄙视中国哲学的心态，我们现在正在走出，还没有完全走出来。我的好多讲法，恐怕还有很多人不会认同。有人说，我对中国哲学的赞歌唱得太多了，我倒不觉得。我认为，中国哲学是有发展前景的，问题在于如何把中国哲学和马克思主义哲学之间的兼容关系处理好。中国的哲学舞台，任何时候也不能变成是外国哲学家的分部。近些年来，在相当长的一段时间，我们被西方哲学话语所控制，一会儿讲海德格尔，一会儿讲哈贝马斯，而没人讲孔子，没人讲老子，这不正常。至于中国哲学如何发展，那还有待于诸君的努力。我已经六十四岁了，很快就要退休了，恐怕真正把中国哲学推向世界，唱出中国哲学新调子的，还得有赖于各位。

第十三讲　先秦道家的说法

问：宋老师，我有个问题。刚才您提到说，道家是中国哲学的一个起点，但是有一些人认为周易是中国哲学的起点。您对这个问题怎么看？另外一个就是庄子也讲“物物者非物”，也认为道是在物之上的，您怎么看？谢谢！

答：好，我先回答你提出的这两个问题。关于中国哲学的起源的问题，有人说是《易经》，我不同意这种观点。《易经》并不是一部哲学著作，而是“卜筮之书”，也就是算卦时用的书。《易经》的思维方式，是通过算卦的途径向天神请示，并不是哲学的思维方式，还是神学的思维方式。至于《易传》，作者是谁现在还说不清楚，但可以肯定比《老子》晚。《易传》跟《易经》不是一回事，不能混为一谈。《易传》的产生比《老子》晚，没有文献证实《易传》比《老子》还早。有的学者曾提出《老子》晚出说，如果按照晚出说，老子就不能说是源头，可是这种说法已经被推翻了。《老子》早出已经被地下文献所证实。在郭店发现出的那批竹简当中，其中就有《老子》。郭店竹简被断定为公元前三世纪的文物，所以《老子》至少出现在这个时期，它作为中国最古老的哲学著作，已经得到证实。至于《易传》，现在没有出土文献证明早于《老子》。按照传说，《易传》孔子写的。孔子比老子要晚许多年，所以中国哲学源头放到老子那里，比较合适。

老子提出“道”的观念，这是一个独特的发现。如果没有道，哲学讲不出来啊！所以，以道为权威，还是以神为权威，正好是代表了两种不同的思维方式。如果你承认神是最高的权威，那你就是神学家；你只有承认道是最高的权威，那你才是哲学家。《易传》中有“形而上谓之道，形而下谓之器”的说法，其中道和器都来自《老子》。如果我们承认道是中国哲学第一个范畴，那么，把中国哲学起源放在《老子》上比较合适。在没有新的出土文物证明的情况下，我还是坚持我的观点；如果将来有新的文物发现，证明《易传》比《老子》还早，那时我就投降吧。这是第一个回答的问题。

庄子的确说过“物物者非物”这句话，不过对于这句话要放在庄子的道论中去领会。庄子认为，道是万物的本根，并不意味着道在物之先，这个是没有问题的；但我们不能要求庄子这样一位古代的哲学家，非常清楚地把在具体物之前还有一个非物的阶段这层意思完全排除掉。庄子讲的“物物者非物”是什么意思呢？意思就是说，使某物成其为某物，并不是某物自身的原因，而是另有原因。这另外的原因，仍旧在道之中，而道也不能脱离物而单独存在。比如说狗，狗不是狗的原因，狗是狼变的。那狼对于狗来说，就是“非物”嘛！庄子所讲的“非物”和“物”，并不是两个层面的存在，都统一于道。庄子为什么把他的哲学著作叫作《齐物论》呢？《齐物论》就是说，一切物在道的面前都是等值的，都是“齐一”的。

问：我想请宋老师解答一下这个问题。庄子和老子谈到的人，有没有回答“我是什么”和“我从哪里来”两个问题？

答：这是西方式的提问题的方式，不是中国式提问题的方式。老子谈到人的时候指出，人有一个应该的状态，还有一个不应该的状态。对于人的应该的状态，老子只是说了个大致的方向，没有谈细节，因为那种人本来就不是一种现实的人，而是理想中的人。至于现实的人，都处在不应该的状态，都是一些需要反省的人。怎么反省呢？就是要跳出小我的限制，复归于大道。他没有告诉你怎么样做个体意义上的人，在《老子》中你找不到“我是什么”“我从哪里来”之类问题的答案。老子不赞成人做一个有个性的个体，主张复归于大道，作为大道的体现者、体验者、信仰者、归依者，能做到这些，就足够了。对于“人是从哪里来”“人的本质是什么”之类的问题，老子和庄子还没有涉及。儒家对这些问题有所涉及，我们下一节课会讲到。

第十四讲　先秦儒家的说法

问：宋老师，您好！我有两个问题。刚才您讲到荀子管理哲学这一块，提到礼法并用。我想问一下：在荀子看来，何为礼？何为法？这是第一个小问题。

第二个小问题：荀子提出隆礼重法，在社会管理方面，运用礼和法的时候，有没有先后次序的问题？在什么时候或者在领域运用礼？在什么时候或领域运用法？谢谢！

答：你之所以产生这个问题，恐怕跟我们多年来的一些思想的迷误有关。在讲“儒法斗争”的时候，常常把礼和法对立起来，认为那是两回事，所以你才会有礼与法孰先孰后的问题。其实在荀子那里，根本就不存在一个孰先孰后的问题。他的说法是：“礼者，法之大分，类之纲纪也。”（《荀子・劝学》）在他看来，礼就是法，法就是礼，礼跟法没有一个截然的界限，不存在孰先孰后的问题。我们仔细体会，礼和法在语义上还是有差别的。礼是结合着教化而谈的一种强制性。而法呢，那是指没有跟教化结合在一起的、单纯的强制性。这是一种完全把人看成利益关系的强制性。法家就不谈礼，只谈法。荀子认为法家的谈法不符合他的思想。荀子是韩非子的老师，韩非子得势之后，他不是很高兴，认为韩非的讲法不对。李斯也是荀子的学生，李斯做了相以后，荀子不但没有高兴，反倒气得一天吃不下去饭。法家只讲单纯的强制性，而荀子讲在道德规范约束下的强制性。他是把政治和伦理两个话题归并到一起讲，不讲单独的政治哲学、管理哲学。管理的对象是人，对人必须两手并用：既要“隆礼尊贤而王”，又要“重法爱民而霸”。

问：宋老师，我想提个问题。对于儒家的宗旨，后来有人概括为“内圣外王”。内圣就是指内在的修为，外王就是您说的担当意识或责任意识。在今天，我们提倡社会主义核心价值观，如何把儒家的核心精神在当今社会加以弘扬？请您谈谈这个问题。

答：“内圣外王”只是一个理想的说法，在历史上没有成为事实。在任何时候“内圣”都没有开出“外王”。明朝的张居正在当首辅的时候，有人问他：内圣能不能开外王？张居正沉思了片许，回答说：大概开不出来。内圣和外王分别关涉两个话题：“内圣”属于价值理性的问题，而“外王”属于工具理性的问题。二者之间不构成逻辑关系，从“内圣”推导不出“外王”来。有内圣的人，未必当得了外王，因为只是一个必要条件，并不是充分条件。除了内圣之外，当王的人还得有成为王者的才干，得有一套手段。“内圣外王”在孟子那里只是一个美好的理想。他自己不但当不成王，连个正经的官职都混不上，只是“客卿”，也就是编外官员。孔子生前也没成为王，去世多年以后司马迁写《史记》才把他称为“素王”，意思是有王之德而无王之位。由此可见仅靠“内圣”这一个必要条件，不可能开出“外王”来。

儒家的核心的价值理念，恐怕不是内圣外王，而是社会和谐。这对于我们当下建构社会主义和谐社会有积极意义。儒家对于我们的一个最大的启示，那就是要在人与人之间建立起一种文化的共识。我们都应当以人的态度对待他人，这才有和谐可言。这就是“以人为本”。“以人为本”是一个针对性的提法，那就是反对“以人为敌”，反对“以阶级斗争为纲”的观念。如果“以阶级斗争为纲”，怎么可能谈得上建构和谐社会？你是讲不出来的。只有在否定“文化大革命”以后，你会有“以人为本”的提法。所谓“以人为本”，就是要求我们把他人作为一个人来看，对他人表示尊重。只有承认人与人之间有共通性，才有和谐社会可言。“以人为本”与儒家重教化的诉求是一致的。倘若离开教化，离开管理，建构和谐社会只能是一句空话。要把建构和谐社会落到实处，必须得靠两种力量。一种是思想政治工作。这是必不可少的。没了思想工作是万万不能的，但是思想政治工作也不是万能的，还得有个民主法制建设。制度的建设和思想的教育，这两条恰恰是我们从传统哲学智慧得到的启示。我们当下建构和谐社会有两项重要任务，一是加强思想政治工作，二是加强民主法制建设。

第十五讲　先秦墨家的说法

问：宋先生，我有一个问题。您说墨家认为人是劳动者，后来的儒家，比如孟子，也讲过类似的意思。孟子把人分为劳心者和劳力者，他说：“劳心者治人，劳力者治于人。”我想问：他们之间的看法有什么区别？

答：这两者的区别，实际上孟子已经挑明了，因为“劳心者”不是劳动者，“劳力者”才是劳动者。在孟子那里，“劳动”的概念是狭义的；而在墨家这里，“劳动”的概念是广义的。墨家认为王公大臣早朝晚宴，也算是劳动者。孟子是站在等级制的角度说的，墨家虽然也有等级制的观念，但在劳动这一点上，大家没等级可分，只有分工的区别。

问：宋老师，你好！刚才您谈到墨子关于天和鬼神的思想时说，那只是一种义理上的担保。可是，有一种观点认为，墨子谈天和谈鬼神，有判别人间善恶的味道，其实是有一种意志存在。这种意志还是有“主宰之天”的味道。从这一点来看，墨子谈天和鬼神，是不是还有比较浓的宗教色彩？

答：墨家的宗教色彩肯定是有的。至于浓不浓，看我们从那个角度看。广义地说，所谓宗教无非是“人间力量采取超人间的形式”，在这个意义上，墨家的宗教意味比较浓，至少比儒道两家浓。狭义地说，宗教应当有系统教义、仪轨、组织，这些墨家都没有，其宗教意味算不上浓。墨家谈天，但没有把天完全当成膜拜的偶像，没有把天看成人的命运的主宰者。在墨家那里，天只是人间道义原则的担保者，并不是“万能的主”。只有把天看成“万能的主”，像基督教那样，才是真正严格意义上的宗教。我们可以说墨家有宗教色彩，有宗教倾向，但不能说墨家是宗教。这是我的观点。

第十六讲　魏晋玄学的说法

问：宋先生，我有一个问题。玄学讲的体，都来源于道家。但是，我们现在看到的儒学史或者大多数文章，通常把玄学划归为儒家。这种处理方式，有没有根据？还有一个小问题：老子讲的“无”同王弼讲的“无”，有没有什么具体的区别？

答：你这个问题，就是问：玄学到底是儒家，还是道家？这种研究方式，现在看来是落后的。你不能把一个哲学家，完全还原到某家之中去。玄学家就是玄学家，是儒道两家的综合创新。如果玄学家只讲儒家的话语，或者只讲道家的话语，怎么谈得上理论创新呢？所谓“创新”，就是讲法跟原来不一样。两个要素合并一起之后，已经发生质的变化，不可能再做还原处理了。比如，把茶叶放到水里，沏成茶汤，茶汤既不是原来的水，也不是原来的茶叶了。研究传统哲学，我不主张采用还原的办法，把后来的哲学家简单地归结为某家某派。

至于你说的那个“无”，倒是很重要的理论问题。我在前面已经讲过，老子谈的“无”，主要是指“无形”的意思。“无形”变成“有形”，“无”是一种潜在，不是零的意义上的虚无。在“无”不是零的意义上，王弼跟老子讲法是一致的，但是王弼所讲的“无”，更侧重于“无限”或“全体”的意思，例如说“将欲全有，必反于无。”这是王弼的独到发挥。老子可能也有这样的思想，但是隐而不显。后来的哲学家总是把前人没有说透的问题，说得更透彻一些。这样的人才有资格写进哲学史，如果前人说啥，他就也跟着说啥，只能把他写进学术史，没必要写入哲学史。

问：宋老师，你好！刚才你讲到王弼的贵无论，说王弼主张“以无为本”。可是，王弼在注《论语》的时候，有人曾经问过他：孔子和老子相比较，谁的地位更高？王弼的答复是：孔子的地位高。王弼的理由是，孔子作为圣人，虽主张“无”，但通过“有”来讲“无”；而老子实际也是一个“有”论者，但没把“有”讲到位。我的问题是：王弼既说“名教出于自然”，又说“以无为本”，这两种提法在逻辑上是否有矛盾？

答：王弼和别人谈话的时候，曾经比较老子和孔子谁更高明一些。他的说法是“老不及圣”。为什么这样说？理由是他的贵无论。他认为，老子在谈“无”这一点上没错，但是“无不可训”，只谈“无”不能把道理讲透。孔子比老子高明，孔子表面上谈“有”，可骨子里还是个“无”。“无”不可训，而“有”是可训的、可说的。他以贵无论为基础，把老子和孔子统一在一起了。他有一个很重要的意向，就是用“以无为本”为名教提供理论依据，所以“以无为本”同“名教出于自然”并不矛盾。他用自然肯定名教，而不是否定名教。他不像竹林七贤那样，不是名教的拆台派，而是补台派。所以，在判别老子和孔子谁更高明时，他毫不犹豫地说孔子高明。说孔子高明，不是说他的理论高明，而是说他的表述比老子更有可接受性。

第十七讲　中国化佛学的说法

问：宋老师，您好！一般谈到佛学的时候，都是会谈到儒释道合流的话题。谈到这个话题的时候，自然避不开对于人性的探讨。人性话题更为广泛。在魏晋玄学中，除了讲体用关系问题外，还讲到人性和才情等问题。我想问一下：佛学被认同后，无论是官方，还是民间，都如何看待人性？

答：佛教不讲人性，讲人性是一个儒家的话题。佛教讲的是佛性，不过中国佛教讲的佛性，其实就是人性。究实而论，哪有什么佛？佛不过是一种人间的力量所采取的超人间形式而已。禅宗认为人人是心中自有佛，其实已经预设了人性是善的前提，可以说在佛性善中隐含着人性善。不过，如何从佛性善再把人性善明确地讲出来，这个工作不是佛教学者做的，而是后来的宋明理学家做的事情。

第十八讲　宋明理学的说法

问：宋老师，您刚才讲做人的责任和明白地做人，也属于理事关系的范围。那么，是否可以说理事关系就是人生哲学的基础呢？宋明理学重视修身达道，这同儒家的内圣外王是不是有一定的关系呢？是否有一定的区别呢？宋明理学讲的修身达道同内圣外王在人生哲学上有没有界分呢？谢谢！

答：宋明理学中理事关系问题，可以说是人生哲学的一个主要问题、基本问题。人生就是人事，倘若没事，你怎么算人生在世呢？人死了，也就不能干事了；干事的时候，人肯定活着。人在活着的时候干事，就得有所遵循，那就是理。凡是合理的事，就是有价值的事；凡是不合理的事，就是没价值的事。理事关系问题可以说是人生哲学中的一个主要问题、基本问题，但不能说它是哲学基础。哲学基础可以有多种选择，你可以以理为基础，也可以是以心为基础，还可以以气为基础。

至于你讲到的内圣外王这个问题，并不是宋明理学家的讲法。理学家在讲内圣的时候，并不同外王相联系。他们的讲法是：内圣就是内圣，人只要追求内圣，就足够了。对于任何人来说，内圣都可以作为追求的目标，“求则得之”；至于外王，并不是每个人都能够追求并且得到的价值目标。外王跟内圣没什么关系，你修成了内圣，未必就是外王，“德”跟“位”没有必然联系。王阳明有一个很妙的比喻：内圣好比是金子的成色，你到底属于多少“K”、几个“9”，这个很重要。至于外王，有如金子的分量，对于修成内圣与否无关。王阳明以“份量”比喻人在社会上的位分，把“德”与“位”区分开来。按照王阳明的说法，你可能修成内圣，但你仍然就是一个普通的百姓，但这并不影响你的圣人人格。从这一观点看，“满街都是圣人”，但不能说“满街都是外王”。王阳明已经不再把内圣和外王相联系。人能追求的，只是内圣，外王你求不到。你怎么能够设想：我在社会上充当什么角色、占据什么位分呢？理学家着重讲价值世界如何安顿的问题，讲内心世界如何优化的问题，并不讨论内圣与外王的关系问题。程朱理学不谈这个话题，陆王心学也不谈这个话题。把内圣外王看成儒家的基本诉求，其实是一个误解，因为内圣外王之说出于庄子，并不是儒家的话语。

问：宋先生，你好！我有一个问题，对“心外无理，心外无事”还有一些疑惑。您讲“心外无价值之理”时，举的山中花开花落的例子。我想，山中花开花落与人们关系不太大。假如它是成熟的稻谷，长在田里，我即使没有看到，它也是有价值的。我没有看到，可能有别人看到。它可能对我没有价值，不等于对别人也没有价值。如果我是做官的，稻谷的价值不大，而对农民来说，价值极高。对于这种情况，心学是怎么处理的呢？

答：这个问题很好回答，因为价值之理、价值判断必须预设有一个价值主体。没有价值主体，就谈不上价值判断。王阳明没有把山花跟人的存在与否相联系，只是说花的美丽靓丽出于人的判断。你说那个稻谷，当官的人可能不太看重，而农民则看得很重，这正说明价值主体因人而异，没有一个抽象的价值主体。价值判断是客体对于主体的有用性，主体不一样，做出的价值判断自然也就不同。按照庄子的说法，价值判断的主体性，也可以说就是相对性。到底什么是最好的居住之地呢？是猴子知道呢，还是人知道？或者泥鳅知道？泥鳅认为最佳的住处就是烂泥塘，而人在烂泥塘里会得关节炎。猴子认为在树上住最好、最安全，人在树上提心吊胆。王阳明的“心外无理”说，可以说把价值判断的主体性原则讲透了。我们讲到宋明理学，也就达到了中国哲学的最高峰。最高峰那就是最后阶段了嘛，该说的话就说完了，就此打住。

三、当代哲学视野下的新儒家与新儒学

——宋志明先生访谈录

王卫松整理

整理者按：壬辰年秋，本刊编辑借第五届世界儒学大会之便，有幸采访到了中国人民大学哲学院教授宋志明先生。宋先生长期致力于哲学研究，对中国古代、近现代哲学以及西方哲学皆有涉猎，尤其对现代新儒家及新儒学有着精深而独到的研究。采访中，宋先生对相关问题信手拈来、侃侃而谈，给我们留

下了深刻印象并启迪良多。经先生过目后，现将访谈整理刊发于此与读者分享。

一、哲学是复数，不是单数

本刊编辑（以下简称“本刊”）：宋先生对中国近现代哲学及现代新儒学都颇有研究，我们的采访也打算以此为基础，并首先从概念的辨析展开。请先生根据您的理解，谈一下对“儒学”与“哲学”的认识。

宋志明先生（以下简称宋先生）：首先谈一下哲学。“哲学”这个概念，至今没有一个统一的、大家公认的定义。大家大体认同的说法，有两种。一是认为哲学就是“爱智慧”。“爱智慧”意味着哲学就是一个“多”，人人都拥有爱智慧的权利，爱智慧会让讲哲学的人多样化：爱的主体多，爱的方式也多。二是认为哲学就是关于世界观的学问，但不是关于世界的学问。哲学是人在观世界，首先是人生观；倘若没有人生观，也就谈不上世界观。从世界观的角度看，哲学也是“多”：有多种多样的观者，有多种多样的观法。因此，对于“哲学”这一概念，我认为要树立一种复数的哲学观。单数的哲学观认为哲学只有一种，这种说法是不成立的。世界上没有只是哲学的哲学，只有某种哲学。在哲学前面，往往要加上中国、印度之类的前缀，这是哲学特性的所在。其实，哲学是对世界总体的一种解释，而不是认识。因为世界总体是没办法认识的，你没办法站在世界之外，你必须站在世界之内。因此，哲学是对世界总体的一种理解。这种理解有民族性和多样性。我们需要把一些人对哲学的误解和误读澄清一些，树立起哲学是复数的概念。

我为什么强调哲学是复数呢？因为只有承认哲学是复数，中国哲学才能讲。如果哲学是单数，像物理学一样，我们还怎么讲“中国哲学”？你不可能讲“中国物理学”，但可以讲“中国哲学”。物理学在全球只有一种，因为物理学研究的物件是世界局部，是客观世界，这个大家共同面对的事实。因为我们只有一个地球，所以只能讲一种物理学，不能讲第二种物理学。讲哲学不是这样。哲学是人们对于世界总体的一种理解。有人把“世界观”中的“观”解释为“观察”，那是误解。其实根本不是观察，而是一种看法。既然是一种看法，就不可避免带独断的性质。从这个意义上讲，哲学的讲法是复数。儒学就是诸多哲学讲法中的一种。我的意思是说，我们没有必要再把儒学提升到哲学高度，因为儒学原本就是中国哲学中最主要的组成部分。从这个意义上说，儒学就是哲学。

儒学提出一种关于天人总体的看法。在儒学视域中，天和人是一体的，天和人遵循一个共同的规则，那就是“道”。《易传》上“天行健”，讲的就是宇宙观；接下来的那句“君子以自强不息”，讲的就是人生观。所谓君子，就是最合乎标准的人。所以，儒学与哲学，或者儒学与中国哲学，都是同等程度的概念。儒学是中国哲学的主干，是中国哲学最主要的组成部分，是我们中国人安顿精神世界的独到的方式。它不是宗教，而是一种哲学道理，是哲人找到的一种安身立命之地。因此，儒学在我们的精神世界中起着不可替代的作用。我们可以没有宗教信仰，但是不可以没有哲学信仰。如果连哲学信仰都没有，那还算得上人吗？

我不认同牟宗三先生的做法，非得把儒学提升到能够同西方哲学对话的程度，根本没有那个必要。讲哲学不是西方人的专利，因为哲学本身就是一种讲不完、讲不透的学问。人们对世界总体的认识只能是一种猜测，不能像客观事实那样明确，其结论更不能实证。谁也不可能真正把世界看透，这就是哲学的魅力所在。金岳霖先生曾说，“哲学就是概念的游戏”。你不能说下跳棋的规则要比下围棋的规则高明，下围棋的方法比下其他棋的方法高明。如果一定要把下围棋的规则与下跳棋的规则等量齐观，显然是不对的。我认为，“儒学哲学化”的提法不能成立，因为儒学本身就是哲学。刻意追求“儒学哲学化”，潜台词就是把西方哲学的讲法奉为标准，要求我们要向他们看齐，放弃我们自己的讲法。现在新儒家走的路子，大都在这个误区里打转，包括冯友兰先生在内。他把理学同柏拉图主义扯在一起，有意无意落入西方哲学的套路。牟宗三把儒学同康德扯在一起，甚至说不懂康德，就不懂儒学，这种说法能够站得住脚吗？中国人很早就不懂康德，但中国人讲儒学历史比康德要早得多！我们没有必要把明了的、大众化的中国哲学问题，非得用西方哲学话语表述出来。为什么现代新儒家讲的儒学那么难懂呢？就是因为他们过度地借用西方哲学话语讲中国儒学，这样做恐怕不对。尽管他们的初衷是想把儒学提升到足以和西方哲学对话的高度，而且认为儒学比西方哲学讲得还好，还是有问题的。例如，牟宗三批评说，西方哲学认为人没有“智的直觉”，而中国人早就看出人具有“智的直觉”，因为人具有无限心。我认为，牟宗三的这个说法，也是不能成立的。假设人是一个有无限心的人，那只能是抽象的人，是圣人。这样的圣人在现实中并不存在，那是理想化的人，同西方人说的上帝没有什么两样。

我们没有必要刻意把儒学放到哲学的篮子里，没有必要非得按照西方哲学的套路出牌。我们要按照中国哲学方式讲儒学，讲儒学何以能解决中国人的精神生活问题，何以能对世界总体做出一种合理的解释。孔子说：“天何言哉？四时行焉，百物生焉，天何言哉?”讲的就是哲学。这就是一种对世界总体的描述。孔子触及的哲学问题，不是“世界是什么?”而是“世界怎么样?”“四时行焉”，表示时间上的无限性；“百物生焉”，表述空间上的无限性。时间无限性加上空间无限性，那不就是宇宙吗？尽管孔夫子没有指陈宇宙总体，但“四时”加上“百物”，不就等于宇宙吗？“上下四方曰宇，古往今来曰宙。”尽管孔子没有使用“宇宙”这个词，他讲的其实就是一种动态的、有机的宇宙观。

中国哲学以人生论为主题。孔子关于宇宙观谈得不多，“夫子之言性与天道，不可得而闻也”。在孔子的视域中，人认识到世界是一个发展变化的过程就足够了，不必深究。这是一种严谨的态度。你非得说世界是原子构成的，世界是绝对精神的异化，能讲出什么道理来？孔子不想多讲宇宙观，他把话题转移到了人自身。那么，应该怎么做人呢？儒家的讲法是“君子以自强不息”，做人就要刚毅，“士不可以不弘毅，任重而道远。”我认为，儒家的这些讲法，更符合哲学的本性。哲学其实就是人学，是人想出来的、按照人心设计的一种理论构想。它的主要趣旨，不是解释世界，而是解释人生。在哲学起步阶段，中国哲学不以解释世界为主题，与古希腊有很大的区别。西方人老想解释世界，但后来发现，世界是不可解释的，所以才会出现胡塞尔的现象学思路。按照这种思路，应当放弃解释世界的诉求，不必追问世界的本质原因，把世界当作一种直观的现象来认同，就可以了。现代西方哲学反对本质主义，改变了长期以来西方哲学的传统。在现代西方哲学视域中，世界存在还是不存在的问题，那不是一个事实判断，而是一个价值判断。海德格尔曾说，存在就是对人的一种意义。人活着就是存在，死了一切都虚无。他的意思是说，对于死者来说，一切都虚无，并不是说世界本身是虚无。世界本身是什么？康德讲的最准确了：“自在之物不可知”。对于世界本身，只能说到时间的无限性、空间的无限性，说到世界是一个具有普遍联系的流变过程，不必对世界是物质的还是非物质的做出判断。你怎么知道世界是物质的呢？你又怎么知道世界是如何运动的呢？这些都证明不了，走不出独断论的困境。

中国人是长于哲学思维的民族，但我们的哲学思路同西方人不一样，我们应当跳出以西方哲学为标准来剪裁中国哲学的误区。凭什么说中国先贤讲的学问不是哲学呢？凭什么说只有黑格尔、海德格尔讲的那一套才是哲学呢？其实，哲学就是一种说不完、讲不透的学问，容许人们从多方面来探讨。用金岳霖的说法，哲学是一种“概念的游戏”，是一种讲出道理的成见。既然是成见，就避免不了武断性。任何哲学结论，都不能用事实做出充分的证明。黑格尔也证明不了他的结论，他怎么可能证明世界的本质是绝对精神？

儒学在本质上就是一种哲学，一种中国哲学，就是中国哲学的主要组成部分。儒学为中国人安顿价值世界提供了一个理论基础，同时，也为中国人提供了一种文化基因、一种价值共识、一种精神纽带。正因为如此，我们才能联络成一个民族、一个整体。倘若一个民族没有一种共识，便不能成其为民族。西方人的价值共识来自基督教，从神性的维度来讲；中华民族的价值共识来自儒学，则是从理性的维度来讲。孟子提出“性善论”，认定人性是善的。所谓“善”，就是说人应当合乎群体，把自己看成社会群体的一员。这是中国哲学关于人的独到见解。

西方认为人是有罪的。人偷了智慧果，被赶出了伊甸园，来到了世上，就是赎罪。在西方人眼中，人是神的堕落；做人的目标，乃是返回伊甸园，重新成为神。佛教也否定人自身的价值，认为人生是苦。人掉入苦海之中，出路只有一条，就是脱离苦海、回头上岸。儒家不这样看人，对人性光辉面做充分的肯定，认为人性善，既不是罪，也不是苦。人性本善意味着人可以自我改善，不必靠外力拯救。儒家的精髓是为人找到一种精神生活方式，是一种入世的、自救的精神生活方式。这种自救在有生之年就可以实现，不必寄希望于来世。在此生此世，人人都可以成为尧舜，满街都是圣人。在人活着的几十来年，就可以成为圣人，这足以给人一种信心——在有生之年成就圣人的信心，不必等到死后。如果按照基督教，那得等死后才会有结果。佛教寄希望于来世，认为这辈子是“因”，下辈子才是“果”。

儒家根本没有“下辈子”观念，只注重今生今世。孔子“不语怪力乱神”，不谈“下辈子”之类的话题。最重要的是，在这辈子就活出个人样来，不必为下辈子预设什么目标。这是对人现实价值的充分肯定。强调人可以自我完善，这就为中国人确立了特殊的超越路径，一种内在超越的路径。所谓内在超越，就是自我超越，就是超凡入圣，任何人只有肯努力修身，都可以达到。这种超越不是对人生价值的否定，而是对人生价值的肯定。这种超越，不是对人的超越，只是圣人对凡人的超越。基督教是对人的超越，使人不成其人；佛教的超越目标是成为佛，也使人不成其为人。佛与众生是对立的概念，跳出众生界，才能进入佛国。儒学讲究“超凡入圣”。“凡”就是普通人，“圣”就是理想中的人，但他与普通人同类，这就是孟子讲的“出乎其类，拔乎其萃”。出类拔萃的人，就是圣人。

二、多棱镜下的“现代新儒家”与“现代新儒学”

本刊：宋先生在此次儒学大会提交的论文中，提到了“现代新儒家”与“现代新儒学”这两个概念，并认为“现代新儒学”是指社会思想动向，“现代新儒家”是指特定的学派，尽管二者的外延有部分重合的情况，但不是同一概念。请问，您对这两个概念的同异，是如何理解的？

宋先生：“现代新儒家”这个概念是我最早提出来的。1979我在吉林大学攻读哲学硕士学位，硕士论文的题目就是“新理学简论”，研究冯友兰先生的新儒学思想。1982毕业论文写完，我基本形成了“新儒家”这么一个概念。后来读博士，觉得写一个冯友兰内容太少了，那时博士论文要求二十多万字啊！于是，我又增加了梁漱溟、熊十力、贺麟等三个人。这样，我把四个人联系起来，界定为“现代新儒家”。这一概念提出以后，还发生过一段小插曲，张岱年先生不认同。当时的语境是，改革开放刚刚开始，大家对“批林批孔”还心有余悸。张先生对我说，你可不能再搞冤案啊！我回答说：不会，我只从学术上研究这种文化现象，不搞大批判。后来张先生被我说服了，接受了这个概念。

对于儒家缺少同情理解，抱着敌视的态度，由来已久，从五四时期就已开始了。以往我们对五四时期思想状况的描述是片面的，仿佛大家一致攻击儒家，那不是事实。当时提倡思想自由，有人攻击儒学，也有人同情儒学。蔡元培当时就写过一个同情儒家伦理的小册子。思想的演变往往出现这样的情形：当一种思潮达到鼎盛的时候，可能就会出现反弹。当时，在激进的情绪的引导下，许多人把批判的矛头指向儒家，不过并没有“打倒孔家店”的提法。只是有人提出“打”孔家店，没有那个“倒”字。批儒思潮的出现有具体的历史原因，实际上借批儒来批袁。袁世凯把“尊孔”写入了宪法，激起了当时进步人士的愤慨。于是，人们把对袁世凯的愤恨，迁怒于儒家。

在帝制时代，儒家代表主流价值。清政府垮台后，人们的思想观念发生了变化，对儒家的负面价值估计过高，而对正面价值比较漠视。针对这种情形，出现了蔡元培、梁启超、梁漱溟、杜亚泉以及学衡派等儒家的同情者。他们中很多人是留学归来的，眼界很宽。中国的新式知识分子曾对西方抱有迷信，认为西方的一切都是好的，而中国事事不如人。“一战”把资本主义文明的弊端暴露出来，人们对资本主义带来的究竟是福祉还是灾难产生了迷惑。资本主义固然推进了人类历史，但也糟蹋了人类文明。机关枪一扫，死伤无数，比关云长的大刀厉害得多。对资本主义的批判，对西方文明的质疑，为东方儒家的崛起提供了一个契机，于是，同情儒家的学者也就有了市场。梁漱溟的演讲，听众不在少数。对新儒家思潮兴起应当有一个积极评价。如冯友兰先生说，新文化运动有两翼：左翼是激进派，右翼就是现代新儒家。

对于儒学，不能一味地当作统治中国的封建思想工具。从学理上讲，它也是中国人的精神支柱。新儒家在当时是反潮流的，但不是守旧派。当时激进潮流代表是陈独秀、李大钊、胡适等人，而当时保守派的代表是辜鸿铭。他梳着辫子，穿着长袍，但满口英文讲得十分地道。他在洋务运动中当过幕僚。他不是中国人，而是新加坡人。

新儒家的基本路子，就是采取把儒家思想与现代西方思想相结合方式阐发出来，或者讲述出来。新儒家重视讲道理，不是把对儒学的同情只停留在感情上。新儒家试图对儒学做出全新的诠释、阐述，你就不能仅用儒家解释儒家，那是一种复述，只有利用儒家之外的资源才能进入诠释层面。我把现代新儒学的特质概括为“援西学入儒”。现代新儒家是五四以来出现的一种重要的文化现象，也是伴随着新文化运动出现的、有积极正面价值的文化现象，给它戴上“落后保守”帽子，并不合适。梁漱溟也讲白话文，水平不在胡适等人之下。他也强调讲道理，不采用引证权威的老办法。原先讲儒学，引证就够了；现在讲儒学只引证不管用，必须讲出道理来。于是，他从柏格森那里引来了生命、直觉等概念，试图利用西方的非理性主义思想资源讲儒学。冯友兰找到另外一条路，利用西方的理性主义思想资源讲儒学。梁漱溟讲的新儒学，就是柏格森生命哲学与儒学的会通；冯友兰讲的新理学，就是新柏拉图主义与儒学的会通；贺麟讲的新心学，就是新黑格尔主义与儒学的会通。他们用不同的思路开启了新儒学这个话题，试图找到一种讲新儒学的讲法。

我们不能否定他们的成绩，但也不能迷信他们的观点。从现在的视角看，牟宗三的一些讲法，是有问题的；冯友兰的一些讲法，也有问题的。其实，讲哲学就得挑刺；不挑刺，也就没有哲学可讲。任何一个哲学家都不是不可以批判的，不是不可以思考的物件。“吾爱吾师，吾更爱真理。”如果前人把所有问题都解决了，怎么还会有发展可言？我们挑前辈的刺，倘若他们地下有知，想必也不会生气。讲哲学不能只做宣传家，因为宣传不能推动哲学的发展。讲哲学要做思想家，只有思想家才能抓住问题的症结，发现哲学的生长点。比如，关于形而上学这个话题，传统儒家根本就没有深入讲。传统儒家的世界观，是“一个世界”的世界观。人们只有一个世界，天人就是一体的，天人之外没有一个超越的形而上的存在。西方的哲学预设两个世界，有一个本体界，还有一个现象界。本体真而不实，现象实而不完全真。把西方哲学思路同儒家结合起来，是一件比较困难的事情。正是在这个结合的过程中，新儒家讲出了自己的特色，有别于传统儒学。例如冯友兰讲的“理世界”，根本就不是理学家的讲法。在理学家那里，理是不能单独存在的；而冯先生讲的理，则是单独的存在。他按照这个理路诠释朱子，有违于朱子的本意。朱子的确说过“未有天地之先，就有个理在这里”之类的话，但只是个理论预设。他认为没有脱离“理”的“气”，也没有脱离“气”的“理”；“气”与“理”具有统一性。朱子既有“理在事先”的思想，也有“理在事中”的思想，并且两者都讲。冯先生受西方哲学的影响，只讲前一点，不讲后一点。牟宗三讲“道德的形而上学”，也有类似的问题。儒家固然讲道德、讲良知，但讲的不是“形而上学”，而是“形而中学”。良知就在人性之中，根本不在人性之上。我承认现代新儒家有理论贡献，有扭转风气、扭转敌视儒家心态的功劳。在大家都说一种声音的时候，他们敢于跳出来反潮流。“千人之诺诺，不如一士之谔谔。”他们正是扮演了“谔谔之士”的角色。承认他们有贡献，不等于全盘接受他们的观点。

在后帝制时代，该如何弘扬儒学？该怎样阐述儒学的正面价值？现代新儒家开启了这个话题。新儒学与新儒家在起步阶段应该说是同时发生的。新儒家必须讲新儒学，不讲新儒学那就不是新儒家了，这应该是一个重合的概念。但是，新儒家讲述新儒学的方式不是令人非常满意。或者说，儒学在后帝制时代该怎么讲，他们提出了问题，但是并没有把这个问题给解决了。新儒家是一个历史现象。凡是称为“家”的都是人。人就是一种文化现象。新儒学则是一种学术方向。有待于找到讲儒学更新的方法与更新的理论。新儒家没有完成把新儒学讲透的任务。如果他们完成了，我们照着讲就可以了，可惜他们没有完成。因此，新儒学还是一个开放的话题。我的意思是说，新儒学与新儒家在开始是一个重合的概念，而后来分开了。

新儒学这个思想方向，是梁漱溟开辟出来的，后来形成了两种风格的新儒家：一种是狭义的新儒家，有梁漱溟、熊十力、牟宗三等人，他们或有师承关系，或有师友关系，一脉相承，有学有派；另一种是广义新儒家，采用理性的阐释方法，有学无派。冯友兰和贺麟都是一个人，没有后学。

我们可以借鉴新儒家的思维成果，但不能停留在他们的思想水平上。后帝制时代怎么讲儒学，这是一个普遍性的话题，一个有待于进一步探索的话题。我们不做新儒家，但照样有发言权。我们不必标榜新儒家，但不能不研究新儒学。这个观点是张岱年先生率先提出来的。张先生多次强调，我们既不能把儒学神圣化，也不能妖魔化；批孔的时代已经过去了，像帝制时期那样尊孔的时代，也已经过去了。孔子是我们研究的物件，应当采取一种同情的态度。我们应当改变对儒家的敌视心态，把儒学作为一种思想资源来看待。对儒学，我们现在不可能照着讲，因为孔子时代已成为过去，孔子当时的情况谁也讲不清楚。

"文化大革命"时期红卫兵挖孔林，什么也没挖着。儒学作为一种思想资源，永远不能照着讲，照着讲谁也讲不清楚。只有孔子活着的时候，他才能原原本本讲出儒学。我们讲后帝制时代的儒学，要结合中国人的精神需要，这是一个开放性、探索性的话题。所谓探索，我们就不能把学术眼光仅仅局限在那几个新儒家身上。他们的讲法，已经暴露出的问题，就是没有把儒学讲得很深刻，而是讲得很深奥。讲得过于深奥，对儒学真精神应当说是一种伤害。由于讲得很深奥，谁都搞不懂，所以新儒家的受众就会越来越少。有人说，先得搞懂康德，然后才能讲儒学，这怎么可能呢？他们把原本简单的问题，说得过于复杂，有时还立论过勇。例如，硬说从"内圣"能开出"新外王"，这话显然是有问题的。"内圣"是一个价值理性的问题，"新外王"是一个工具理性问题，两者根本没有一个逻辑前后的关系，怎么开得出来？西方讲民主也不是从儒家开始的。你不能指望儒家解决一切问题，好像科学民主都是从儒家那里开出来的，那是不可能的。以前没有开出来，现在也开不出来。能证明儒家和现代政治理念相兼容就可以了，不必过分诠释。儒学不是一个同现代化完全对立的价值体系，不是中国走向现代化的思想障碍。

目前我们应该做的是，怎样把儒学的正面价值树立起来？树立的方式可以采取与西方对话的方式，可以采取与佛、道二教对话的方式，也可以采取与马克思主义相沟通的方式。我在提交给大会的论文里，举出两个例子，一个是张岱年，另一个是李泽厚，他们走的就是后一条路子。李泽厚从马克思社会存在决定社会意识的原理中得到启示，提出"历史本体论"，用来诠释儒学。历史本体论骨子里就是实践本体论，是从实践的角度去解释世界、改造世界。

把马克思主义的基本理念与中国的思想资源相结合，这种可能性是有的。不过，我说马克思主义哲学，不是现在哲学教科书上讲的那一套。现在教科书讲的那一套，是苏联搬来的，是否符合马克思主义哲学精义，我有些拿不准。例如，教科书上关于哲学基本问题的表述，我觉得那是对恩格斯思想的曲解。恩格斯的确说过，"全部哲学，特别是近代哲学的重大的基本问题，是思维与存在的关系问题"，但那是在特定语境中讲的。他所说的"全部哲学"并不是人类各种哲学的总称，而是特指德国古典哲学，因为书名就是"费尔巴哈与德国古典哲学的终结”。恩格斯指的是德国人，并不是全人类；那是一个特称，不是泛称。苏联人把这个问题普遍化，当成“哲学基本问题”，那是一种教条主义的理解。中国哲学根本就不研究这个问题，马克思主义哲学作为实践哲学，已经颠覆了传统西方哲学的讲法，要求把解释世界的哲学，变为改造世界的哲学，没有必要再关注所谓“哲学基本问题”。

中国哲学本来就不重视解释世界，而特别重视解释人生。因此，儒学实践哲学与马克思的实践哲学是很有亲和力的，可以融会贯通。毛泽东写的《纪念白求恩》就是一个例子。什么是毫无自私自利的人？什么是脱离低级趣味的人？从中不可以看到圣人的影子吗？中国共产党人讲为人民服务，同儒家的民本主义思想难道没有关系吗？刘少奇讲共产党员的修养，用了不少儒家的话语。他们已经把儒学同马克思主义融合在一起，也可以说是新儒学的一种讲法，不管你承认还是不承认。

新儒学究竟该怎么讲，这是一个开放性的话题，历史上并没有一个一成不变的儒学，一个时代有一个时代的讲法。我们要让死人为活人服务，而不是让活人为死人服务。话虽然说得难听了一点，但事实就是如此。我们讲孔子，谁能讲出原原本本的孔子？讲的都是自己所理解的孔子、为我们所用的孔子。这就是所谓解释。在解释过程中，尽力去营造一种氛围，引导人们积极向上，引导人合群。在这里，应当把握两个要点：一是自我完善，二是社会氛围。比如，我们为什么痛恨贪官？是因为人们原以为官本应该是好官，这就是恨贪官的潜台词。如果没有这个潜台词，恨贪官干吗！

儒学在战争年代的作用不是很明显，因为那是“砸烂旧世界”的时代；而现在已经进入建设年代，致力于政治建设、经济建设、精神文明建设等，语境不同了，不能再抱着过去的观点不放。精神文明建设和物质文明建设不一样。在物质文明建设方面，如果我们缺什么，直接从西方引进就行了；但精神文明建设不能靠引进。你也许会说，马克思主义不是引进的吗？的确，马克思主义是引进的，但马克思主要讲的是如何砸碎资本主义旧世界，至于如何建设社会主义精神文明，马克思没有讲，那是中国共产党人提出的话题。建设社会主义精神文明必须开发和利用儒家思想资源。

本刊：新儒学与新儒家在产生之后，虽然没有完全西化，但是也在不断与其对话。您对此有何看法呢？

宋先生：首先，讲新儒学不必拘泥于所谓的道统，不必沿袭某种固定的讲法。人们都是站在现实的角度对儒学作同情的理解。但是，理解本身就带有时代的烙印，用现在一种时髦的话语来表述，就是带有“解释学的偏差”。这种偏差是不可避免的。新儒家所处的时代已经过去了，我们没有必要再标榜自己为“新儒家”，但我们不能不讲新儒学。张岱年先生对此态度也是很明确。我们不做新儒家，但是我们不能不讲新儒学。要讲一种当下人能够听懂且具有普遍推广价值的新儒学。目前，我们对于儒学的研究，需要提到一个更高的层次，要把道理讲好，不能停留在以引证代替论证的水平上。这些年来，由于我们所受的哲学教育有局限性，致使我们的理论思维能力水准不高。你看，现在有多少人能讲出道理来？还不是孔子怎么说，就跟着怎么说！可是，孔子为什么这样说呢？孔子没解释的，你应该解释清楚，给出说法，这就叫理解。理解是超出原文的，表现出一种理论创新能力。

在全球化时代，我们当今的文化受西方文化的影响是不可避免的，但要警惕简单地模仿西方。我们可利用的思想资源有三种：儒家留下的资源，马克思留下的资源，还有西方文化提供的资源。在这三种资源中，哪个也不是“体”，真正的“体”应该是活着的人。只有人才可以称为“体”。这种“体”是具体的，不是抽象的。比如，孩子自己就是“体”，他从父母那里继承了基因，如何“用”这种基因，父母说了不算，而是孩子说了算。对于思想资源，也是一样，到底继承哪一点，那是晚生后代的事情。

儒学作为一种基本的文化基因，这是确定的；但如何继承，取决于我们自己。中国人的精神世界，恐怕还要按照儒家内在超越的思路来搭建。中国人不需要宗教，但是我们不能没有信仰。我们的信仰就是儒家提供的理念。孔子为儒学奠定了基础，但只是一个“原始的完满”。这个“原始的完满”经过的第一步发展，就是变成政治儒学，那种董仲舒建构的“罢黜百家，独尊儒术”的政治儒学。不过，这种政治儒学有成功，也有失败。董仲舒式的儒学，在政治上或许行得通，但在精神领域没法同佛教抗衡。在唐代，人们的精神世界曾经一度为佛道二教掌握，儒家缺位。这种局面被宋明理学家扭转了。他们致力于三教会通，用儒家的方法为人们找到了一种精神安定的途径。他们并不是所谓“醇儒”，傻瓜才梦想成为“醇儒”呢！宋明理学家不再强调纲常伦理的规范性，而是要解释人为什么要恪守纲常伦理。理由就是天理，这是程朱理学给出的说法；理由就是本心或良知，这是陆王心学给出的说法。听理学家讲儒学的受众，并不限于举子贡生。王阳明的听众很多，许多都是不识字的人。王阳明推广儒学的方式，比我们现在的做法高明多了。

三、德性儒学的前景与困境

本刊：思想沉淀于制度，制度可以说又与权力、政治挂上钩。但是，在目前这个社会，确实又需要道德方面的约束，因此才有“以德治国”的提法，请问您对此是怎么认识的呢？

宋先生：“以德治国”现在人们不讲了，因为“以德治国”是不可能的，但是“以德治世”，也就是改造社会风气，那是可能的。有些法学家批评“以德治国”，理由是把“德”这样一个道德概念，同“治国”这样一种政治法律概念连着一起，不合适。事实上我们只能够依法治国，“以德治国”没有可操作性。中国历代君王没有哪一个真的按孔子说的“为政以德”去做。孔子只是点亮了一个明灯，有导向作用，可操作性不大。可操作性一定是法律制度。汉代儒家主张明儒暗法，实际上还是依法治国，而不是“以德治国”。以德只能治世，只能改变社会风气，只能作为良性政治的氛围或前提。因为“德”的意涵，是鼓励人们积极为善；而“治”的意涵，则是被动地阻止人们不为恶。丘吉尔曾说，你不能指望政治家成为一个道德楷模，他不坏就不错了。政治家必须讲究行政效率，治国与行政效率相关。孔子主张“为政以德”，作为目的很好，但作为手段没有可行性，因为无法评估行政效率。

本刊：在当代，儒家会出现很多困境，儒家应该怎样走出困境呢？

宋先生：如上所述，儒家的很多内容本身就是带有理想性的，那是不可能落实的。比如说“人人皆可以成为尧舜”，这怎么可能落实呢？我们只能把它当作一种良性引导，鼓励人积极向善。每个人不可能都像尧舜一样，那只是一种理想，在人们心中点燃的一盏明灯而已。借用西方哲学的术语，叫作“目的因”。它只是给人们指引方向，但永远不可能到达。就像数学上“无穷大”，不可能完全达到，只能无限地接近。

本刊：先生给我们带来很多开放性、探讨性的问题，我们受启发很大。接下来的问题是，如果我们要超越前辈，需要从哪几个层面做好呢？

宋先生：我们的确不能只停留在新儒家的说法上。曾经有一段时间，我们很崇拜他们，但我们现在一定要超越他们。首先要扩大资源，并且考虑到当下人特定的语境和精神需求。新儒家所处的时代，已成为过去，那时中国还没站起来，现在情况不同了。

其次，要有创造性思维。新儒家是有原创能力的学者，不是一味引证，而是讲究论证，这是他们的优点。缺点是有时把道理讲得很复杂、很深奥。我们要尽量避免类似缺点，力求把道理讲明白。目前我们宣导儒学，存在的问题过于情绪化，讲道理不充分。大家都说儒学好，究竟好在哪里呢？我们怎样把儒学应用于现代的精神文明建设？对于这些摆在人们面前的问题，研究得不够，讲得也不到位。我们推动儒学的发展，需要更多的理性诉求。只有真正有思想的人，才能真正把儒学的道理讲出来。没有思想能力，只是重复古人的言论，不可能触动当代人的精神世界。你讲的儒学有道理，有思想，才会为当代人所接受、所认同，那你才会成为名副其实的“精神导师”；不然的话，你就是一个“教书先生”。古人说什么，你就传达什么，这样的讲法不会有震撼力。

最后，要抓住儒学的特色，抓住儒学的独到之处。我们不要用外来的标准来剪裁中国儒学。有人试图把程朱理学绑在柏拉图主义的战车上讲，忽略了程朱理学的独到之处，这是不足为法的。在中国推动儒学的发展，一定要把握它的独到之处。

本刊：中国儒学有哪些独到之处呢？

宋先生：在儒家看来，道德的最终根据是内在的，人人皆有良知，由良知出发，可以实现内在的超越。这是儒学最基本的特色。儒学注重内在性，它的模式是“一个世界”的世界观。

儒家的价值导向是合群体性，即所谓“己所不欲，勿施于人”。儒家恕道讲了两条，一是自我素质的提升，二是人与人之间关系的协调，这些都是建立在与人为善的前提之下。有的西方哲学家讲“人与人像狼一样”，讲“人以他人为地狱”，儒家绝对不会认同这样的观点。在儒家看来，人与人才能组成社会，而人与狗不可能组成社会。狗只能成为人的宠物。这里关系到伦理体系的建构方式，很有中国特色的。儒家伦理体系以人性善为基础，可以叫作哲学伦理学，有别于宗教伦理学。西方的伦理体系是建立在宗教观念之上。“上帝创世说”是一个前提，然后才会有摩西十诫等伦理规范。西方也讲宽容，例如《圣经》讲，“有人打你左脸，你把右脸也给他”，这是一种宗教式的宽容。儒家则不同，把宽容建立在人内在的良知之上，建立在对人生价值的肯定之上。依据哲学伦理学，儒家找到中国式的社会组建方式，强调人与人为善，人与人有可沟通性。儒家的社会建构理论正好和老子相反：老子主张“小国寡民”，不赞成沟通，认为沟通无用。儒家主张积极地关切人。道家主张消极的尊重人：人不犯我，我不犯人，老死不相往来，那就是和谐。

本刊：因此，安乐哲曾经提出过一个观点，叫作“角色伦理”，先生怎样看呢？

宋先生：伦理学说其实是一种讲不透的学问，安乐哲的说法可以成为其中一种说法。人为什么讲伦理呢？其实很难从个体身上找出理由。伦理的诉求就是帮助人树立合群体性观念。至于人本身是善还是恶，鬼才知道，那都是不可证明的。儒家“性善论”中的“善”，其实就是指合群体性，鼓励与人为善。大家都认同这种观念，社会不就能够构建起来了吗？至于人为什么应当讲道德，康德也不说不清楚，认为那是“绝对律令”，所谓“绝对律令”就是没有道理可讲。

本刊：我们知道先生对儒学的道德性有着很深刻的体认，并在一篇文章中曾使用过“德性儒学”这个词。请问，您对“德性儒学”是如何认识的？

宋先生：几年前，我在一篇文章中使用过“德性儒学”一词，那是为参加武汉大学召开的国际儒学研讨会写的。在这文章中，我批评了牟宗三等人的观点。“德性儒学”这个概念应该是成立的，但是我们不能只讲德性儒学。只讲德性儒学，那是片面的。儒学不仅仅是德性儒学，同时它还是规范儒学。儒学非常强调恪守规范的必要性，这就是程朱的诉求。我们讲儒学，不能只讲陆王而不讲程朱。离开道德规范，过度强调“道德自我”，将会导致自我放任。伦理规范首先是一个恪守问题，规范本身不能用德性来担保。如果说我有良知，那么我对规范就有所了解，这显然是不成立的。规范依据一种超越良知的客观道理。我们讲儒学，应该把程朱与陆王对立统一起来，不能偏向哪一方。讲程朱不讲陆王，或者讲陆王不讲程朱，都是不正确的。程朱与陆王是互补关系。不讲程朱，道德观范的必要性就证明不了；不讲陆王，不讲德性儒学，那就不能变他律为自律。实际上，陆王侧重于自律，程朱侧重于他律，儒家伦理应当是自律与他律的统一。做人既要有所遵守，又不能把遵守看作人格之外的强制。孔夫子说七十岁“随心所欲不逾矩”，他还看重那一个“矩”字。倘若没有“矩”，也就谈不上“不逾”，谈不上把规范伦理学提升到德性伦理学的高度。但我们达到德性伦理高度时，并不能把规范伦理给丢掉了。丢掉乃是一种偏颇。所以，做人不能全凭良知这一条，还得有所遵守，“仁、义、礼、智、信”哪一条都不能缺少。

本刊：先生把规范儒学提升到德性儒学的讲解，真可谓精彩。其实，规范儒学就是一种自我约束，是对社会规则、伦理规则的认同，这一点是不是就与政治联系起来了呢？

宋先生：对，中国儒学的特色就是伦理与政治合一。我们如果对任何一方讲得过分了，那就谈不上自觉服从了。梁启超批评所谓“奴隶的道德”，指的就是被动屈从。全面地说，规范伦理与德性伦理统一才是儒家坚持的道理。牟宗三只讲德性伦理，不讲规范伦理，未免有失偏颇。儒家讲修身本身不是目的，还要有所推广，还要“齐家、治国、平天下”呢！推广就离不开规范，不能仅凭良知。如果仅凭良知，就认为是正确的，那不就成了随意性了吗？

四、几点治学经验与建议

本刊：最后，我们想请先生结合自己的治学经验，给中青年学者治学提一些建议，谢谢！

宋先生：关于做学问，我觉得要把握住这么几点：首先要有一定积累，没有积累是不可能从事学术研究的。其实，中国文化的积累，也没那么复杂。古代留下的经典，其实也没多少。“四书”和“五经”加一块，也没多少。《大学》

一千多字左右，《中庸》三千多字，《论语》一万五千字，《孟子》顶多两万字，《易传》也没多少字。除此之外，《荀子》大概有三万多字，篇幅相对较长，《老子》五千言，《庄子》约七万字。这些应当都是必读之书。

再者，就是孔夫子讲的原则："学而不思则罔，思而不学则殆。"我们一定要读古人的著作，掌握第一手材料，但不要迷信任何人的说法。司马迁说："好学深思，心知其意。"深思就是开动脑筋，学贵自得。读中国人写的书与读西方人写的书不一样，特别需要动脑筋。冯友兰说：西方人长于逻辑思维，写书采用系统表达的方式。西方哲学的书大都很厚，不过并不难读。你只要抓住大前提、小前提，从龙头捋到龙尾，抓住纲领，记住要点，明确结论，就可以了。读中国人写的书这样不行。正像冯友兰所说的那样，古人写的书不是把一条完整的龙呈现在你面前，而是一些思想碎片，好像龙的一些鳞片似的。你读书时，要用想象力把这些鳞片连缀起来，把古人的思想之龙还原起来。这里面有很大的思想空间。正因为这样，孟子才说"尽信《书》，不如无《书》"。中国的书难读，不是文字的难读，而是思想的诠释比较难。思想的诠释就像拼图似的，谁也不可能说谁拼的最好，因为有多种可能性。对于中国哲学书的理解，你不能指望只有一种标准的说法。不要迷信权威，一定要有自己的思考。我们尊崇前辈的研究成果，承认他有他的道理。但是，任何学问都是因时代而变的，不会一劳永逸。一个时代有一个时代的学问。因此，做学问先得了解时代的需要。研究古人的思想，不是说要回到古人的世界，而是我们利用古人留下的思想材料，打造我们自己的精神世界。因此，你要有你的问题意识，有你自己对这个时代的理解。此外，你还要有构思能力。一头是古代，一头是现代，在吃透现代的同时，还要吃透古代。由此找到独特的问题意识，形成一套独特的想法，这就是理论的建构能力。

做学问要有自己的一套说法，不要抄袭，这就是所谓的创新。思想积累、材料积累、问题意识，这些都是建构能力、创新能力的组成部分。我们要敢于提出不同的观点。我经常跟学生说，我们搞学问，允许胡思乱想。如果连胡思乱想都不敢，还谈什么理论创新？理论创新允许胡思乱想，但不允许胡说八道。你有一个想法，自己觉得不太成熟，但是你可以进一步想下去，想办法把它论证出来。证成了，就立住了；证不成，就放弃嘛！其实，写文章就是一个自我否定的过程，并不是说自己每个想法都是对的。胡适说“大胆想象，小心求证”，意思就是尽量地把道理说充分，以理服人。你首先得说服自己。倘若连自己都说服不了，硬写出来给别人看，那不是糊弄人吗？所谓自圆其说，就是自己觉得结论能站得住脚。你得出自己的结论，在别人看来，也许不是什么创新，但毕竟自己得出来的。对自己来说，这就是一种喜悦、一种收获、一种享受。做学问一定要把自己放进去，只有这样，你才能形成理论创新能力。

做学问要自己摸索方法，也不要把方法看得太神秘，陷入“方法的焦虑”。方法应当结合你研究的内容来寻找，离开内容谈方法，那是扯淡。正像鲁迅先生所讲，你把小说写出来，写小说的方法自然也就有了。如果只看《小说写作大全》之类的书，你还是写不出东西来。方法与内容是分不开的。有人向郑板桥请教画竹子的方法，他的答复是：没有现成的方法，有法亦无法。这就是成语“胸有成竹”的由来。板桥意思是说，我也不知道竹子该怎么画，竹子的形象在我心中形成了，呼之欲出，我把它画出来就是了。以上是我的几点体会。

（2012 年 9 月 27 日在曲阜东方儒家酒店访谈，
刊于《孔子学刊》2013 年第 4 辑）

四、论著系年

1974 年

1.《荀子选注》，吉林大学《荀子》注释组（为成员之一），长春：吉林人民出版社，1974。

1975 年

2.《中国哲学史》（上下两册），吉林碳素厂工人理论组和吉林大学哲学系共同组成《中国哲学史》编写组，为编写组成员之一。1975 年 8 月初稿完成，吉林人民出版社印“征求意见稿”2000 册。编写组成员有吉林大学哲学系教师吕希晨、吴锦东、朱日耀、陈庆坤等 4 人，吉林大学哲学系 74 级和 75 级本科生杨育光等18人，进修教师1人，吉林碳素厂工人宋志明等4人。

1982年

3.《心与物》,《中国哲学史研究》1982年第3期。

1983年

4.《评冯友兰的〈新理学〉》载《中国近现代哲学史论文集》,《吉林大学学报》编辑部1983年出版。

5.《宋明理学与柏格森哲学的合流》,《长春师范学院学报》1983年第2期。

1984年

6.《新理学简论》,《吉林大学研究生论文集刊》1984年第1期。

7.《新形上学述评》,《长春师范学院学报》1984年第2期。

1987年

8.《新唯识论的伦理思想》,《中国哲学史研究》1987年第1期。

9.《体用不二论钩玄》,《社会科学战线》1987年第1期。

10.《熊十力新唯识论思想的形成》,《学术月刊》1987年第1期。

1988年

11.《中国现代哲学的三个发展方向》,《中国哲学史研究》1988年第1期。

1989年

12.《援西学入儒的尝试》载《现代新儒学论集》（一），北京：中国社会科学出版社，1989。

13.《略论“五四”以来的“新儒家”哲学》载《中国近现代哲学史论集》，北京：中国人民大学出版社，1989。

14.《金岳霖的知识论刍议》，载《中国现代哲学与文化思潮》，北京：求实出版社，1989。

15.《金岳霖的本体论思想》，同上。

16.《哲学史家——石峻》,《中国人民大学学报》1989年第5期。

17. 译著：《赫尔岑》［苏］塔塔里诺娃著（与陈志良合译），北京：中国社会科学出版社，1989（1）。

1990 年

18.《第十一届退溪学国际学术会议综述》，《中国人民大学学报》1990 年第 1 期。

1991 年

19.《梁漱溟评传》载李振霞、傅云龙主编《中国现代哲学史人物评传》，北京：求实出版社，1991。

20.《贺麟评传》，同上。

21.《熊十力评传》，同上。

22.《现代新儒家的开山——梁漱溟》，载李振霞主编《中国当代十哲》，北京：华夏出版社，1991。

23.《现代新儒家与中国哲学现代化》，《中国人民大学学报》1991 年第 1 期。

24.《老庄与现代西方哲学家》载葛荣晋主编《道家文化与现代文明》，北京：中国人民大学出版社，1991。

25. 专著：《现代新儒家研究》，北京：中国人民大学出版社，1991（2）。

1992 年

26.《阐幽探微，上下求索——记哲学家逻辑学家金岳霖》，《社会科学战线》1992 年第 1 期。

27.《荀子的文化哲学》，《东岳论丛》1992 年第 2 期。

28.《关于理想人格的构想》载《现代新儒家论集》（二），北京：中国社会科学出版社，1992。

29.《现代新儒家与东亚社会重建》，《新东方》1992 年第 12 期。

30.《哲坛巨匠金岳霖》载《20 世纪十大学问家》，青岛：青岛出版社，1992。

31. 专著：《现代中国哲学思潮》（与赵德志合著），北京：中国人民大学出版社，1992（3）。

32. 译著：《“潘多拉匣子”的奥秘》［日］横沟正史著，（与张岚合译），长春：时代文艺出版社，1992（4）。

1993 年

33.《儒家学说》，载《中国传统文化大观》，北京：中国大百科出版社，1993。

34.《现代新儒家研究述评》,《国内哲学动态》1993 年第 2 期。

35.《金岳霖》，载《二十世纪思想家》，青岛：青岛出版社，1993。

36. 专著:《熊十力评传》，南昌：江西百花洲文艺出版社，1993（5）。

1994 年

37.《杨宪邦》，载《二十世纪中国哲学・第二卷・人物志上》；北京：华夏出版社，1994。

38.《孙中山与现代新儒家思潮》《学习与探索》1994 年第 6 期。

39. 专著:《儒家思想源流》北京：京华出版社，1994（6）。

40. 编著:《新民说》，梁启超著，宋志明选注，沈阳：辽宁人民出版社，1994（7）。

1995 年

41.《贺麟》载《现代新儒家人物与著作》，天津：南开大学出版社，1995。

42.《贺麟学案》，载方克立、李锦全主编《现代新儒家学案》，中国社会科学出版社，1995。

43. 编著:《儒家思想的新开展：贺麟新儒学论著辑要》，北京：中国广播电视出版社，1995（8）。

1996 年

44.《道学与哲学》，载张立文主编《道学与中国文化》，北京：人民出版社，1996。

45.《现代新儒家与现代化》,《教学与研究》1996 年第 2 期。

46.《注重实践是中国哲学的优良传统》,《教学与研究》1996 年第 6 期。

47.《贺麟对王夫之哲学的研究与借鉴》,《中国哲学史》1996 年第 3 期。

48.《贺麟对黑格尔哲学的会通》,《学习与探索》1996 年第 3 期。

1997 年

49.《陈献章的万化我出说》,《中国人民大学学报》1997 年第 4 期。

50.《从理学到心学的转折——陈献章本体论思想刍议》,《长白论丛》1997 年第 2 期。

51.《陈献章工夫论评述》,《中国哲学史》1997 年第 3 期。

52.《海峡两岸谭嗣同思想学术研讨会综述》,《中国人民大学学报》1997 年第 6 期。

53.《陈献章的道德范畴理论》,《学术研究》1997 年第 11 期。

54.《陈献章的仁学思想》,《孔子研究》1997 年第 4 期。

55.《知行合一新论》,《炎黄春秋:炎黄文化研究》1997 年增刊。

56. 编著:谢幼伟著《现代哲学名著述评》重版注释,济南:山东人民出版社,1997 (9)。

57. 参编《中国儒学》,北京:东方出版中心,1997。

1998 年

58.《中国古代辩证法的类型与核心》,《中国人民大学学报》1998 年第 5 期。

59.《论天人合一》,《学习与探索》1998 年 7 月第 4 期。

60.《贺麟对时代思潮的梳理与前瞻》,《学术月刊》1998 年增刊。

61.《世纪之交中国哲学的走向》,《教学与研究》1998 年 6 月第 6 期。

62.《简论贺麟的基督教研究》,《哲学与文化》1998 年第 12 期。

63. 专著:《贺麟新儒学思想研究》,天津:天津人民出版社,1998 (10)。

64. 编著:马一浮著《复性书院讲录》重版注释,济南:山东人民出版社,1998 (11)。

65. 编著:《接着宋明理学讲:冯友兰文选读》北京:中华书局,1998 (12)。

66. 教材:《中国古代哲学研究》(与向世陵、姜日天合著),北京:中国人民大学出版社,1998 (13)。

67. 教材:参编《中国哲学与辩证唯物主义》(方克立主编),北京:高等教育出版社,1998。

1999 年

68.《陈献章的处世之道》,《文史哲》1999 年第 3 期。

69.《狭义新儒家的发展脉络》,《南昌大学学报》1999 年第 3 期。

70.《荀子的政治哲学》,《中国人民大学学报》1999 年第 3 期。

71.《石峻与中国哲学研究》(与方立天等人合著),《光明日报》1999 年 6 月 18 日。

72.《从唯物史观看孔学——陈独秀、李大钊、郭沫若论孔学》，《中华文化论坛》1999 年第 3 期。
73.《时代呼唤平民化的儒学》，《文史哲》1999 年第 5 期。
74. 专著：《陈献章・王守仁・李贽》，台北：台湾商务印书馆，1999（14）。
75. 专著：《冯友兰学术思想评传》（与梅良勇合著）北京：北京图书馆出版社，1999（15）。

2000 年

76.《胡适的儒学观》，《中天学刊》2000 年第 1 期。
77.《近代启蒙哲学与新人的发现》（与许静合著），《湖南农业大学学报（社会科学版）》2000 年第 3 期。
78.《巨擘・重镇・哲人——简论冯友兰的学术造诣》，《北华大学学报》2000 年第 2 期。
79.《略论儒家解释学》，《北京大学学报》2000 年第 2 期。
80.《儒学与伦理建设》（与刘成有合著），《长春市委党校学报》2000 年第 4 期。
81.《儒学与民主建设》（与刘成有合著），《甘肃社会科学》2000 年第 4 期。
82.《儒学与市场经济》（与刘成有合著），《孔子研究》2000 年第 5 期。
83.《儒学与科技创新》（与刘成有合著），《江西大学学报》2000 年第 3 期。

2001 年

84.《恢复学术自信——略论冯友兰晚年的中国哲学史研究》，《中国人民大学学报》2001 年第 2 期。
85.《从批孔到释孔的转折》，《文史哲》2001 年第 3 期。
86.《严复与实证方法》（与孙小金合著），《中国矿业大学（社科版）》2001 年第 1 期。
87.《王国维与实证原则》（与孙小金合著），《吉林大学社会科学学报》2001 年第 5 期。
88.《传统哲学智慧的升华——读李鼎铭著〈中国哲学思想体系与民族传统概论〉》，《哲学研究》2001 年第 10 期。
89. 专著：《墨子》（与李新会合著），香港：香港中华书局，2001（16）。

2002 年

90.《评张东荪的多元认识论》，《中国人民大学学报》2002 年第 4 期。

91.《新理学对程朱理学的继承与改造》，《中州学刊》2002 年第 3 期。

92.《英国学术期刊的集约化出版》，《中国新闻出版报》2002 年 7 月 26 日。

93. 教材：主编《马克思主义哲学原理》，北京：中国统计出版社，2002（17）。

94. 专著：《20 世纪中国实证哲学研究》（与孙小金合著），北京：中国人民大学出版社，2002（18）。

2003 年

95.《胡适的实在观与方法论》，《中国矿业大学（社科版）》2003 年第 2 期。

96.《现代中国哲学的主要问题》，《教学与研究》2003 年第 3 期。

97.《中国马克思主义哲学的历史轨迹》，《中国人民大学学报》2003 年 3 期。

98.《略论儒家德治思想的普世意义》，《学习与探索》2003 年第 3 期。

99.《简论中国实证哲学》，《天津大学学报（社科版）》2003 年第 4 期。

100.《简论 20 世纪中国实证哲学》（与孙小金合著），《东吴哲学》2002 卷，合肥：安徽人民出版社，2003。

101.《研究方法取决于研究对象》，《新哲学》第 1 辑，郑州：大象出版社，2003。

2004 年

102.《义利之辨新解》，《学术研究》2004 年第 2 期。

103.《简论佛教本体论的中国化》，《浙江社会科学》2004 年第 1 期。

104.《全球化与中国实证哲学》，《邯郸师专学报》2004 年第 1 期。

105.《中国哲学的本体论思路》，《船山学刊》2004 年第 1 期。

106.《儒道价值观比较研究》，《社会科学战线》2004 年第 1 期。

107.《坚持历史主义原则》，《中国社会科学院院报》2004 年 1 月 8 日。

108.《激进与保守辨正——兼谈如何坚持历史主义原则》，《北京日报》2004 年 1 月 19 日。

109.《论中国近代哲学的转向》，《中国人民大学学报》2004 年第 6 期。

110.《儒学价值观与民族精神的培育》，《教学与研究》2004 年第 9 期。

111. 专著：《批孔和释孔——儒学的现代走向》（与刘成有合著），上海：华东师范大学出版社，2004（19）。

112. 教材：《中国传统哲学通论》，北京：中国人民大学出版社，2004（20）。

2005 年

113.《对马克思主义的历史选择：兼论冯契的人格理念》，《教学与研究》2005 年第 4 期。

114.《贺麟对新儒者的定位》，《中国矿业大学学报（社会科学版）》2005 年第 1 期。

115.《论清初儒学的再整理》，《文史哲》2005 年 5 期。

116.《关于中国哲学研究的几点意见》，《中国哲学史》2005 年第 4 期。

117.《冯友兰文化三论》，《中州学刊》2005 年 4 期。

118.《儒学与哲学》，载张立文主编《圣境——儒学与中国文化》，北京：人民出版社，2005。

2006 年

119.《德性儒学成就、困境与走向》，《中国人民大学学报》第 1 期。

120.《许衡与元代的文化认同》（与许宁合著），《邯郸师专学报》第 2 期。

121.《儒学的内在性与东亚价值观的共识》，《社会科学战线》第 2 期。

122.《论荀子礼学的规范诉求》（与许宁合著），《江西社会科学》2006 年第 1 期。

123.《张载气学的价值维度》（与许宁合著）《中国矿业大学学报（社会科学版）》2006 年第 1 期。

124.《中国近现代哲学研究的新进展》，《复印报刊资料・中国哲学》2006 年第 1 期。

125.《关于“中国近代史上的民族主义”的对话》，《光明日报》2006 年 3 月 28 日。

126.《中国近代民族主义与民族精神的觉醒》，《史学月刊》2006 年第 6 期。

127.《〈论道〉的元学态度》，《哲学研究》2005 增刊。

128.《关注人生是中国传统哲学的特色》，《湖南大学学报》2006 年第 3 期。

129.《安顿价值，培育精神》，2006 年《光明日报》2006 年 7 月 4 日。

130.《儒道互补与中华民族精神的培育》，《河北学刊》2006年第4期。

131.《论现代新儒学思潮》，载冯俊主编《哲学家2006》，北京：人民出版社，2006。

132.《中国哲学精神》，载张安哥主编《孔目湖讲坛录》，南昌：江西人民出版社，2006。

133. 专著：宋志明、吴潜涛主编《中华民族精神论纲》，北京：中国人民大学出版社，2006（21）。

2007年

134.《论儒学与宗教的异同》，《教学与研究》2007年第2期。

135.《儒学对中国市场经济的促进作用》载《国际儒学研究》第15辑，北京：九州出版社，2007。

136.《中国近现代哲学史学科的奠基人》，《中国哲学史》2007年第1期。

137.《从“照着讲”到“接着讲”：论冯学研究的转型》，《南阳师范学院学报》2007年第1期。

138.《论新儒学的现代走向》，《河北学刊》2007年第2期。

139.《论儒学关于中华民族精神的培育理念》，《广东社会科学》2007年第2期。

140.《现代新儒家对西方哲学资源的开发和利用》，《中国人民大学学报》2007年第3期。

141.《现代意识和哲学学科意识的自觉》，《北京大学学报》2007年第4期。

142.《复性书院讲录述要》《杭州师范学院学报（社会科学版）》2007年第4期。

143.《论中国传统哲学的主要问题》，《教学与研究》2007年第11期。

144.《谈社会科学研究方法的特殊性》，《浙江社会科学》2007年第4期。

145.《论中国哲学的精神》《中国矿业大学学报（社会科学版）》2007年第1期。

146.《唐君毅儒学价值观评述》，《唐君毅故园文化》2007年总第9期。

147. 教材：参编《中国哲学史新编》（张立文主编），北京：中国人民大学出版社，2007。

2008 年

148.《社会科学研究的区域性和民族性》，《学术研究》2008 年第 4 期。

149.《儒学第三期的三十年》（发言人之一），《开放时代》2008 年第 1 期。

150.《自由理念与儒学的冲突与会通》，《社会科学战线》2008 年第 4 期。

151.《李大钊对唯物史观的传播与理解》，《中国人民大学学报》2008 年第 2 期。

152.《论新理学的形上维度》，《中州学刊》2008 年第 5 期。

153.《老子治世之道与社会和谐》，《太原师范学院学报》2008 年第 5 期。

154.《老子治世之道》，《光明日报》2008 年 11 月 17 日。

155.《论现代新儒学思潮的起因与前景》，《中国儒学》第 3 辑，北京：中国社会科学出版社，2008。

156. 教材：《中国传统哲学通论》（第 2 版），北京：中国人民大学出版社，2008（22）。

157. 教材：《中国现代哲学通论》，北京：中国人民大学出版社，2008（23）。

158.《知彼知己，百战不殆——孙武与孙子兵法》，载徐心华主编《名篇品读三千年》，北京：经济日报出版社，2008。

2009 年

159.《荀子的礼学、人学与天学——兼论荀孟异同》，《东岳论丛》2009 年第 1 期。

160.《打造学术精品是一种文化发展战略》，《社会科学报》2009 年 3 月 5 日。

161.《简论中国哲学的发端》，《中华文化论坛》2009 年第 1 期。

162.《从以吏为师到以天为教：董仲舒天人学说新探》，《河北学刊》2009 年第 2 期。

163.《论中国哲学的基本问题》，《学习与探索》2009 年第 3 期。

164.《当代中国哲学路在何方》，《中国社会科学院报》2009 年 6 月 9 日。

165.《二程与正统理学的奠基》，《河南社会科学》2009 年第 3 期。

166.《先秦百家争鸣的终结者——韩非哲学新探》，《江汉论坛》2009 年第 6 期。

167.《论理学开山周敦颐的学术特色》，《湖南大学学报（社会科学版）》2009 年第 4 期。

168.《瞿秋白对辩证唯物主义的传播与理解》,《北京行政学院学报》2009 年第 4 期。

169.《佛教的传入与中国人的需求》,《太原师范学院学报》2009 年第 5 期。

170.《孟学与安身立命之道》,《邯郸学院学报》2009 年第 2 期。

171.《儒学的价值究竟在哪里——儒学的前天·昨天·今天》,《人民论坛》2009 年第 10 期。

172.《儒学与中华民族精神的培育》,《人民政协报》2009 年 11 月 23 日。

173.《墨子人天学新探》,《中国哲学史》2009 年第 4 期。

174.《论中国近代哲学的语境、资源与话题》,《湖湘论坛》2009 年第 6 期。

175.《论宋明理学的成因和变迁》,《吉林大学社会科学学报》2009 年第 6 期。

176.《国学的哲理精神》载张志伟、干春松主编《在人大听国学》,南昌:江西人民出版社,2009。

177. 专著:《现代新儒学的走向》,北京:北京师范大学出版社,2009(24)。

178.《读中国哲学大纲兼论中国哲学特质》载王中江主编《中国哲学的转化与范式——纪念张岱年先生九十五诞辰暨中国文化综合创新学术研讨会文集》,郑州:中州古籍出版社,2006。

179.《孔学钩玄》载冯俊主编《哲学家 2008》,北京:人民出版社,2009。

180.《论中国哲学的精神》载周山等著《中国哲学精神》,上海:学林出版社,2009。

2010 年

181.《当代中国哲学往何处去》,《中国政法大学学报》2010 年第 1 期。

182.《儒家安身立命之道》,《光明日报》2010 年 3 月 1 日。

183.《郭象的问题意识与化解之道》,《商丘师范学院学报》2010 年第 2 期。

184.《单数还是复数:从冯友兰看哲学观念的更新》,《中州学刊》2010 年第 3 期。

185.《论朱熹对二程天理论的拓展》,《合肥学院学报(社会科学版)》2010 年第 6 期。

186.《论中国现代哲学的思想资源》,《陕西师范大学学报》2010 年第 4 期。

187.《论三教并立的形成与中国哲学的新开展》，《邯郸学院学报》2010年第2期。

188.《正统理学的终结者：阳明心学发微》，《中国人民大学学报》2010年第4期。

189.《儒释道互补与心态和合》，《光明日报》2010年12月1日。

190.《论孙学与儒学之关联》，《孔子研究》2010年第6期。

191.《从冯友兰看哲学观念的更新》，《人民政协报》2010年12月6日。

192.《提倡多元化，开创新局面——对中国哲学史研究的几点意见》，《湖湘论坛》2010年第6期。

193.《新儒学的现代走向》载周桂钿主编《闻道思齐：儒学讲坛系列讲演集》，北京，中国政法大学出版社，2010。

194. 专著：《薪尽火传：宋志明中国古代哲学讲稿》，北京：北京师范大学出版社，2010（25）。

195.《孔学要义》，《倾听名家2009年孔子学院中方院长岗前培训专家讲演集》。

196.《从当代的维度看——关于孔学架构的新理解》载滕文生主编《儒学的当代使命：纪念孔子诞辰2560年国际学术研讨会论文集》，北京：九州出版社，2010。

197.《中国哲学精神六论》载吕梅主编《聆听智者的声音》，北京：中华书局，2010。

198.《中国哲学精神》载周和平主编《文津讲演录之十》，北京：国家图书馆出版社，2010。

2011年

199.《从康有为看中国近代历史观的转向》，《广东社会科学》2011年第1期。

200.《治经还须开生面》，《河南社会科学》2011年第1期。

201.《论宋代理学二重人性论的演化》，《东岳论丛》2011年第1期。

202.《为叶适“事学”正名》，《光明日报》2011年2月17日。

203.《论国学的含义与构成》，《浙江社会科学》2011年第2期。

204.《从孙中山看中国近代知行观的更新》，《河北学刊》2011年第2期。

205.《论哲学三义与三性》,《江苏行政学院学报》2011 年第 2 期，17 页。

206.《重看魏晋时期佛教之融入中国人的精神生活世界》，《中国民族报》2011 年 5 月 10 日。

207.《从阳明学到新心学的思想轨迹——论贺麟知行观的新开展》,《宜宾学院学报》2011 年第 1 期。

208.《温国学说诚信》,《光明日报》2011 年 8 月 15 日。

209.《儒学与工具理性培育》,《学术月刊》2011 年第 9 期。

210.《简论庄子哲学话题》,《中州学刊》2011 年第 5 期。

211.《论佛教与国学的融通》,《江汉论坛》2011 年第 9 期。

212.《简论老子哲学话题》，《江南大学学报（人文社会科学版）》2011 年第 4 期。

213.《气化流行：戴震哲学话题刍议》,《湖湘论坛》2011 年第 5 期。

214.《名教出于自然：王弼哲学话题刍议》，《商丘师范学院学报》2011 年第 8 期。

215.《本心即天理：陆九渊哲学话题刍议》,《孔子研究》2011 年第 5 期。

216.《论中国近代本体论转向》,《中国社会科学战线》2011 年第 10 期。

217.《天下惟器：王夫之哲学话题刍议》,《船山学刊》2011 年第 4 期。

218.《批判思潮中的天人学：王充哲学话题刍议》,《徐州师范大学学报（哲学社会科学版）》2011 年第 6 期。

219.《荀学与治世之道》,《儒学评论》第 7 辑，保定：河北大学出版社，2011。

220.《孔学要义》,《国学的新视野和新诠释》，保定：河北大学出版社，2011。

221.《论中国古代哲学中世界观维度的调整》载郝立新主编《哲学家 2011》，北京：人民出版社，2011。

2012 年

222.《视频公开课“中国传统哲学通论”建设的经验与体会》,《中国大学教学》2012 年第 1 期。

223.《中国古代世界观维度的演化》,《中国社会科学文摘》2012 年第 2 期。

224.《信仰导引下的哲学理念——简论台湾新士林哲学研究的新向度》（与孙兵

合著）《陕西师范大学学报（哲学社会科学版）》2012年第2期。

225.《现代新儒学与民主法制建设》，《深圳大学学报》2012年第2期。

226.《岱老和我的治儒学之路》载王中江主编《学思之境，人格魅力：纪念张岱年先生诞生一百周年》，北京：北京大学出版社，2012。

227. 专著：《中国古代哲学发微》，北京：中国人民大学出版社，2012（26）。

228. 专著：《中国近现代哲学四论》，北京：中国社会科学出版社，2012（27）。

229.《牟宗三的存有论》，《宜宾学院学报》2012年第5期。

230.《现代新儒学的可能走向》，《人民论坛》8月（上）。

231.《儒学与市场经济兼容——现代新儒家的新视角》，《齐鲁学刊》2012年第4期。

232.《先秦儒家人道学的展开》，《孔子研究》2012年第5期。

233.《读书"三食"法》，《学习时报》2012年11月12日。

234.《百年中国哲学史研究回顾》，《高教理论战线》2012年第12期。

2013年

235. 教材：《中国传统哲学通论》（第3版），北京：中国人民大学出版社，2013（28）。

236.《论三种资源的会通与创新》，《东岳论丛》2013年第1期。

237.《艮斋对朱子心学的诠释》，《江苏师范大学学报》2013年第1期。

238.《宏观·中观·微观——中国哲学史教学范式新探》，《中国大学教学》2013年第3期。

239.《天道学的展开——先秦道家哲学综论》，《学习与探索》2013年第4期。

240. 专著：《国学十八讲》，北京：人民日报出版社，2013（29）。

241. 专著：《孔学与国魂》（与许宁合著），保定：河北大学出版社，2013（30）。

242.《现代中国哲学观演进及其对民族性遮蔽》，《社会科学家》2013年第5期。

243.《中国哲学学科建设的回顾与前瞻》，《江汉论坛》2013年第7期。又见郭齐勇、欧阳祯人主编《问道中国哲学》，北京：九州出版社，2014。

244.《了解胡适与重写中国哲学学术史》，《河北学刊》2013年第4期。

245.《中国哲学史学科发展的引擎——简论张岱年横向研究进路》，《中州学刊》

2013年第6期。

246.《儒学的现代转型——论梁漱溟的哲学话语方式》,《江南大学学报(人文社会科学版)》2013年第5期。

247.《论中国哲学的价值取向》湖北大学哲学学院、国际价值哲学学会、湖北省道德与文明研究中心编《价值论与伦理学研究》(2012年卷),北京:新华出版社,2013。

248.《代序:提倡多元化开创新局面》,蒋国保主编《多元价值审视下的中国哲学》,合肥:安徽人民出版社,2013。

249.《当代哲学视野下的新儒家与新儒学——宋志明先生访谈录》,王卫松整理,《孔子学刊》第4辑。

250.《"中国哲学合法性"解疑》,《中国哲学史》2013年第4期。

251.《儒学的新际遇——从现代新儒家到现代新儒学》,《第五届世界儒学大会学术论文集》,北京:文化艺术出版社,2003。

252.《儒学的新际遇与新开展》,《儒家思想与当代中国文化建设》,北京:人民出版社,2013。

253.《艮斋对朱子心学的诠释》(韩文)《艮斋学论丛》第15辑,韩国艮斋学会编,2013。

254.《君本与民本的纠结——董仲舒的生态政治文明新探》张立文主编《天人之辨——儒学与生态文明》,北京:人民出版社,2013。

2014年

255.《论重写中国哲学史的方法》,《河北学刊》2014年第1期。

256.《论两军对战模式及其危害》,《学术界》2014年第1期。

257.《中国哲学史学科的奠基石——重读冯友兰著两卷本〈中国哲学史〉》,《社会科学战线》2004年第2期。

258.《从小语境看哲学家个性特质》,《湖湘论坛》2014年第2期。

259.《儒学"哲学化"向度的开拓——读程志华教授〈熊十力哲学研究〉》,《东岳论丛》2014年第2期。

260.《晚年定论谱新篇——冯友兰著〈中国哲学史新编〉解析》,《中州学刊》

2014 年第 3 期。

261.《蔡元培的哲学观与中国哲学史学科初建》，《学习与探索》2014 年第 5 期。

262.《中国佛学与经营之道》，《光明日报》2014 年 4 月 22 日。《今参考》2014 年 6 月号转载。

263.《中国古代哲学问题及其变迁》孙熙国、李翔海主编《北大中国文化研究》2013 年（总第三辑），北京：社会科学文献出版社，2013。

264.《从儒学领悟经营之道》，《江南大学学报（人文社会科学版）》，2014 年第 3 期。

265.《儒学的核心是个“仁”字》，《2014（2565）年第七届儒学国际学术研讨会论文集》下册，国际刊号 ISBN978-983-41088-6-1，马来西亚·古晋，2014。

266.《论文本与中国古代哲学的沿革》，《江汉论坛》2014 年第 7 期。

267.《墨学中的经营之道》，《光明日报·国学版》2014 年 8 月 5 日。

268.《海外新儒学与伦理全球化》，《“儒学与国际华人社会”国际儒学研讨会论文集》，新加坡，2014。

269.《儒学的核心是个“仁”字》，《广东社会科学》2014 年第 5 期。

270.《〈孙子兵法〉与经营之道》，《徐州工程学院学报（社会科学版）》2014 年第 5 期。《复印报刊资料·管理科学》2014 年第 5 期转载。

271.《新华文摘》2014 年第 21 期转载《论文本与中国古代哲学的沿革》一文。

272.《性善论与当代知识分子的价值追求》，《中国社会科学报》2014 年 11 月 15 日。

273.《现代语境与新儒学的萌发》，《陕西师范大学学报》2014 年第 6 期。

274.《中国哲学与价值取向》，《党政干部学刊》2014 年第 12 期。

2015 年

275.《独辟蹊径吐心声——冯契著〈中国古代逻辑发展〉解析》，《东岳论丛》2015 年第 1 期。

276.《“仁义礼智”古今谈》，《人民日报》2015 年 2 月 2 日，第 16 版·大家手笔。

277.《蔡元培：现代中国哲学家的杰出代表》，《学术研究》2015 年第 1 期。

278.《从“照着讲”到“接着讲”——论冯友兰讲儒学的新思路》,《社会科学路线》2015 年第 2 期。

279.《儒学的现代转化，何以可能》,《大众日报》2015 年 3 月 12 日。

280.《论先秦道家对经营之道的启迪》，周海春主编《文化发展论丛 2014 · 中国卷》，北京：社会科学文献出版社，2014.

281.《中国哲学与价值取向》,《新华文摘》2015 年第 9 期转载。

282.《熊十力评传》(第三版)，南昌：百花洲文艺出版社，2015.(30).

283.《中国古代哲学研究方法新探》，北京：中国人民大学出版社，2015.(31).

284.《薪火传承话前贤：中国传统哲学通论》，北京：高等教育出版社，2015.(32).